O ensino profissional
na irradiação do industrialismo

FUNDAÇÃO EDITORA DA UNESP

Presidente do Conselho Curador
Marcos Macari

Diretor-Presidente
José Castilho Marques Neto

Editor Executivo
Jézio Hernani Bomfim Gutierre

Assessor Editorial
João Luís C. T. Ceccantini

Conselho Editorial Acadêmico
Antonio Celso Ferreira
Cláudio Antonio Rabello Coelho
Elizabeth Berwerth Stucchi
Kester Carrara
Maria do Rosário Longo Mortatti
Maria Encarnação Beltrão Sposito
Maria Heloísa Martins Dias
Mario Fernando Bolognesi
Paulo José Brando Santilli
Roberto André Kraenkel

Editora Assistente
Denise Katchuian Dognini

Luiz Antônio Cunha

O ensino profissional na irradiação do industrialismo

© 2000 Editora UNESP

Direitos de publicação reservados à:

Fundação Editora da UNESP (FEU)
Praça da Sé, 108
01001-900 – São Paulo – SP
Tel.: (0xx11) 3242-7171   Fax: (0xx11) 3242-7172
www.editoraunesp.com.br
feu@editora.unesp.br

Faculdade Latino-Americana de Ciências Sociais (FLACSO) - Sede Acadêmica Brasil
SCN Quadra 06 Bloco A sala 602, Ed. Venâncio 3.000
70716-900 - Brasília/DF, Brasil
Telefax: 55 (61) 3328-1369/ 3328-6341/ 3425-2205
e-mail: administra@flacso.org.br / flacsobr@flacso.org.br

CIP – Brasil. Catalogação na fonte
Sindicato Nacional dos Editores de Livros, RJ

C978e
2.ed.

Cunha, Luiz Antônio, 1943-
    O ensino profissional na irradiação do industrialismo / Luiz Antônio Cunha. – 2.ed. – São Paulo: Editora UNESP; Brasília, DF: FLACSO, 2005.

    Inclui bibliografia
    ISBN 85-7139-633-7

    1. Educação e Estado – Brasil. 2. Aprendizagem profissional – Brasil – História. 3. Ensino profissional – Brasil – História. I. Faculdade Latino-Americana de Ciências Sociais. II. Título.

05-3332   CDD 379.81
                                                           CDU 37.014.55(81)

As designações empregadas nas publicações da Flacso, as quais estão em conformidade com a prática seguida pelas Nações Unidas, bem como a forma em que aparecem nas obras, não implicam juízo de valor por parte da Flacso no que se refere à condição jurídica de nenhum país, área ou território citados ou de suas autoridades, ou, ainda, concernente à delimitação de suas fronteiras.

A responsabilidade pelas opiniões contidas nos estudos, artigos e outras contribuições cabe exclusivamente ao(s) autor(es), e a publicação dos trabalhos pela Flacso não constitui endosso das opiniões neles expressas.

Da mesma forma, referências a nomes de instituições, empresas, produtos comerciais e processos não representam aprovação pela Flacso, bem como a omissão do nome de determinada instituição, empresa, produto comercial ou processo não deve ser interpretada como sinal de sua desaprovação por parte da Flacso.

Editora afiliada:

Para meu irmão Luciano

Sumário

Apresentação   1

Introdução   3

1   O Estado Novo e a formação da força de trabalho   17
    A política educacional do Governo Provisório   18
    A aprendizagem sistemática   24
    O ensino industrial   35

2   A montagem do Senai   45
    Organização e financiamento   47
    Implantação e desenvolvimento   66
    Metodologia de ensino   66
        Anexo: exemplos de séries metódicas   81

3   A montagem do ensino técnico industrial   111
    Uma nova categoria ocupacional   112
    O sistema de ensino   120
    A função propedêutica   143

4   Ensino industrial, secundário e profissionalizante   151
    A disputa da hegemonia   152
    A secundarização do ensino industrial   155
    As artes industriais no ensino secundário   162
    Ensino profissionalizante   173

5 O ensino profissionalizante no 2º grau e o tecnológico 181
Detalhamento e implantação da reforma 189
A reforma da reforma 197
A "cefetização" das escolas técnicas 206

6 O ensino profissional na virada do século 213
Senai: ameaças e enfrentamento 218
MTB/Sefor: nova disputa hegemônica 233
MEC/Semtec: a recomposição da dualidade 244
Possíveis trajetórias institucionais 260

Referências bibliográficas 265

Apresentação

Este texto foi produzido em 1999 para o Projeto Replanfor, da Secretaria de Formação e Desenvolvimento Profissional, do Ministério do Trabalho, que teve a Faculdade Latino-Americana de Ciências Sociais, Sede Brasil, como executora.

Sua produção incorporou parte dos trabalhos sobre o tema que venho desenvolvendo desde 1972, quando defendi minha dissertação de mestrado, justamente sobre a reforma do ensino de 2º grau, que se pretendia fosse universal e compulsoriamente profissional; e culminou com a conferência proferida em 1997 na Faculdade de Educação da Universidade Federal do Rio de Janeiro, como parte do concurso para professor titular de Educação Brasileira. Nessa ocasião julguei oportuno tratar da questão do ensino profissional em razão da retomada da ênfase governamental, que culminou com a separação entre ensino médio e ensino técnico, uma volta atrás no processo de unificação dos ramos gerais e profissionais, que se desenvolvia desde os anos 50, após o ensaio de Anísio Teixeira no Distrito Federal, no início dos anos 30. Foi com idêntica motivação que produzi, também, dois textos sobre essa reforma, publicados em 1998, que, de alguma maneira, forneceram subsídios a este livro. O leitor poderá encontrar na bibliografia as referências a esses e a outros textos pertinentes ao tema, que escrevi no período aqui delimitado.

O ensino profissional tratado neste livro abrange o orientado para a força de trabalho industrial e manufatureira, de modo que deixei de lado o voltado para a agricultura, a pecuária e todos os serviços. A concentração nesse segmento do ensino profissional justifica-se não só por suas características próprias como, também, pelo fato de que grande parte das políticas governamentais têm sido inspiradas em suas práticas, problemas e perspectivas, que acabam por ser estendidas a todos os demais setores.

A expressão *irradiação do industrialismo* foi apropriada do livro de Paulo Miceli (1992) sobre o projeto industrialista em São Paulo no período 1928-1948, embora eu lhe tenha conferido significado um tanto distinto, denotando o processo econômico que se desenvolveu posteriormente ao estudado pelo autor, processo esse que, no meu entender, continua em marcha, apesar das vicissitudes da crise econômica desde os anos 80.

Atuaram diretamente nesta pesquisa a professora Elisete Tavares, que me assistiu durante praticamente todo o seu desenrolar, e a estudante Cláudia Araújo dos Santos, em fase de iniciação científica.

Na produção deste livro recebi apoio de pessoas e instituições, sem as quais ele não seria possível, cujo número me impede de mencioná-las.

LAC

Introdução

O conhecimento da montagem de um formidável aparato educacional destinado à formação da força de trabalho industrial, especialmente do Senai, por iniciativa governamental, exige a compreensão dos padrões especiais de articulação entre as esferas pública e privada – o corporativismo.

Para Diniz & Boschi (1991), a instauração do corporativismo incorporou o patrimonialismo preexistente, consagrando uma nova modalidade de interpenetração entre o público e o privado. Essa instauração se deu num contexto de fechamento do sistema político, culminando com o golpe de Estado, em 1937, que inaugurou o Estado Novo.

Desde então, os empresários e os operários configuram-se como atores políticos pela via do Estado. O empresariado, em especial o empresariado industrial, utilizou-se da via corporativa como um canal de instrumentalização de seus interesses, participando ativamente dos conselhos e comissões consultivas criados na década de 1930, contribuindo para a formação de uma coalizão favorável à implantação do capitalismo industrial. Mas, ele conseguiu manter um sistema dual de intermediação, baseado tanto na estrutura corporativa quanto nas associações civis situadas fora do âmbito oficial, além de manter as antigas federações e criar confederações, o que era negado aos trabalhadores. Em contraste, a inserção do operariado na estrutura sindical corporativa foi precedida pelo desmantelamento de suas organizações autônomas criadas nas duas primeiras décadas do século. Assim, o operariado foi primeiramente submetido a um severo controle, mediante a subordinação dos sindicatos ao Ministério do Trabalho.

Se a representação dos interesses dos industriais no Estado foi instituída na primeira parte do Estado Novo, no seu momento mais autoritário, o mesmo não se deu com o lado do corporativismo voltado para os trabalhadores. Ângela de Castro Gomes (1991) mostrou que a incorporação dos trabalhadores no Estado mediante a fórmula corporativista não obedeceu a uma lógica meramente repressiva nem a um cálculo meramente utilitário por interesses materiais. Foi somente a partir de 1942 que os apelos do discurso trabalhista se manifestaram e a organização sindical prevista na legislação se realizou plenamente. Isto só se deu a partir da mudança do contexto político nacional e internacional, que apontava a inevitabilidade de transição para um regime liberal-democrático após o fim da guerra. Nesse contexto, o corporativismo, mais do que reprimir, visou mobilizar (de forma controlada) os trabalhadores em apoio ao esquema de poder liderado por Vargas.

São ainda Diniz & Boschi que mostram que o Estado, além de se ter transformado no elemento dinâmico do desenvolvimento econômico, constituiu-se, ademais, numa arena privilegiada para a tomada de decisões relativas à definição dos rumos da economia, e, portanto, das próprias metas do empresariado. Em conseqüência, transferiu-se para o interior do Estado o processo de negociação dos interesses privados, o que trouxe um novo tipo de interpenetração entre as esferas pública e privada.

> Se a instauração do novo padrão conferiu ao Estado ascendência sobre o setor privado, paralelamente tornou o aparelho burocrático permeável ao jogo de interesses privados numa escala inusitada, gerando, a longo prazo, uma privatização do público. (p.22)

Por detrás, então, da ideologia que consagrava a colaboração de classes, o que se institucionalizou foi um estilo de *negociação bipartite*, envolvendo representantes empresariais e funcionários governamentais, excluindo-se os representantes dos trabalhadores dos acordos corporativos.

Como mostrou Vanda M. R. Costa (1991), o corporativismo, imaginado para substituir a representação política dos interesses locais, até então monopolizada pelos partidos políticos, transformou-se num instrumento de resgate dos interesses locais privados, representados a partir da promulgação da Consolidação da Legislação do Trabalho (1943), mas já visíveis em 1941, por ocasião do projeto de Enquadramento Sindical Brasileiro. Essa transfiguração resultou de conflitos entre a burocracia do Ministério do Trabalho e os industriais paulistas, dos quais estes últimos saíram vencedores.[1]

---

[1] Parte dos conflitos consistiu nos efeitos pretendidos por Decreto-lei de 1939 e o conseqüente Projeto de Enquadramento Sindical Brasileiro, que obrigava todas as associações de patrões e empregados a se submeterem às regras que levariam à fragmentação das federações, permitidas apenas por ramos de atividade. As demandas dos empresários paulistas acabaram sendo atendidas em 1940, pondo-se fim à simetria organizacional entre o lado

A reação da elite paulista resultou no desenvolvimento de um tipo de corporativismo que assegurava às federações patronais o monopólio da representação legal e funções de intermediação, sob um regime de reconhecimento que não implicava a perda de autonomia, e implicava ao mesmo tempo a subordinação dos sindicatos às federações. Deste corporativismo seriam excluídas as associações dos trabalhadores. (Costa, p.144)

Considerando o exposto acima, a imagem que se forma é de uma interpenetração entre as esferas pública e privada:

- o Estado assumindo o papel de protagonista privado na economia, que constrange a livre manifestação do empresariado, mas é também capaz de induzir a iniciativa privada e até mesmo de preencher seu lugar quando ela falta;
- o Estado como protetor de interesses econômicos privados, tanto na preservação dos setores tradicionais diante das mudanças no mercado interno e externo, quanto na promoção dos setores modernos, em especial a industrialização;
- o Estado como lugar de representação de interesses privados, assim como local de resolução dos conflitos desses interesses;
- o Estado como árbitro dos conflitos entre patrões e empregados, seja favorecendo os primeiros mediante privilégios na representação e na *negociação bipartite*, seja prejudicando os últimos na subordinação de suas organizações a um esquema tutelado verticalista.

Veremos como esse quadro político resultou na criação do Senai e da rede federal de ensino industrial, inclusive das escolas técnicas, depois de um longo e coflituoso processo de negociação entre o governo e os dirigentes industriais, em que não faltou a ameaça de quebra do impasse pela convocação dos sindicatos operários.

Vale a pena, desde já, traçar as linhas gerais do legado da Primeira República e dos primeiros anos da década de 1930, sobre o qual foi montado o aparato

---

patronal e o lado laboral, em prejuízo deste. Além de não poderem organizar confederações, os trabalhadores não puderam manter a dualidade de representação, possibilitada apenas para os empresários. Além disso, um importante indicador da vitória dos industriais paulistas foi a nomeação de Alexandre Marcondes Filho para ministro do Trabalho, em dezembro de 1941, o que tem a ver com o que será dito mais adiante sobre o Senai. O novo ministro era estreitamente ligado à elite empresarial paulista e amigo pessoal de Roberto Simonsen, então presidente da Federação das Indústrias do Estado de São Paulo.

escolar de formação da força de trabalho industrial do Estado Novo, cujos desdobramentos podem ser encontrados atuantes cinco décadas depois.

Os anos 20 e toda a década de 1930 assistiram a uma importante mudança nos destinatários do ensino profissional. No tempo da Colônia e do Império era nítido a quem se dirigia o ensino artesanal e manufatureiro: aos miseráveis, aos órfãos, aos abandonados, aos delinqüentes, enfim, a quem não podia opor resistência a um ensino que preparava para o exercício de ocupações socialmente definidas como próprias de escravos – e, se essa exclusividade não existia, pelo menos o fato ou a suposição de que os escravos exerciam tais ocupações já era sinal de que elas deveriam ser evitadas pelos homens livres, até mesmo para marcarem sua distinção da condição escrava.

Com a complexificação da maquinaria das manufaturas e das primeiras indústrias, os operários qualificados foram buscados no exterior, solução que acarretava dois tipos de inconvenientes. Primeiro, os operários contratados não formavam seus substitutos locais, guardando para si o monopólio da operação das máquinas, o que aumentava seu preço. Segundo, era comum eles trazerem para cá práticas e idéias consideradas atentatórias à ordem estabelecida, como a paralização da produção para pressionar os patrões pela melhoria dos salários e das condições de trabalho e até mesmo a organização sindical. Para evitar esses inconvenientes, começou a surgir toda uma ideologia de valorização do trabalho "do elemento nacional", cuja propalada inaptidão e inconstância já não era vista como natural, senão como resultado da falta de oportunidades. Ou seja, seria preciso valorizar a busca da qualificação profissional como algo que dignificava o trabalhador, algo que ele desejasse para seus filhos, não como um destino fatal, mas como algo dotado de valor próprio. Para tanto, o ensino profissional teria de deixar de ser destinado aos miseráveis, órfãos, abandonados e delinqüentes.

Ao mesmo tempo em que se dava essa mudança ideológica, as exigências acarretadas pelo próprio processo produtivo, tanto na indústria quanto nos transportes ferroviários, passaram a exigir trabalhadores dotados de qualidades que não poderiam resultar de processos aleatórios. Eles deveriam atender aos requisitos do taylorismo, para o que se impunha sua seleção mediante exames psicotécnicos. A aptidão e a escolha dos melhores foram dois critérios inseridos na prática e no discurso do ensino profissional, sem precedentes no país.

Mas, essa valorização do ensino profissional não deveria implicar tentativas de eliminação da divisão social e técnica do trabalho no interior do aparato educacional. Mesmo nas tentativas de emprego de práticas vocacionais em todas as escolas primárias, como na reforma Fernando de Azevedo, no Distrito Federal (1928-1930), seu objetivo era mais pedagógico do que propriamente profissional, conforme os princípios da escola nova, continuando a existir escolas destinadas à formação de elites (no ensino secundário e no

O ensino profissional na irradiação do industrialismo

superior) e outras para a formação dos trabalhadores manuais. A tentativa de Anísio Teixeira, também no Distrito Federal (1932-1935), de criar escolas técnicas secundárias onde os alunos escolheriam seus percursos escolares e sociais a partir de um tronco comum de matérias de caráter geral, foi rapidamente demolida, retornando-se à separação entre as escolas profissionais e as secundárias, embora aquelas permanecessem, a partir de então, em nível pós-primário.

Reforçando a dualidade escolar, a política educacional do Estado Novo erigiu uma arquitetura educacional que ressaltava a sintonia entre a divisão social do trabalho e a estrutura escolar, isto é, entre o ensino secundário, destinado às "elites condutoras", e os ramos profissionais do ensino médio, destinados às "classes menos favorecidas", embora os alunos desses ramos devessem ser selecionados. Ou seja, a pobreza ou o "menor favorecimento" poderia ser condição conjuntural, mas não era suficiente para o ingresso num curso profissional.

Uma das características mais importantes da política educacional do Estado Novo, no que diz respeito, especificamente, ao ensino profissional, foi o forte protagonismo estatal. Se no tempo do Império e nos primeiros anos do regime republicano as iniciativas estatais encontraram sempre paralelo nos empreendimentos privados, em especial nas sociedades que mantinham liceus de artes e ofícios, a segunda década da Primeira República assentou a marca sinalizadora para as décadas seguintes: a criação de escolas profissionais pelo Governo Federal – a começar com a importante rede de escolas de aprendizes artífices, criada em 1909 – e pelo Governo Estadual paulista.

Esse aumento do protagonismo estatal teve importantes efeitos na própria organização da administração, pela criação de instâncias para a administração do ensino profissional – departamentos e superintendências especializadas.

Em meados da década de 1930 já era notória a decadência das escolas profissionais que os padres salesianos começaram a instalar no Brasil a partir do fim do período imperial. Embora tivessem desembarcado no país munidos de uma pedagogia voltada para a educação do proletariado, em termos religiosos, profissionais e ideológicos, tendo inclusive se notabilizado na formação de operários para o parque gráfico, os padres salesianos acabaram por atender a uma clientela muito diferente da original. Seus liceus de artes e ofícios passaram a oferecer cursos secundários para jovens de famílias abastadas e das camadas médias, inicialmente com o objetivo de financiar as escolas profissionais. À medida que a demanda para as escolas secundárias crescia, as escolas profissionais foram definhando, ao invés de prosperarem com os recursos financeiros gerados por aquelas. O golpe final acabou sendo desfechado pela concorrência das promoções estatais, tanto das iniciativas diretas (as próprias escolas profissionais públicas) quanto das indiretas (os centros de formação profissional do Senai).

Mesmo quando a iniciativa privada produziu inovações significativas, elas se consolidaram e se difundiram mediante o patrocínio estatal. Foi este o caso do Liceu de Artes e Ofícios de São Paulo, instituição que granjeou fama pela qualidade dos artífices aí formados. A despeito de sua influência restrita ao mercado da construção civil e mobiliária paulistana, o Liceu exerceu sua mais forte influência pela irradiação das práticas da Escola Profissional Mecânica, em especial pela metodologia do ensino. A incorporação dessas práticas pelo Centro Ferroviário de Ensino e Seleção Profissional, em 1934, instituição criada pelo Governo Paulista, propiciou uma estreita cooperação entre as ferrovias e as escolas profissionais da rede estadual, a fim de ministrarem ensino de ofícios específicos aos aprendizes enviados pelas empresas participantes, as quais participavam do financiamento do empreendimento. Essa foi a primeira iniciativa concreta de colaboração entre empresas privadas, empresas estatais e instituições escolares públicas, para o ensino profissional, mediante cobertura legal, com participação de todas nos custos. Esse tipo de colaboração veio a ser a matriz do Senai,[2] criado oito anos depois do CFESP.

A deposição de Vargas, em 1945, as eleições parlamentares e presidenciais, a promulgação da nova Constituição, em 1946, nada disso alterou o sistema corporativista montado pelo Estado Novo, como também as formas de interpenetração entre as esferas pública e privada. Continuou de pé toda a estrutura sindical, bem como a Justiça do Trabalho, as comissões econômico-financeiras permanentes compostas de representantes dos sindicatos patronais e do governo. Ainda mais, o quadro partidário da República Populista (1945-1964) foi montado, pelo menos em parte, com os sobreviventes bem ativos daquele sistema. O Partido Social-Democrático reuniu os quadros do poder governamental estadonovista, e o Partido Trabalhista Brasileiro congregou as lideranças sindicais dos trabalhadores. Distribuídos em ambos estavam Vargas, seus familiares e os colaboradores mais próximos.

Embora persistente, o sistema corporativista tornou-se mais flexível, perdendo espaço em proveito de outras formas de organização, abrindo-se novos canais de representação de interesses (Diniz & Boschi, 1991). Permaneceu, sobretudo, o protagonismo estatal na promoção do desenvolvimento

---

2 O Senai e o Senac, instituições dedicadas à formação profissional, tiveram seu contraponto em instituições de serviço social, respectivamente, o Sesi e o Sesc, financiadas mediante contribuições incidentes sobre a folha de pagamento das empresas, maiores do que de suas homólogas. As quatro instituições formaram o "Sistema S", que recebeu a inclusão posterior do Senar e do Senat (aprendizagem agrícola e dos transportes) e do Sebrae, este dedicado ao apoio à pequena empresa.

econômico, enquanto agente direto e parceiro do empresariado, de modo que se notou o "parentesco direto" entre o empenho de Vargas na siderurgia em Volta Redonda (1942), o Plano de Metas de JK (1956-1961) e o II Plano Nacional de Desenvolvimento Econômico (1974-1979), de Ernesto Geisel (Sallum Jr. & Kugelmas, 1993, p.285-6).

Os governos militares do período 1964-1985 não desmancharam a estrutura sindical estadonovista. Ao contrário, procuraram reforçá-la, defendendo-se contra outras formas de organização e de representação de interesses. Neste sentido, ocorreu o que Alfred Stepan (1980) chamou de dominância do *corporativismo exclusivo* sobre o *inclusivo*, típico da Era Vargas e da República Populista.

A mudança de sócios na coalizão corporativista e o encapsulamento dos trabalhadores (suas organizações e demandas) não prejudicaram o Senai, muito pelo contrário, como veremos. Durante os dezoito anos da experiência democrático-populista, sua rede se expandiu e se consolidou, ao mesmo tempo em que feneceu o que o ministro da Educação Gustavo Capanema pretendia que fosse a referência para o ensino profissional: os cursos básicos industriais com base escolar. Nos primeiros dez anos de regime militar, o Senai se firmou ainda mais, atingindo o que parece ter sido o ápice de seu desenvolvimento enquanto instituição educacional dedicada à aprendizagem sistemática. Dito de outra forma, o Senai transformou-se em instituição hegemônica no âmbito do ensino industrial.

Enquanto o Senai se desenvolvia e conquistava a hegemonia no campo do ensino profissional, com a metodologia desenvolvida no CFESP, o Ministério da Educação empreendia o reforço do ensino propriamente escolar no mesmo campo, para o que contou com a assistência técnica norte-americana.

Para Fonseca (1961, v.1, p.562-3), as resoluções da I Conferência de Ministros e Diretores de Educação dos países das três Américas, realizada em Havana, em 1943, teve grande influência na busca pelo governo brasileiro da assistência técnica estrangeira para o ensino industrial.

Com efeito, após a conferência, o ministro Gustavo Capanema iniciou gestões com a Inter-American Foundation, órgão vinculado ao governo dos EUA, para a formalização da assistência técnica pretendida, que resultou num convênio firmado entre o MEC e essa instituição, em 1946.

O convênio previa a instalação, no Ministério da Educação, da Comissão Brasileiro-Americana de Educação Industrial (CBAI), para atuar como órgão executivo na aplicação do programa de cooperação, cujo superintendente seria o titular da Diretoria do Ensino Industrial, que, por sua vez, tinha como contraparte um representante da fundação. Essa entidade forneceria um pequeno grupo de cooperantes.

O convênio teve dois anos de duração, durante os quais o governo brasileiro participou com 500 mil dólares e a Inter-American Foudation, com metade dessa quantia. Seus termos foram sucessivamente prorrogados, com novos aportes de recursos, até que, no início dos anos 60, foi absorvido nos convênios MEC–Usaid.

A principal forma de atuação da CBAI consistiu na promoção de reuniões de diretores das escolas industriais e escolas técnicas, especialmente da rede federal, assim como cursos de aperfeiçoamento para professores, no Brasil e nos EUA.

Além de promover a tradução de livros técnicos pertinentes ao ensino e à administração de escolas profissionais, a CBAI produziu um boletim destinado à divulgação de notícias de interesse desse segmento, às quais adicionava informações de caráter técnico e administrativo.

No concernente à pedagogia do ensino industrial, a CBAI destacou-se pela introdução do método *Training Within Industry* (TWI), irradiado de São Paulo para todo o país, tendo o Senai como um eficiente vetor. Em 1957, a comissão instalou em Curitiba o Centro de Pesquisas e Treinamento de Professores, para a formação de docentes para o ensino industrial, posteriormente integrado à Escola Técnica Federal e ao Cefet do Paraná.

Em 1962 a CBAI foi extinta.[3] Seu acervo e seus encargos foram assumidos pelo Grupo Executivo do Ensino Industrial, criado pelo Decreto n.53.041/62.[4]

Criado durante a Segunda Guerra Mundial, nos EUA, para o treinamento rápido de trabalhadores para a indústria bélica, o TWI teve aplicação generalizada no Brasil pelo Programa Intensivo de Preparação de Mão-de-Obra (Pipmo), criado em 1963, como medida transitória, mas que durou quase duas décadas.

O Pipmo foi criado no governo João Goulart pelo Decreto n.53.324, de 18 de dezembro de 1963, para o treinamento acelerado, de modo a suprir de força de trabalho um processo que se pensava demandasse grande quantidade de operários industriais. Embora a economia estivesse em recessão, situação que foi intensificada deliberadamente nos primeiros anos dos governos militares, o crescimento econômico que se seguiu, tanto no setor industrial como no da agricultura e no de serviços, acabou por se valer do formato institucional do programa.

Vinculado inicialmente ao MEC, pela Diretoria do Ensino Industrial, o Pipmo seria desenvolvido com a participação das escolas industriais e técni-

---

3 O GEEI incorporou atribuições do Grupo de Trabalho da Expansão do Ensino Industrial (Decreto n.50.809/61) e adicionou as que seriam da CBAI: a formação e o aperfeiçoamento do pessoal docente, técnico e administrativo para esse ramo de ensino, atuando diretamente ou mediante convênio com entidades públicas ou privadas especializadas.

4 O Decreto n.53.041, de 28 de novembro de 1962, baixado pelo presidente João Goulart, dizia "não haver conveniência na conservação do atual esquema administrativo para os serviços cooperativos entre os EUA e o Brasil" mencionado, também, "a dificuldade prática para a imediata instituição aos (sic) programas da CBAI".

cas, de associações estudantis, de empresas industriais e de entidades de empregados.[5] Os recursos do programa seriam oriundos dos fundos nacionais do ensino primário e do ensino médio.

A portaria ministerial 46/64, baixada dois meses antes do golpe de Estado, estabeleceu as normas reguladoras do programa, a começar pelos seus objetivos:

a) especializar, retreinar e aperfeiçoar o pessoal empregado na indústria;
b) habilitar novos profissionais para a indústria;
c) preparar pessoal docente, técnico e administrativo para o ensino industrial, bem como instrutores e encarregados de treinamento de pessoal na indústria.

Somente em casos especiais as coordenações nacional e regionais deveriam ministrar cursos diretamente. A transferência de recursos para entidades públicas e privadas, que se responsabilizassem pelo treinamento, era o procedimento padrão. A execução do programa se daria pelo treinamento desenvolvido nas próprias empresas industriais; por cursos intensivos ou regulares em escolas técnicas e escolas industriais das redes federal e estaduais; pelos centros de formação profissional do Senai; por cursos volantes e por correspondência; por aprendizagem programada; e por seminários, reuniões de estudo, levantamentos, pesquisas e trabalhos práticos.

O Decreto n.70.882, de 27 de julho de 1972, ampliou o âmbito de atuação do programa para todos os setores da economia, vinculando-o ao Departamento de Ensino Médio do MEC,[6] com recursos provenientes do Fundo Nacional de Desenvolvimento da Educação, que resultou da fusão dos dois outros.

Em 1974, o Pipmo teve sua vinculação transferida para o Ministério do Trabalho, possivelmente por sugestão do Senai e do Senac, que participaram de comissões criadas pelo ministro da Educação para proporem medidas visando a institucionalização do programa.[7]

Embora o treinamento ministrado pelos convênios Pipmo fosse executado pelas instituições existentes de formação profissional, inclusive o Senai, e pelas escolas técnicas da rede federal, ele estava voltado para o mero ades-

---

5 A insólita participação de associações estudantis, provavelmente dos estudantes das escolas técnicas federais, expressa a marca populista do governo Goulart, que, no que dizia respeito ao ensino profissional, teve orientação bem diversa da que presidiu sua política de alfabetização de adultos e de ensino superior.

6 No ano seguinte, sua vinculação passou ao Departamento de Ensino Supletivo.

7 Aliás, nesse mesmo ano essas entidades tiveram sua vinculação ministerial transferida da Educação para o Trabalho.

tramento imediato dos trabalhadores, realizado numa fração do tempo empregado por elas e abarcando um conteúdo muito reduzido.

Nos primeiros anos de existência do programa, quando os treinandos se destinavam principalmente à indústria, foram utilizadas partes das séries metódicas desenvolvidas pelo Senai. Com o tempo, o programa produziu material didático próprio, baseado em análise ocupacional, mas orientado para o ensino de "nem mais nem menos" que o estritamente necessário para a ocupação imediata de postos específicos de trabalho. Esse material foi freqüentemente considerado impróprio e superficial pelos instrutores, fazendo com que eles recorressem aos meios pedagógicos das próprias instituições executoras (Barradas, 1986, p.119).

Concluíram os cursos do Pipmo mais de 2,6 milhões de trabalhadores. O ponto mais alto do programa foi em 1976 e 1977, biênio em que concluíram seus cursos quase um milhão de trabalhadores.

A partir de 1975, justamente quando o Pipmo intensificou muito suas atividades, elas passaram a se concentrar, quase que exclusivamente, na preparação de mão-de-obra para os projetos governamentais de grande porte.[8] Quando esses projetos foram concluídos ou a crise econômica obrigou o Governo Federal a suspendê-los ou desacelerá-los, o Pipmo perdeu a razão de ser e foi extinto, pelo Decreto n.87.795, de 11 de novembro de 1982.[9] Seus funcionários e seu patrimônio foram transferidos para o recém-criado Serviço Nacional de Formação Profissional Rural (Senar) (Barradas, 1986).

Quando o Pipmo estava ainda em plena atuação, originou-se no Ministério da Fazenda um anteprojeto de lei que, assumido pelo presidente da República Ernesto Geisel, foi enviado ao Congresso Nacional, resultando na Lei n.6.297, de 15 de dezembro de 1975, regulamentada pelo Decreto n.77.463, de 20 de abril de 1976. Tratava-se de conceder incentivos fiscais para projetos de formação profissional, entendida de forma bem ampla, desenvolvidos pelas próprias empresas.

A lei e sua regulamentação concederam às pessoas jurídicas a possibilidade de deduzirem do lucro tributável, para fins de imposto de renda, o dobro das despesas realizadas, no país, com projetos de formação profissional previamente aprovados pelo Ministério do Trabalho. Poderiam ser objeto desse incentivo os projetos de preparação imediata para o trabalho "de indivíduos menores ou maiores, através da aprendizagem metódica, da qualifica-

---

8 Em 1978, por exemplo, o Pipmo atuou no treinamento de trabalhadores para o Pólo Petroquímico do Rio Grande do Sul e para a exploração e produção de petróleo na bacia de Campos; para a construção civil de ministérios militares; para a construção da hidrelétrica de Itaipu; e para os pólos agropecuários e agrominerais da Amazônia.

9 Para efeito de percepção da diminuição drástica do número de treinandos, o programa teve 118 mil concluintes em 1980 e apenas 26 mil em 1982 (Barradas, 1986, p.190).

ção profissional, do aperfeiçoamento e da especialização técnica em todos os níveis". Poderiam também ser objeto de dedução as despesas de construção ou instalação de centros de formação profissional, como também a aquisição de equipamentos. Havia, no entanto, um limite para as deduções, que não poderiam ultrapassar o teto de 10% do lucro tributável, embora eventuais excessos pudessem ser deduzidos nos três exercícios subseqüentes.

O efetivo uso desses recursos na formação profissional seria comprovado por atestados de freqüência fornecidos pelo Senai e pelo Senac, mas não era permitida a dupla vantagem, isto é, a dedução simultânea da contribuição compulsória a eles devida e a propiciada pela nova legislação.

As informações coletadas por Romero (1981), com dados relativos a 1977, mostram que dois terços dos treinandos com recursos incentivados pela Lei n.6.297/75 eram trabalhadores qualificados e semiqualificados, ficando o terço restante com as categorias diretores, gerentes, técnicos de nível médio e nível superior, e supervisores. Pouco mais da metade dos projetos referiam-se a atividades de aperfeiçoamento, permancendo a aprendizagem sistemática com apenas 2,3% deles. Os setores econômicos que mais se beneficiaram do incentivo fiscal foram o bancário e o financeiro, que abrangeram cerca de 20% dos participantes em projetos aprovados pelo Ministério do Trabalho.[10] A maioria das empresas mostraram pouco interesse no aproveitamento dos incentivos. Lopes (1992, p.351) apresentou dados que mostram que, no período 1977-1984, apenas 1% das empresas com imposto de renda a pagar os utilizaram. Do total de recursos financeiros de que elas poderiam dispor para programas de formação profissional, foram destinados a essa finalidade entre 4% e 6,5%.

Os incentivos fiscais concedidos pela Lei n.6.297/75 foram suspensos pela medida provisória 161/90, do presidente da República Fernando Collor de Melo, logo convertida em lei. Não houve protesto significativo, em razão do acúmulo de denúncias de que a renúncia fiscal do Estado não correspondia, em muitos casos, ao efetivo emprego dos recursos em atividades de formação profissional, recursos esses que eram desviados para o capital de giro das empresas beneficiadas, quando não para a aquisição de equipamentos destinados exclusiva ou preponderantemente à produção.

Os anos 70 foram da aventura profissionalizante. A política governamental tentou inverter a valorização do ensino profissional, de modo a transformar sua destinação aos miseráveis, aos órfãos e aos desvalidos para um tipo de ensino almejado por todos. Na segurança que o autoritarismo propicia

---

10 A propósito, consultar Cunha (1991) que analisa os empreendimentos educacionais do Bradesco, empresa que utilizou bastante as possibilidades da Lei n.6.297/75.

àqueles que usufruem do poder, chegou-se a dizer: "acabou o tempo dos doutores, agora é a vez dos técnicos".

No início dessa década, o ensino primário foi fundido ao 1º ciclo do ensino médio para se fazer um ensino obrigatório de oito anos, renomeado ensino de 1º grau. Na seqüência de mudanças que vinham dos anos 50, o segundo segmento, correspondente às quatro últimas séries, recebeu o encargo de ministrar um ensino profissionalizante, mas não profissional – ele deveria apenas servir para sondagem vocacional e iniciação ao trabalho, numa utilização de oficinas, canteiros e criatórios que mais lembra as propostas da escola nova das primeiras décadas do século do que a fúria profissionalizante que se apossou dos pedagogos oficiais quando tratavam do 2º grau.

O ensino de 1º grau profissionalizante resultou, em suma, de um processo de ação recíproca entre o ensino secundário – o ginásio – e os ramos profissionais correspondentes, principalmente o ensino industrial, num movimento de mútua aproximação. Enquanto o ginásio ia sendo modificado por sucessivos experimentos que lhe acrescentavam conteúdos e práticas profissionalizantes, de modo a adequá-lo à "realidade", fora do mundo artificial dos livros e dentro do mundo do trabalho, o ensino industrial ia sendo despojado de seus conteúdos propriamente profissionais, até que a expressão industrial passou a mero adjetivo do substantivo ginásio: as escolas industriais dos anos 40 transformaram-se nos ginásios industriais dos anos 60.

Para isso, a assistência técnica e financeira norte-americana desempenhou um importante papel. Se o efeito paradigmático da *high-school* dos EUA foi lentamente erodindo o modelo do ginásio de feição européia, de caráter livresco e elitista, a resistência à mudança impediu que as forças endógenas fossem suficientes para sanar o que o Manifesto dos Pioneiros da Educação Nova chamara, em 1932, de "ponto nevrálgico da questão" da educação nacional. Mesmo quando novos padrões de ginásio eram criados, como os "vocacionais" de São Paulo, os segmentos intelectuais da sociedade se apossavam deles, eliminando os efeitos mudancistas. Perpetrado o golpe de Estado, em 1964, essa tendência foi reforçada pela vinda de consultores norte-americanos e pelo financiamento da Usaid para a construção de toda uma rede de novas escolas.

No 2º grau, a lógica da profissionalização foi bem outra. Enquanto no 1º havia um raciocínio interno aos próprios segmentos envolvidos, no então 2º ciclo do ensino médio as razões para a mudança vinham do alto, quer dizer, do ensino superior.

Ao início da década de 1970, os ramos propriamente profissionais do 2º ciclo tinham resolvido o principal problema que os afligia desde os anos 40, a possibilidade de candidatura irrestrita ao ensino superior. O colegial, no entanto, desprovido de projetos de reforma, acabou sendo utilizado para resolver o que se considerava problema dos ramos profissionais, em especial do ramo industrial: os egressos das escolas técnicas industriais ingressavam em cursos superiores, em vez de se contentarem com seu destino "natural". A fusão de todos os ramos do 2º ciclo do ensino médio foi, assim, a solução encontrada para resolver a falta de projeto pedagógico do secundário e a insistência dos técnicos em se candidatarem aos exames vestibulares – e serem bem-sucedidos.

A profissionalização universal e compulsória no ensino de 2º grau, que continuou com os mesmos três anos do 2º ciclo (quatro, se houvesse estágio), pretendia, assim, desviar para um mercado de trabalho que estava em expansão (que se supunha por longo tempo) parte dos jovens que se candidatavam ao ensino superior, diminuindo a pressão sobre as universidades públicas, que ofereciam cursos de melhor qualidade e gratuitos, vantagens comparativas de grande valia.

A implantação da Lei n.5.692/71 foi cheia de peripécias, desde os floreios ilustrados dos membros do Conselho Federal de Educação, que discorriam sobre o mundo do trabalho com uma desenvoltura desconcertante, até os disfarces das escolas das redes públicas e privadas para fazerem crer que ofereciam ensino profissionalizante para formar técnicos e auxiliares técnicos.

Depois de uma década de estragos, a reinterpretação da lei deu lugar a adaptações que a foram descaracterizando até sua completa revogação, no que dizia respeito ao 2º grau. No 1º grau, como não se tratava de outorgar certificados profissionais, que fossem regulamentados pelos conselhos profissionais, o ensino profissionalizante foi definhando até que simplesmente deixou-se de mencioná-lo por completo.

Tudo isso não passaria de mais uma aventura desastrada das ditaduras que assolaram a história do país, se não tivesse provocado estragos profundos, não só no ensino de 1º e 2º graus, como, também, por via de conseqüência, no ensino superior, por causa do preparo deficiente dos candidatos.

Infelizmente, o economicismo dos pedagogos da ditadura, que viam na profissionalização a saída para a falta de objetivos do ensino, tem sua contrapartida nos críticos das políticas educacionais, que insistem na procura apenas no âmbito da produção dos determinantes das mudanças havidas no ensino.

Para eles, há uma clara sintonia entre a dimensão ideológica (e pedagógica) das políticas educacionais e as exigências da produção – essas, sim, objetivas – nas últimas duas décadas do século XX, de modo que a "produção flexível", substituindo os paradigmas fordistas e tayloristas, determinou o surgimento de novos modelos educacionais.

Não é nessa perspectiva que este trabalho procura analisar as políticas educacionais na virada do século no Brasil. Sem desconhecer que tais mudanças econômicas existem e desempenham seu papel, não lhes confere, todavia, um papel preponderante. A lógica interna às políticas educacionais, explicada por suas implicações ideológicas e pelas disputas hegemônicas que se desenvolveram e se desenvolvem num campo propriamente educacional, é isto que esta pesquisa procurou reconstruir. Assim, mais importante do que as mudanças que ocorrem no processo produtivo, interessou saber como os protagonistas envolvidos com o ensino profissional as encaram. Sejam os trabalhadores, sejam os empresários, sejam os técnicos governamentais ou, ainda, os acadêmicos, esses protagonistas desenvolvem lutas no interior desse campo de que resultam políticas, as quais nem sempre correspondem completamente ao que foi pretendido ao início do processo.

Este livro culmina com a apresentação de um campo educacional marcado por conflitos: as ameaças, reais ou imaginárias, sentidas pelo Senai, que o impediriam de continuar controlado pelo patronato; a tentativa do Ministério do Trabalho de suscitar o desenvolvimento de uma vasta rede de entidades de educação profissional para servir de contraponto (eventualmente de sucedâneo) às entidades do "Sistema S"; o empenho do Ministério da Educação no deslocamento das escolas técnicas federais da esfera pública para a esfera privada, mediante sua maior inserção no mercado, aproximando-as das unidades operacionais do "Sistema S"; as entidades sindicais de trabalhadores, ora encaradas como ameaçadoras às instituições de ensino profissional controladas pelo patronato, por sua demanda de participação em sua gestão, ora definidas como parceiras nos programas de educação profissional e na gestão dos programas governamentais de trabalho, emprego e geração da renda, ora, ainda, como co-gestoras dos centros de educação profissional do "segmento comunitário", imagens essas que encontram correspondência em certas entidades, sindicatos e centrais sindicais.

Por tudo isso, especialmente pela continuidade das políticas educacionais nos dois mandatos do presidente Fernando Henrique Cardoso, é possível afirmar com segurança que o legado varguista do campo educacional, no que concerne ao ensino profissional, foi profundamente atingido, e já é possível antever algumas características desse campo, dentre as quais sobressaem: a definição do estatuto público das instituições educacionais não como sinônimo de estatal, mas, de preferência, privado; a prevalência do mercado como definidor imediato da demanda e do conteúdo dos cursos, assim como de sua avaliação; o custeio do ensino pelos interessados imediatos, sejam entidades, empresas ou os próprios cursistas/alunos; a fragmentação dos currículos, de modo a baratear o atendimento da demanda, que se supõe igualmente fragmentada; o atendimento maciço, particularmente pelas instituições mantidas pelo Estado; e, finalmente, como conseqüência disso tudo, a recomposição da dualidade na estrutura do campo, que esteve borrada pelas políticas educacionais populistas e até mesmo dos governos militares.

1
O Estado Novo e a formação da força de trabalho

A Revolução de 1930, que levou Getúlio Vargas à chefia do governo provisório, determinou o início de uma nova era na História do Brasil, só terminada em 1945, quando ele foi deposto por um golpe militar. Durante esses quinze anos, Vargas foi presidente da República, primeiro garantido pelas armas das milícias das oligarquias dissidentes e do Exército; depois, eleito pelo Congresso Nacional; e, por último, sustentado pelo Exército, já com o monopólio do uso da força.

Nos cem anos que antecederam a Revolução de 1930, a economia brasileira vinha se desenvolvendo integrada no capitalismo "internacional" como exportadora de alimentos e matérias-primas, e importadora de bens industrializados e combustíveis, até que as contradições geradas por esse desenvolvimento determinaram a progressiva substituição de importações por manufaturados locais. A partir de 1937, o Estado assumiu um novo papel, intervindo direta e intensamente na economia, promovendo a industrialização.

No campo político, essa mudança de fase no desenvolvimento da economia implicou, entre outras coisas, a drástica redução do poder, antes sem sócios, das oligarquias representantes dos latifundiários, em particular dos cafeicultores paulistas; a sujeição política das classes trabalhadoras, e particularmente dos operários, seu setor mais organizado e avançado; a eliminação do setor insurgente da burocracia do Estado, os "tenentes"; o aumento do poder da burocracia industrial; a centralização, sem precedentes, do aparelho de Estado; a repressão às expressões políticas da sociedade civil; a montagem de um regime político autoritário, uma espécie de fascismo sem mobilização de massas.

O governo instituído pela Revolução de 1930 não tinha propriamente um projeto educacional a ser desenvolvido. Poucas e fragmentadas eram as referências, no seu programa, à questão educacional e à formação da força de trabalho. O ensino secundário e o superior, segmentos do aparelho escolar destinados à educação das elites, mereceram todo um item da plataforma. Para o ensino superior reivindicava-se "liberdade didática e administrativa", a "organização de universidades autônomas", como a de Minas Gerais, e a instituição de cursos profissionais fora da trinca direito-medicina-engenharia. Para o ensino secundário não se pedia mais do que "arejamento" e "atualização" de métodos e disciplinas. A educação aparecia, também, no item referente à "questão social". Dizia-se aí que o proletariado urbano e rural necessitava de "dispositivos tutelares", entre os quais a educação e a instrução, particularmente as ministradas pelas escolas técnico-industriais e agrárias. Ao longo do texto da plataforma clamava-se pela "valorização do homem pela educação e pela higiene". Para esse propósito, dizia-se ser inadiável a criação de um ministério que estendesse sua ação benéfica sobre a instrução, a educação e o saneamento de todo o país.

A ausência de um projeto educacional articulado no programa da Aliança Liberal não constituía, a meu ver, mera omissão, mas era resultado da própria heterogeneidade das forças políticas e sociais que a compunham.

O programa da Aliança relativo à "questão social" foi integralmente aplicado pelo governo provisório: ao mesmo tempo que o Estado incorporou as reivindicações dos trabalhadores, como salário mínimo, férias remuneradas, limitação da jornada de trabalho, limitação da exploração da força de trabalho feminina e infantil, entre outras, estabeleceu os "dispositivos tutelares" destinados a controlar a atuação política dos sindicatos dos trabalhadores. Oficializou os sindicatos, ligando-os ao Ministério do Trabalho pela lei e pela instituição do "peleguismo". Dividiu os trabalhadores pela imposição de sindicatos diferentes para categorias definidas politicamente. Promulgou a "lei da nacionalização do trabalho", limitando a um terço o número máximo de trabalhadores não brasileiros na indústria, de modo a diminuir a proporção de operários estrangeiros, dentre os quais haviam saído muitos lideres experientes nas lutas sindicais da Primeira República.

A política educacional do Governo Provisório

As primeiras medidas tomadas pelo Governo Provisório, no tocante à educação, mostraram o caminho que viria a ser percorrido durante os quinze anos da Era Vargas. Antes de tudo, visava-se a diferenciação e a especialização do aparelho de Estado, aumentando-lhe a eficiência em matéria política e ideológica. Consistiu na extração, de dentro do Ministério da Justiça e Negócios Interiores, de dois setores que passaram a constituir novas pastas: o Ministério do Trabalho, para "superintender a questão social", que deixava de ser matéria afeita apenas à "ordem pública"; e o Ministério da Educação e Saúde Pública, para formação física, intelectual e moral da população.[1]

Para o Ministério da Educação foram transferidos todos os órgãos do Ministério da Justiça e Negócios Interiores que atuavam nesse campo, como também os do Ministério da Agricultura, Indústria e Comércio. Foi assim que o sistema federal de escolas de aprendizes artífices, a mais importante base para o desenvolvimento do ensino profissional, passou para a área do Ministério da Educação.

À centralização da burocracia do aparelho escolar correspondeu um aumento do controle do poder central sobre o ensino. Para isso, foi montado no ministério um serviço de registro de professores e um serviço especializado na inspeção das escolas secundárias estaduais, municipais e particulares. Esse serviço contava com um corpo permanente de inspetores, grupados por disciplinas afins, que deveriam ser recrutados por concurso, segundo normas rígidas e detalhadas. Os inspetores tinham a função de assistir a aulas e exames, devendo argüir e fazer argüir alunos por eles escolhidos, apreciar os critérios de atribuição de notas, relatar ao ministério os trabalhos desenvolvidos por professores e alunos de cada disciplina, de cada série, de cada escola secundária do país.

O primeiro titular do Ministério da Educação foi Francisco Campos, ex-secretário do interior de Antônio Carlos Ribeiro de Andrada no governo de Minas Gerais. Como secretário do interior, Francisco Campos empreendeu, com Mário Casasanta, seu diretor de instrução pública, uma reforma do ensino primário e normal em Minas Gerais. Não foi dessa reforma que Francisco Campos retirou elementos para a elaboração da política educacional da Era Vargas, mas da prática de alianças políticas levada a cabo pelo governo mineiro, possivelmente inspirada no fascismo italiano.

Preocupado com a superação da crise de hegemonia que ameaçava as classes dominantes nos anos 20, o senador, depois presidente do Estado de Minas Gerais, defendia a "colaboração recíproca" entre o Estado e a Igreja Católica, que estaria sendo dificultada, desde a proclamação da República, por estereótipos laicistas, de um lado, e por ressentimentos persecutórios, de outro. Para ele, Estado e Igreja deveriam se associar, como se fazia na Itália

---

1 No discurso de posse, em novembro de 1930, disse o ministro Francisco Campos do objetivo de sua pasta: "sanear e educar o Brasil constitui o primeiro dever de uma revolução que se fez para libertar os brasileiros". Cinco anos depois, Gustavo Capanema, seu continuador no ministério, declarou que "ele visa melhorar o homem, na sua saúde, nas suas qualidades morais, nas suas aptidões intelectuais, para dele fazer um eficiente trabalhador".

fascista: esta teria seus privilégios reassegurados (reconhecimento civil do casamento religioso, instrução religiosa nas escolas públicas, assistência religiosa nos navios e quartéis, subvenções estatais para suas obras filantrópicas etc.); em contrapartida, a ação educativa religiosa daria um lugar especial à manutenção da ordem e ao respeito à autoridade constituída. Tão logo tomou posse na presidência do Estado, Antônio Carlos de Andrada promoveu a aprovação, pela Assembléia Legislativa, de uma lei autorizando o ensino da religião nas escolas estaduais – o que, no contexto, significava o ensino da religião católica. Tal colaboração foi explorada por Francisco Campos, imediatamente após o movimento revolucionário, em proveito da Legião de Outubro, partido político parafascista do qual foi um dos fundadores e dirigente. A plataforma política, os símbolos, a organização das milícias eram semelhantes aos do movimento fascista italiano, cujas íntimas ligações com a Igreja deixavam à vontade a hierarquia eclesiástica brasileira, particularmente a mineira.

Aliás, o fascismo não era estranho nem desconsiderado pelos homens que ocupavam as posições mais proeminentes no Governo Provisório. Getúlio Vargas, quando ainda presidente do Rio Grande do Sul, declarou que sua diretriz de governo se pautaria pelo corporativismo, segundo a "renovação criadora" que estaria se processando na Itália fascista. Góis Monteiro, repressor dos "tenentes" nos anos 20, dirigente militar da Revolução de 1930, fiador do Governo Provisório e, posteriormente, do Estado Novo, aconselhava-os, em 1932, a adaptarem seu pensamento político a um "fascismo nacionalista".

Como ministro da Educação, Francisco Campos fincou os marcos de uma política educacional autoritária que teve, então, no fascismo italiano uma fonte fértil de inspiração. Em abril de 1931, cinco meses após a instituição do governo provisório e quatro após sua posse no ministério, foram promulgados três decretos que expressam essa linha política.

i) Na direção do que se havia feito em Minas Gerais, o ensino religioso passou a integrar o currículo das escolas primárias, secundárias e normais em todo o país, de modo que os alunos só ficariam dispensados de assistir às aulas de religião se os pais ou responsáveis o requeressem. Caso contrário, deveriam freqüentar as aulas proferidas pelos ministros do credo declarado. Entretanto, nas escolas oficiais só haveria essa matéria, para um credo específico, se os interessados totalizassem um certo número. Esse critério igualava religião a catolicismo, em razão da predominância de católicos na população do país.

ii) O ensino secundário foi reformado no conteúdo, na finalidade, na duração e na estrutura, em função dos exames vestibulares, apesar da longa argumentação de Francisco Campos na exposição de motivos ao chefe do Governo Provisório, criticando a tradição brasileira de fazer desse ensino "mera chancelaria de exames para o ensino superior", destituindo-o de finali-

O ensino profissional na irradiação do industrialismo

dade própria. Partindo da suposição de que o ensino secundário era o mais importante ramo do aparelho escolar, em termos quantitativos e qualitativos, atribuía-lhe como finalidade própria "a formação do homem para todos os grandes setores da atividade nacional, constituindo no seu espírito todo um sistema de hábitos e comportamentos que o habilitem a viver por si mesmo e a tomar em qualquer situação as decisões mais convenientes e seguras". A formação de indivíduos para tomar decisões exigia a adoção de um novo currículo, de modo a privilegiar o ensino das ciências naturais e de novos métodos de aprendizado, abandonando a prática corrente de "mobiliar o espírito de noções e de conceitos passivamente recebidos pelo estudante". A articulação dessa finalidade própria do ensino secundário com a função propedêutica, a de preparar candidatos para o ensino superior, foi inspirada na reforma educacional de Giovani Gentile, na Itália, coincidentes ambas na preocupação de formar "indivíduos capazes de tomar decisões". A duração do ensino secundário, então de cinco anos, foi esticada para sete, de modo a permitir a divisão em dois ciclos. O *curso fundamental*, de cinco anos (na Itália simplesmente ginásio, com idêntica duração), teria a finalidade de fornecer a cultura geral necessária aos tomadores de decisões. O *curso complementar*, de dois anos (na Itália o *liceu*, com três ou quatro anos), teria a função de preparar candidatos ao ensino superior. Como no liceu italiano, o curso complementar teria currículos diferentes, conforme a destinação dos candidatos. Na Itália havia o liceu clássico e o científico, conforme o curso superior pretendido; no Brasil, haveria cursos adequados aos exames vestibulares das três faculdades principais: medicina, engenharia e direito, prevendo-se a existência de outro para a vindoura faculdade de educação, ciências e letras. O exame de admissão ao ensino secundário, instituído pela reforma de 1925, foi mantido pela de 1931, que determinava que os programas e métodos de ensino seriam expedidos pelo Ministério da Educação, revistos a cada três anos. Visava-se, com isso, maior controle sobre a qualidade das escolas secundárias, de modo a manter um nível de ensino compatível com as necessidades culturais dos "tomadores de decisões".

A reforma do ensino secundário, de 1931, veio reforçar as barreiras existentes entre os diferentes tipos de ensino pós-primário não superior. Constituíam esse ensino, além das escolas secundárias, as que ofereciam cursos profissionais para os quadros intermediários do comércio e da indústria e para o magistério primário, os quais não estavam articulados com o secundário e, em conseqüência, com o superior. Somente o curso secundário preparava para os exames vestibulares e, sem o certificado de tê-lo concluído, nenhum estudante poderia candidatar-se aos exames. Havia, entretanto, a possibilidade de eles virem a ser integrados ao ensino secundário. Previam-se exames de habilitação à 5ª série do curso complementar para jovens de 18 anos ou mais, sem escolaridade secundária, para os alunos de escolas secundárias não reconhecidas ou em outra situação. Se aprovados nos exames, realizados no Colégio Pedro II ou em colégios estaduais a ele equiparados, poderiam ingressar no curso complementar e seguir a "via normal" para o ensino superior.

iii) O ensino superior passou a ser regido pelo Estatuto das Universidades Brasileiras, que continha um modelo geral de organização didático-administrativa. Admitiam-se duas formas de organização do ensino superior: a universidade, forma considerada apropriada a esse ensino, e o instituto isolado. A universidade poderia ser oficial ou livre. A oficial seria mantida pelo Governo Federal ou pelo Estadual; a universidade livre, por fundações ou associações particulares. A universidade seria composta de institutos de ensino (pelo menos três dentre os seguintes: direito; medicina; engenharia; ou educação, ciências e letras[2]), encimados por uma administração central, embora cada instituto pudesse manter autonomia jurídica. A admissão aos cursos do ensino superior continuaria dependente de aprovação nos exames vestibulares, além da apresentação, pelos candidatos, de certificados de conclusão do curso secundário e de "prova de idoneidade moral", entre outras exigências. A conclusão do curso secundário complementar, na seção correspondente ao curso superior escolhido, seria exigida de todos os candidatos, exceto dos que se destinassem a certos cursos de belas-artes e de música.

No que diz respeito à formação escolar da força de trabalho, a única medida significativa a assinalar, nos primeiros seis anos da Era Vargas, refere-se ao ensino para pessoal apenas indiretamente ligado à produção. Ainda no primeiro semestre de 1931, o ensino comercial foi reorganizado (Decreto n.20.158, de 30 de junho), sendo instituído como um sistema paralelo, tendo um grau pós-primário, um técnico e um superior.[3] Para os portadores de certificados de conclusão da escola primária havia, no ensino comercial, a possibilidade de ingresso no curso de auxiliar de comércio (dois anos) ou no curso propedêutico (três anos), este constituindo condição, ao lado do curso secundário, para ingresso nos cursos técnicos (um a três anos), compreendendo as seguintes modalidades: secretário, guarda-livros, administrador-vendedor, atuário e perito-contador. Os certificados conferidos por estes dois últimos cursos eram condição necessária para a matrícula no curso superior de administração e finanças (três anos), que conferia o diploma de bacharel

---

2 Posteriormente, o nome dessa unidade passou a ser de faculdade de filosofia, ciências e letras.

3 Esse paralelismo era reforçado pela existência de um Conselho Consultivo do Ensino Comercial, distinto do Conselho Nacional de Educação, este formado por representantes dos estabelecimentos de ensino secundário e superior.

em ciências econômicas.[4] Este curso diferia dos demais cursos superiores em três aspectos principais. Primeiro, por não possuir um padrão estatal de organização, embora o decreto a isso fizesse referência. Segundo, por não exigir exames vestibulares. Terceiro, por ser oferecido predominantemente por instituições privadas.

Pela primeira vez, no Brasil, o termo *técnico* foi empregado na legislação educacional em sentido estrito, isto é, designando um nível intermediário na divisão do trabalho. Até então, esse termo teve sempre uma conotação ampla – sinônimo de profissional ou seu reforço, como na expressão técnico-profissional.

Apesar de não se ter tomado medidas como as do ensino comercial para outros setores, é possível perceber que, ao lado da preocupação em reorganizar o ensino destinado à formação das elites dirigentes, houve praticamente uma preparação do aparelho de Estado para iniciativas de maior alcance a partir de 1937, especialmente a centralização empreendida pelo Ministério da Educação. No caso das escolas de aprendizes-artífices, o órgão que as controlava passou a ter crescente importância na área do ministério: a Inspetoria do Ensino Profissional e Técnico, criada em 1931, transformou-se, em 1934, na Superintendência do Ensino Profissional, diretamente ligada ao ministro.

No âmbito de algumas unidades da Federação, entrementes, foram implementadas políticas educacionais de inspiração liberal que contrariavam a orientação do Governo Federal. Foram criadas as universidades de São Paulo (1934) e do Distrito Federal (1935), aproveitando brechas do Estatuto das Universidades Brasileiras para se erigirem instituições de ensino superior com variantes do modelo geral, não só na estrutura didático-pedagógica como, também, por pretenderem formar lideranças democráticas.

No Distrito Federal, um novo modo de conceber a formação da força de trabalho emergiu pelo pensamento e pela ação de Anísio Teixeira, que realizou importantes mudanças no aparelho escolar do município do Rio de Janeiro, buscando diminuir as grandes distinções curriculares que separavam as escolas pós-primárias, para futuros operários, das escolas secundárias, para futuros burocratas e profissionais liberais (Decretos n.3.763, de 1º de fevereiro, n.3.863, de 30 de abril, ambos de 1932; e n.4.779, de 16 de maio de 1934). Foram criadas as *escolas técnicas secundárias* para oferecer, além dos cursos secundários – equiparados aos federais, seguindo currículos estipulados pelo Ministério da Educação –, cursos exclusivamente industriais e comerciais, diferenciados após um ciclo comum de dois anos. Cada escola técnica secundária poderia oferecer, simultaneamente, alguns desses cursos ou todos eles, escolhidos pelos alunos, podendo haver fácil transferência de um

---

4 Se o bacharel defendesse tese diante da congregação da escola, receberia o diploma de doutor em ciências econômicas.

para outro, graças à existência de partes comuns nos programas, bem como matérias de livre escolha. Com isso, almeja-se quebrar a dualidade do aparelho escolar, caminhando-se para a construção da escola única no grau médio.

No entanto, foi curta a existência das escolas técnicas secundárias, conforme o modelo proposto por Anísio Teixeira. Após sua demissão, em fins de 1935, por força da perseguição política aos partidários e simpatizantes da Aliança Nacional Libertadora, o ensino profissional e o secundário retornaram aos padrões anteriores. Em 1942, as "leis" orgânicas consolidaram a estrutura educacional explicitamente dualista.

A aprendizagem sistemática

As estradas de ferro tiveram grande importância na introdução, no Brasil, do ensino de ofícios associando oficina e escola. Este ensino dispensou o longo e incerto padrão de aprendizagem herdado do artesanato, que consistia no trabalho do menor, como praticante, ao lado do mestre do ofício.

Desde o início do século, as empresas ferroviárias mantinham escolas para a formação de operários destinados à manutenção de equipamentos, veículos e instalações. A primeira delas, a Escola Prática de Aprendizes das Oficinas, foi fundada em 1906, no Rio de Janeiro, e mantida pela Estrada de Ferro Central do Brasil. Mas, foi a grande densidade de estradas de ferro no Estado de São Paulo, ligando as frentes de expansão cafeeira ao porto de Santos, que criou condições para a unificação das atividades de ensino de ofícios no âmbito das empresas ferroviárias, nos anos 20 (Medeiros, 1987).

A iniciativa pioneira de ensino unificado de ofícios teve início em 1924, com a criação da Escola Profissional Mecânica no Liceu de Artes e Ofícios de São Paulo. Quatro empresas ferroviárias que operavam nesse estado fizeram um acordo com o liceu, pelo qual cada uma enviaria dois aprendizes para freqüentarem um curso de quatro anos, realizando estágio nas oficinas de uma delas, situada na capital. O ensino de ofícios apresentava duas inovações que vieram a ser difundidas posteriormente: a utilização das séries metódicas de aprendizagem e a aplicação de testes psicotécnicos para seleção e orientação de candidatos aos diversos cursos.

Na criação da Escola Profissional Mecânica, nos empreendimentos dela derivados e até mesmo na criação do Senai, foi preponderante a participação de Roberto Mange, engenheiro suíço convidado para lecionar na Escola Politécnica de São Paulo. Mange e outros engenheiros da Escola Politécnica, entre eles Armando de Salles Oliveira, destacaram-se na divulgação da doutrina da Organização Racional do Trabalho, sistematizada por Frederick Taylor, a ponto de, em 1931, fundarem, com o patrocínio da Associação Comercial e da Federação das Indústrias de São Paulo, o Instituto de Organização Racional do Trabalho. O Idort passou a ganhar influência à medida que os efeitos da crise econômica de 1929 se somavam aos movimentos reivindicatórios de trabalhadores na diminuição da taxa de lucro.

Essa situação era especialmente crítica nas empresas ferroviárias, não só porque ali os trabalhadores eram mais organizados, como também pelo efeito que a elevação dos custos do transporte acarretava para outras atividades econômicas, particularmente para a exportação de café. Para esses problemas, o Idort apresentava o taylorismo como solução, propugnando o combate à desorganização administrativa das empresas, à utilização inadequada de matérias-primas, de força de trabalho e de energia motriz, assim como a defesa da implantação de um controle eficiente dos custos. Segundo essa doutrina, a redução dos custos permitiria a elevação da produtividade e, em consequência, o aumento dos salários pagos aos trabalhadores o que desincentivaria os movimentos reivindicatórios.

No entanto, para que a produtividade geral aumentasse, seria necessário também aumentar a produtividade dos trabalhadores, para o que seriam indispensáveis os exames psicotécnicos – que permitiriam colocar cada homem "no seu lugar" e promover a seleção dos mais capazes. No mesmo sentido, o ensino sistemático de ofícios apressaria e baratearia a formação profissional, assim como aumentaria o rendimento físico. Para o ensino sistemático de ofícios, defendiam-se as séries metódicas, já aplicadas com sucesso no Liceu de Artes e Ofícios; para os exames psicotécnicos, os procedimentos desenvolvidos por Henri Pieron, do Instituto de Psicologia da Universidade de Paris, e Léon Walter, do Instituto Rousseau, da Universidade de Genebra, que deram cursos em São Paulo e tiveram suas obras traduzidas. Os exames psicotécnicos serviriam, também, para evitar a contratação de "agitadores", medida convergente com a adoção de fichas de identificação datiloscópica destinadas a evitar a reentrada, nos quadros das empresas, de trabalhadores despedidos por razões políticas ou outras.

A experiência da Escola Profissional Mecânica teve efeitos multiplicadores na Estrada de Ferro Sorocabana, empresa estatal, cuja direção encontrava-se empenhada em melhorar os resultados econômicos e enfrentar a concorrência do transporte rodoviário, conforme a doutrina taylorista. Não lhe bastando o envio de alguns aprendizes ao Liceu de Artes e Ofícios de São Paulo, essa empresa organizou um Serviço de Ensino e Seleção Profissional (Sesp), em 1930, incorporando as práticas pedagógicas e psicotécnicas que se divulgavam e aplicavam, antes mesmo da criação do Idort.

O aprofundamento, pelo Sesp, da experiência do Liceu de Artes e Ofícios propiciou a extensão da aprendizagem sistemática a outras empresas ferroviárias do Estado de São Paulo. Roberto Mange elaborou um plano de criação de um Centro Ferroviário de Ensino e Seleção Profissional (CFESP), que foi apresentado pelo Idort às empresas ferroviárias e ao governo do estado, recebendo forte apoio das primeiras e do interventor, justamente o idortiano Armando de Salles Oliveira. O CFESP, criado por decreto em 1934, foi constituído pelas ferrovias do estado, com recursos provenientes do governo e das empresas, e contava com administração autônoma. O governo estadual colaborou com os recursos materiais e humanos do Sesp e com professores para o ensino de caráter geral. A direção do centro era constituída de dois delegados do governo estadual e um de cada companhia que aderisse ao empreendimento.

As atividades do CFESP iniciaram-se com a adesão de cinco empresas ferroviárias paulistas. A estas, o Centro prestava serviços de seleção de pessoal, de assistência técnica e coordenação da aprendizagem sistemática nas escolas profissionais existentes junto às oficinas gerais, em diversos pontos do estado. Para uso comum valia-se das instalações do Sesp em Sorocaba e em São Paulo. Em 1942 havia 16 escolas profissionais nas ferrovias paulistas, todas ligadas ao Centro. Outras ferrovias aderiram ao CFESP, para o que concorreu a Associação Brasileira de Engenharia Ferroviária na divulgação dos resultados alcançados. Em 1942, já se haviam associado ao Centro nove ferrovias situadas fora do Estado de São Paulo.

O CFESP distinguia-se, substancialmente, das escolas de aprendizagem de ofício existentes por todo o país, em vários aspectos. Primeiro, pela clientela restrita (filhos de ferroviários, principalmente) e formação para utilização também restrita (somente para as estradas de ferro). Nas escolas de aprendizagem de ofício, os alunos eram, invariavelmente, órfãos e outros "desvalidos", oriundos do lumpemproletariado, mais interessados na comida gratuita do que no aprendizado propriamente. Segundo, pela associação do Estado com as empresas, a fim de formar pessoal para todas elas. O Estado era essencial para o funcionamento desse mecanismo, enquanto fornecedor de recursos e garantidor das regras do jogo.

Nas escolas de aprendizagem de ofício, mantidas totalmente pelo Estado para a formação de operários para as empresas, era difícil para aquele perceber as demandas destas. As empresas, por sua vez, encontraram dificuldades ao influir sobre o ensino em razão da interveniência da burocracia educacional e dos padrões uniformes, vigentes em toda a rede. Enquanto as escolas profissionais comuns não possuíam uma pedagogia própria para o ensino de ofícios, procurando incorporar os padrões artesanais da praticagem, a Escola Profissional Mecânica, do Liceu de Artes e Ofícios de São Paulo, o Sesp e o CFESP tinham nas séries metódicas a espinha dorsal de uma pedagogia que se mostrou eficaz na formação de operários. As séries metódicas, assim como a colaboração Estado-empresa e oficina-escola foram utilizadas, mais tarde, em todo o país pelo Senai.

O ensino profissional na irradiação do industrialismo

A influência do CFESP, entretanto, não se resumiu na situação paradigmática. Quando da criação do Senai, em 1942, o Centro foi a ele incorporado, constituindo a Divisão de Transportes e o núcleo de todo o Departamento Regional de São Paulo. O criador do CFESP, Roberto Mange, foi o primeiro diretor do Departamento Regional do Senai em São Paulo. Ítalo Bologna, também diretor do Centro, dirigiu o DR/SP por muitos anos, assim como o Departamento Nacional. A influência do pessoal do CFESP ainda incidiu, mais tarde, sobre o sistema de ensino industrial de todo o país, via Ministério da Educação.

Embora as atividades do CFESP se desenvolvessem rápida e solidamente em São Paulo, irradiando-se pelas ferrovias de outros estados, foi só com a adoção de um projeto industrialista de desenvolvimento, pelo Estado Novo, que foram dados os primeiros passos para a generalização da aprendizagem sistemática em nível nacional.

A gravidade da crise econômica de 1937 fez prevalecer, no âmbito do Estado, as correntes que defendiam a industrialização – sob a direção e com subsídio públicos –, como condição para dissolver o "estrangulamento externo" da economia. O Estado Novo assumiu a industrialização como meta, e é provável que essa opção tenha determinado (ou, pelo menos, reforçado) a sua preocupação com a qualificação da força de trabalho, manifesta na Constituição outorgada em 1937. Era fácil deduzir-se que a política projetada de substituição de importações iria necessitar, a curto prazo, de contingentes adicionais de trabalhadores qualificados, que não estavam disponíveis.

A invasão da Polônia, em 1939, mostrou que a Europa estava caminhando rapidamente para uma guerra de proporções semelhantes à de 1914-1918, de conseqüências danosas para a economia brasileira, na medida em que intensificaria o "estrangulamento externo".

O envolvimento direto da Europa na guerra e o dos Estados Unidos (como fornecedor e em processo intenso de mobilização militar) criaram condições propícias para a substituição de importações por mercadorias produzidas no Brasil. Para isso, abriram-se novas fábricas e expandiram-se as já existentes. A substituição de importações exigiu uma quantidade adicional de trabalhadores não facilmente improvisáveis, especialmente no caso dos qualificados. Mas, a intensificação da produção industrial se fez, também, nos setores chamados tradicionais, que tiveram suas exportações bastante aumentadas. Os países beligerantes concentraram sua capacidade produtiva nos equipamentos militares, abrindo espaço, assim, para mercadorias dos países periféricos, fosse para seu próprio consumo interno, fosse para o consumo de outros países, também periféricos, que, antes da guerra, eram supridos pelos atuais beligerantes.

A intensificação da produção industrial fez-se pela incorporação de maiores contingentes de trabalhadores, multiplicando-se os turnos e/ou estendendo-se a duração da jornada de trabalho. Isso exigiu não só mais operários qualificados para a operação, como também, e principalmente, operários qualificados para a manutenção preventiva e corretiva, que se tornava cada vez mais importante, na medida da crescente dificuldade (e encarecimento) de importação de peças para reposição.[5] Além disso, a mobilização militar do Brasil, em 1942, aliada às iniciativas econômicas estatais – destacando-se a criação, em 1941, da Companhia Siderúrgica Nacional –, concorreram para o aumento da procura, não satisfeita, de operários qualificados.

Desde 1939, o governo brasileiro negociava com os governos alemão e norte-americano a concessão de créditos e autorização para a transferência de tecnologia e capitais de empresas siderúrgicas desses países para o Brasil. Finalmente, em 1941, mediante a concessão de facilidades referentes à base aeronaval de Natal, no Nordeste brasileiro, o governo dos Estados Unidos dispôs-se a financiar a construção e dar assistência técnica para a instalação da Companhia Siderúrgica Nacional em Volta Redonda (RJ). No ano seguinte, foi criada a Fábrica Nacional de Motores, destinada primeiramente à produção de motores de avião, financiada e assistida, também, pelo governo norte-americano. Se bem que esses empreendimentos governamentais tenham sido iniciados em 1941 e 1942, seu projeto era mais antigo, o que permitiu que a formação de grandes contingentes de trabalhadores qualificados fosse planejada previamente.

A Constituição de 1937 determinou um papel inédito para o Estado, as empresas e os sindicatos na formação profissional das "classes menos favorecidas". Dizia o Artigo n.129:

> O ensino pré-vocacional e profissional destinado às classes menos favorecidas é em matéria de educação o primeiro dever do Estado. Cumpre-lhe dar execução a esse dever, fundando institutos de ensino profissional e subsidiando os de iniciativa dos estados, dos municípios ou associações particulares e profissionais. É dever das indústrias e dos sindicatos econômicos criar, na esfera de sua especialidade, escolas de aprendizes destinadas aos filhos de seus operários ou de seus associados. A lei regulará o cumprimento desse dever e os poderes que caberão ao Estado sobre essas escolas, bem como os auxílios, facilidades e subsídios a lhes serem concedidos pelo poder público.

Pela primeira vez o Estado, no Brasil, atribuiu às empresas industriais o dever de formar sistematicamente, em escolas, os seus aprendizes. Com esse dispositivo, incorporou a experiência alemã da segunda metade do século

---

5 Um exemplo da importância da manutenção, nessa conjuntura, é o da indústria têxtil. Em 1943, sua capacidade produtiva estava plenamente empregada e o equipamento, obsoleto e desgastado. Entretanto, naquele ano, não se conseguiu importar um tear sequer.

XIX, que foi assimilada pelos países industrializados de forma mais ou menos espontânea. A Constituição determinava que também os sindicatos mantivessem escolas de aprendizes para os filhos dos seus associados. Não se sabe, ainda, como esses dispositivos apareceram na Constituição, já que ela foi elaborada por juristas sem prévia experiência educacional, a não ser no ensino regular não-profissional. Todavia, não me parece descabido supor a inspiração no projeto de lei apresentado pelo deputado Graco Cardoso à Câmara, em 1927, que determinava:

> Os diretores de fábricas, explorações ou empresas industriais ficam obrigados a encaminhar aos cursos profissionais ou de aperfeiçoamento os menores, analfabetos ou não, colocados como aprendizes nos diferentes estabelecimentos, sob pena de multa que pelo Executivo será fixada.

O projeto não foi aprovado, mas a obrigação proposta acabou por ser incluída na constituição de 1937.[6]

Estabelecidos esses dispositivos, cumpria, então, ao Estado regulamentá-los.

Em 1938, o Ministério da Educação, através da Divisão do Ensino Industrial, elaborou um anteprojeto de regulamento do dispositivo constitucional. Estipulava a criação de *escolas de aprendizes industriais* mantidas e dirigidas pelos sindicatos dos empregadores e pelos estabelecimentos industriais. As escolas teriam oficinas próprias destinadas à prática dos aprendizes, isto é, trabalhadores maiores de 14 e menores de 18 anos. Os cursos durariam de 8 a 16 horas semanais, em horário coincidente com o período de trabalho, remunerando-se a atividade produtiva do menor. Cada empresa industrial teria a obrigação de empregar um número de menores trabalhadores igual ou superior a 10% do efetivo total de operários. Caberia ao governo a tarefa de manter escolas de aprendizes onde os sindicatos e as indústrias não fossem capazes de fazê-lo. Os ministérios da Educação e do Trabalho fiscalizariam a aplicação do dispositivo e aplicariam sanções aos infratores.

Além desse anteprojeto relativo ao aprendizado dos menores que trabalhavam, o Ministério da Educação elaborou outro, referente aos menores não trabalhadores, de 11 a 14 anos de idade, que ficaria sob a responsabilidade dos sindicatos de empregados. Projetava-se a criação de *escolas pré-vocacionais* destinadas aos filhos ou irmãos de operários sindicalizados que tivessem ter-

---

6 A conjuntura econômica brasileira, com "oferta ilimitada de força de trabalho", fazia que as indústrias não se interessassem por contratar menores como aprendizes, embora isso pudesse ser de seu interesse, a longo prazo. O Estado, forçando o emprego e a formação profissional dos menores, estava agindo conforme os interesses coletivos dos industriais, através de medidas aparentemente contrárias a eles, mas de função semelhante às das leis inglesas do século anterior, que limitavam o trabalho infantil.

minado o curso primário (com 11 anos, idealmente) e não tivessem atingido, ainda, a idade mínima para o ingresso na força de trabalho. Nessas escolas, os futuros aprendizes iriam adquirindo destreza manual, estudariam desenho e ciências, e melhorariam os conhecimentos de cultura geral. As escolas seriam mantidas com recursos do imposto sindical e geridas conjuntamente por representantes dos sindicatos e dos ministérios da Educação e do Trabalho.

O primeiro anteprojeto foi enviado, ainda em 1938, à Confederação Nacional da Indústria e à Federação das Indústrias do Estado de São Paulo, associações civis não sindicais que funcionavam como grupos de pressão dos empresários do setor. Esta última era presidida, na época, por Roberto Simonsen, principal porta-voz dos industriais. Estes eram contrários ao anteprojeto, em razão das despesas com que teriam de arcar para o pagamento de salários (de aprendizes e mestres) e pelos gastos de instalação e operação de oficinas, sem contrapartida imediata de produção. Não percebiam o quanto o anteprojeto atenderia aos seus próprios interesses a longo prazo. É provável que a formação recente do capital industrial ainda não tivesse propiciado aos industriais uma visão dos seus interesses coletivos mediatos. Além disso, a situação dos industriais, de crescente dependência diante dos favores governamentais, em termos fiscais, alfandegários e creditícios, não encorajava uma resistência ativa ao anteprojeto. Assim, a CNI optou pela resistência passiva, simplesmente não respondendo à consulta ministerial.

Diante disso, o governo tomou a iniciativa de decretar a obrigatoriedade de as empresas manterem "cursos de aperfeiçoamento profissional para adultos e menores". Ignorando todo o esforço realizado até então, baixou o Decreto-lei n.1.238, de 2 de maio de 1939, que pretendia "assegurar aos trabalhadores, fora do lar, condições mais favoráveis e higiênicas para a sua alimentação e assegurar-lhes, ao mesmo tempo, o aperfeiçoamento da educação profissional". Para tanto, obrigava as empresas que tivessem mais de 500 empregados (não só as industriais, mas as dos outros setores também) a reservarem local para a refeição dos trabalhadores e a promoverem o aperfeiçoamento profissional não só dos menores, como no anteprojeto anterior, mas também dos adultos.

No mês seguinte ao da promulgação desse decreto-lei, tinha início a XXV Conferência Geral da Organização Internacional do Trabalho, em Genebra, tratando da aprendizagem como um dos temas principais. As recomendações aprovadas pelos participantes (o Brasil estava representado) enfatizavam a necessidade de se estabelecerem com clareza os direitos e os deveres dos aprendizes e dos empregadores, como condição de grande importância para o sucesso da formação profissional. Essas recomendações tiveram grande influência sobre o trabalho de regulamentação daquele decreto-lei e sobre a própria criação do Senai.

Para a regulamentação desse decreto-lei foi constituída uma comissão interministerial (três representantes do Ministério da Educação e três do Ministério do Trabalho) que ouviu as opiniões dos industriais e dos operários, por meio das suas entidades corporativas. Os industriais reivindicavam, principalmente, a participação dos empregados e do Estado no custeio dos cursos em questão; e os operários, a sua extensão aos trabalhadores de empresas pequenas e médias, que eram as mais numerosas e as que empregavam a maior parte da força de trabalho.

A comissão verificou a impossibilidade de esses cursos funcionarem, sistematicamente, em todas as empresas. Atendendo às ponderações da Fiesp, foi elaborado, então, um anteprojeto de regulamentação que, na verdade, alterava profundamente o anteprojeto. Foram essas as principais alterações ou inovações:

(i) o aperfeiçoamento profissional seria realizado apenas nas empresas industriais, de transportes e de serviços públicos, mantendo-se a obrigação para as de mais de 500 empregados;

(ii) o aperfeiçoamento profissional consistiria na aprendizagem de trabalhadores menores de idade, excluindo-se os de mais de 18 anos;

(iii) as empresas ficariam obrigadas a "tomar a seu serviço" um número de menores correspondente a um contingente de 6% a 10% dos operários nelas empregados para serem submetidos à aprendizagem;

(iv) os aprendizes não receberiam salário, mas uma "diária de aprendizagem";

(v) a aprendizagem poderia ser feita em cada empresa, em "centros de formação profissional" montados por várias empresas próximas ou, ainda, pela freqüência do aprendiz a cursos complementares especializados em escolas profissionais, oficiais ou reconhecidas; em contrapartida, os alunos dessas escolas fariam estágio nas empresas industriais de mais de 500 empregados;

(vi) as despesas com a aprendizagem, qualquer que fosse a sua forma, seriam cobertas por uma sobretaxa a ser acrescida às contribuições do empregado, do empregador e do Estado aos institutos previdenciários; os recursos, recolhidos pelo Estado seriam distribuídos às empresas, centros e escolas, conforme o número de menores em situação de aprendizagem;

(vii) a administração de todo esse sistema seria tarefa de um Conselho Nacional de Aprendizagem e de comissões locais de aprendizagem, compostas todas de especialistas em assuntos de ensino industrial, e de representantes do Estado, dos empregados e dos empregadores.

Esse anteprojeto de regulamentação não vingou e, em seu lugar, foi promulgado o Decreto n.6.029, de 26 de julho de 1940, que, embora apresentasse o mesmo modelo de cursos de formação profissional, trouxe algumas mudanças importantes. Os menores sujeitos à aprendizagem foram definidos como trabalhadores, aos quais o empregador pagaria salário e não uma "diária de aprendizagem". O custo da formação profissional passou a ser atribuído integralmente ao empregador, embora se admitisse que os institutos de previdência social emprestassem dinheiro aos industriais, para instalação e manutenção dos cursos, a juros baixos.

A comparação do anteprojeto de regulamento (da comissão interministerial de 1938) com o regulamento decretado (de 1940) evidencia uma clara disputa entre os ministérios da Educação e do Trabalho pelo controle do novo sistema. No anteprojeto, o controle seria do Ministério do Trabalho, quase que completamente, estando o da Educação em posição secundária; no regulamento decretado em 1940, invertiam-se as posições, assumindo o Ministério da Educação o controle quase completo do sistema. Mas, esse deslocamento de centro de controle associava-se, também, à mudança do esquema de distribuições dos custos. No anteprojeto, os industriais assumiriam um terço do custo (o Estado e os operários, os outros dois terços); no regulamento decretado, o Estado e os industriais dividiam o custo, embora estes assumissem a maior parte.[7]

Outro ponto merece destaque na comparação entre ambos os documentos legais. O anteprojeto previa um certo tipo de cooperação entre as empresas e as escolas industriais mantidas pelo Ministério da Educação. Alunos destas poderiam fazer estágio nas empresas; seus aprendizes ou os dos centros de formação profissional, em contrapartida, poderiam freqüentar as oficinas ou aulas teóricas nessas escolas. O regulamento decretado, embora evidenciasse a tomada do controle da aprendizagem, pelo Ministério da Educação, não previa, estranhamente, essa cooperação. Percebe-se a tentativa de defender as escolas profissionais de uma associação que poderia afetar seu funcionamento.

O decreto e sua regulamentação foram ineficazes. Pior do que isso, a reação dos empresários passou da forma passiva para a ativa, ameaçando boicotar a medida pela recusa do recolhimento da sobretaxa e do emprego remunerado de aprendizes.

Esse conflito entre a orientação do governo e os interesses imediatistas dos industriais, especialmente os paulistas, estava atravessado por outro conflito, dentro do próprio governo. O ministro do Trabalho, Valdemar Falcão, era partidário de transferir às empresas o encargo de manter o novo sistema de formação da força de trabalho, já que elas próprias é que se beneficiariam de seus resultados, vale dizer da qualificação dos trabalhadores. Já o ministro da Educação, Gustavo Capanema, defendia a tese de que o governo é que deveria manter e gerir a rede de escolas para os aprendizes, ampliando a rede de escolas de aprendizes artífices, então denominadas liceus industriais.

---

7 A parcela do custo que cabia ao Estado correspondia à diferença entre os juros vigentes no mercado financeiro e os que seriam cobrados aos industriais para instalação e manutenção dos cursos.

Os conflitos foram resolvidos pelo arbítrio do próprio presidente Vargas. Dentro do governo, ele optou pela tese do Ministério do Trabalho. Para fora, negociou com os líderes industriais, usando o poder de pressão de que dispunha para que aceitassem os termos básicos da legislação existente, a qual poderia ser "aperfeiçoada". Em suma, eles teriam de assumir a formação profissional prevista pela Constituição, incluindo o custo financeiro, caso contrário o governo manteria o formato do último decreto.

Sem melhor alternativa, e revendo suas posições em função da mundialização da guerra européia, a CNI e a Fiesp consentiram e entabularam negociações, que resultaram na substituição do decreto-lei de 1939 e sua respectiva regulamentação, por outro decreto-lei.

Suckow da Fonseca (1961), Góes Filho (1981) e Lopes (1992) mencionam que Vargas teria solicitado a Capanema, Lodi, Simonsen e a Valentim Bouças (este último, empresário membro da Comissão de Planejamento Econômico) que elaborassem o esboço de um novo formato institucional para a aprendizagem industrial.[8]

O acordo conseguido consistia na instituição da aprendizagem industrial remunerada, na criação de um órgão privado encarregado de ministrar cursos em nome de todas as empresas, mediante ato do governo, mas dirigido pelos próprios industriais, financiado com recursos recolhidos pelos empresários via institutos de aposentadorias e pensões.

Como pano de fundo desse processo conflituoso, desenvolvia-se toda uma disputa entre a Fiesp e o Ministério do Trabalho a propósito da organização sindical. Com o Decreto-lei n.1.402, de 5 de julho de 1939, o governo pretendia tutelar toda a associação sindical, inclusive a patronal. O decreto-lei ia de encontro à estrutura associativa edificada pelo patronato paulista, na medida em que determinava a fragmentação das federações por ramo de atividade, inviabilizando, pois, a Fiesp.

A análise de Costa (1991) mostrou como os industriais paulistas foram hábeis na articulação com a Federação do Comércio e outras entidades classistas estaduais na elaboração de uma plataforma comum, baseada na obra de Mihail Manoilescu (1938), igualmente referência para importantes ideólogos do Estado Novo.[9] O patronato paulista acabou sendo atendido em suas reivindicações, através das emendas ao projeto de Enquadramento Sindical Brasileiro,

---

8 Simonsen (1973, p.134-6) confirma a existência desse convite e dessa comissão, de que ele próprio fizera parte. Omite, entretanto, as pressões de Vargas.

9 A tradução das idéias de Manoilescu para o contexto brasileiro, pelos ideólogos dos industriais paulistas, era bastante refinada, em especial a curiosa inversão das concepções de público e de privado. "O público, concebido como dimensão da sociedade organizada, independente, inserida no político através do Estado. O privado como uma das dimensões do Estado, expressão daquilo que lhe era privativo e que o fazia produtor de legalidade" (Costa, 1991, p.142).

confirmadas pela CLT, em 1943. E, ainda mais, com a nomeação de Alexandre Marcondes Filho, advogado paulista amigo de Simonsen, para o Ministério do Trabalho, em dezembro de 1941. Os trabalhadores não foram, evidentemente, beneficiados por tais modificações no Enquadramento Sindical, permanecendo obrigados à organização sindical federativa por ramo de atividade, em nível estadual.

Um mês depois da mudança na direção do Ministério do Trabalho, foi baixado o decreto-lei que criou o Senai, cujo estatuto foi elaborado pela CNI, reforçando o "federalismo" dos industriais paulistas.

Ao mesmo tempo em que ficava assegurado o poder da Fiesp sobre parcela ponderável do Senai, garantia-se a participação dos empresários dos estados menos industrializados na gestão do sistema, que, pelo número de federações e pelo controle que detinham da CNI, contrabalançaria o poder dos paulistas. Em suma, o formato acordado interessava aos industriais paulistas, mas não deixava inteiramente em suas mãos o controle da nova entidade, a não ser no âmbito de seu próprio estado.

Passados alguns anos, os empresários assumiram como criação sua o sistema Senai. Constatada a funcionalidade da aprendizagem sistemática e da contribuição compulsória para os interesses dos industriais, eles reescreveram a história, de modo a colocar-se como os autores da idéia.[10]

Um bom exemplo dessa inversão pode ser encontrado em livro publicado pelo próprio Senai, de autoria de um diretor regional. Assim ele expôs a criação da entidade:

> Inspirados na experiência do Centro Ferroviário do Estado de São Paulo, líderes industriais idealizaram e defenderam, junto ao empresariado e ao Governo Federal, uma solução semelhante para as indústrias de todo o País. Em 1939, o Governo criou uma Comissão Interministerial para estudar o problema da formação da mão-de-obra industrial e regulamentar os cursos para trabalhadores da indústria, previstos no Decreto nº 1.238, de maio de 1939. Essa Comissão sugeriu ao Governo a instituição de um sistema nacional de aprendizagem industrial, custeado pelas empresas e integrado ao Ministério da Educação. *Antecipando-se a qualquer providência nesse sentido*, a Confederação Nacional da Indústria obteve do Governo, por meio do Decreto nº 4.048, de janeiro de 1942, a *autorização para criar* o Serviço Nacional de Aprendizagem Industrial – Senai, cabendo-lhe todos os ônus da execução e manutenção e, ainda, as responsabilidades pela organização e direção da instituição, que lhe ficaria subordinada. (Fontes, 1985, p.26-7, grifos meus)

---

10 O sucesso do Senai fez com que não houvesse resistência à criação da entidade homóloga para o comércio e os serviços, o Senac, em 1946, aliás, nos mesmo moldes institucionais e financeiros.

A meu juízo, mais do que em qualquer outro momento de nossa história, o suporte sociológico da consciência de uma classe social mostrou-se aí claramente situado fora dessa classe. Vimos como os industriais não só não foram os elementos ativos na criação da aprendizagem sistemática e remunerada, custeada por eles próprios, como, também, resistiram todo o tempo a sua instituição. Eles não conseguiam perceber como isso era do seu próprio interesse. Foi preciso que o Estado, utilizando um poder arbitrário, próprio do regime autoritário, os obrigasse a assumir a instituição em pauta.

O ensino industrial

Até dezembro de 1941, a organização do ensino industrial no Brasil era bastante diferenciada e confusa.

Havia as escolas de aprendizes artífices, mantidas pelo Governo Federal, ensinando ofícios a menores que não trabalhavam, ao mesmo tempo em que lhes ministravam o ensino primário. Seu rendimento era extremamente baixo, resultado das precárias condições de vida dos alunos e suas famílias: a evasão era alta e a qualidade do ensino, precária. Os estados, além do Governo Federal, mantinham suas próprias escolas industriais com diretrizes e critérios unificados em cada qual, mas distintos dos utilizados pela rede federal. Instituições privadas (religiosas e laicas) mantinham também escolas de aprendizes artífices enfatizando, mais do que as governamentais, seu papel assistencial. As Forças Armadas, por sua vez, tinham suas próprias instituições de ensino de ofícios, diferindo de todas as demais, instaladas junto a fábricas de material bélico e estaleiros.

No intuito de padronizar o ensino de ofícios, o ministro da Educação organizou uma comissão[11] para elaborar um projeto das diretrizes do ensino industrial em todo o país, abrangendo as escolas mantidas pelo poder público e pelos particulares. Em fins de 1941, a comissão concluiu o anteprojeto de "lei" orgânica do ensino industrial que foi submetido ao presidente da República, em princípios de janeiro, juntamente com o projeto que criava o Senai.

A "lei" orgânica resultou de uma composição entre os interesses conflitantes do Ministério do Trabalho (quando seu titular era Valdemar Falcão) e do Ministério da Educação (a cargo de Gustavo Capanema). A prevalecer a orientação deste último, os cursos de aprendizagem seriam apenas uma das moda-

---

11 Presidida pelo ministro Gustavo Capanema, essa comissão era composta por Horácio da Silveira, Lourenço Filho, Leon Renault, Francisco Montojos e Rodolfo Fuchs. Roberto Mange assessorou a comissão, ao lado de representantes das Forças Armadas.

lidades previstas para as escolas industriais, não cabendo, portanto, nenhuma regulamentação específica. Como prevaleceu a orientação contrária, ou seja, da montagem de todo um sistema de aprendizagem industrial, custeado e gerido pelo patronato, a "lei" orgânica acabou resultando de uma solução salomônica: a aprendizagem foi apresentada como uma das modalidades, mas admitia, simultaneamente, seu oferecimento por "serviços". Por isso, a "lei" orgânica praticamente nada normatizou a respeito da aprendizagem.

Veremos mais adiante, o lugar que o Senai veio a ocupar no conjunto do aparelho escolar. Embora os sucessivos passos dados para a criação da nova entidade não dependessem dos demais segmentos, o resultado foi bem diferente, a ponto de um observador menos informado pensar que se trata de uma montagem dedutiva, que obedeceu a um princípio geral organizador dos diversos graus, modalidades e especialidades.

A "lei" orgânica do ensino industrial (Decreto-lei n.4.078, de 30 de janeiro de 1942) trouxe, como principal inovação, o deslocamento de todo o ensino profissional para o grau médio. O ensino primário passou a ter, então, conteúdo exclusivamente geral.[12]

O deslocamento do ensino profissional para o grau médio tinha a função principal de permitir que a própria escola primária selecionasse os alunos mais "educáveis". As escolas de aprendizes artífices, de antes da "lei" orgânica, recrutavam os alunos provavelmente menos "educáveis" em virtude de sua origem social/cultural. Depois dessa "lei", mesmo que o ensino industrial recrutasse os piores dentre os concluintes do ensino primário, era de se esperar que seu rendimento fosse significativamente superior ao dos "desvalidos" da situação anterior.[13] Essa medida era possível graças ao crescimento da rede de escolas primárias, mantidas principalmente pelos estados e pelos municípios.

Ao contrário das modalidades de recrutamento das escolas de aprendizes artífices, de forte conteúdo ideológico ligado ao assistencialismo, as novas escolas industriais previam a realização de "exames vestibulares" e de testes de aptidão física e mental. A pobreza deixava de ser, então, critério suficiente para o aprendizado de um ofício, embora não perdesse seu caráter necessário. A aptidão para um ofício, incluindo aí as atitudes consideradas adequadas para o desempenho de uma atividade industrial qualquer, passava a ser um fator prioritário na admissão.

---

12 Essa lógica, entretanto, só foi explicitada quatro anos depois, pela "lei" orgânica do ensino primário.

13 Essa função não foi explicitada na "lei" orgânica nem na exposição de motivos que a acompanhou. Entretanto, entrevistas com educadores da época permitiram a sua constatação. As razões manifestas, como em outras ocasiões, prenderam-se a problemas psicopedagógicos: a impropriedade da escolha profissional precoce.

O 1º ciclo do ensino industrial compreendia o curso industrial básico, o curso de mestria, o curso artesanal e o curso de aprendizagem. Os cursos de mestria e de artesanato tiverem duração efêmera ou nunca funcionaram.[14]

O curso industrial básico era desenvolvido nas escolas industriais em regime seriado, durante quatro anos letivos. Cada aluno praticava um ofício nas oficinas e laboratórios da escola, e assistia aulas de cultura geral, referentes a parte do conteúdo do 1º ciclo do ensino secundário.[15]

A aprendizagem estava prevista na "lei" orgânica de modo a integrar o conjunto mais abrangente do ensino industrial como uma das suas modalidades, no 1º ciclo, mas de uma forma tal que era preciso completá-la com legislação específica. Por isso, a "lei" orgânica tratava da aprendizagem muito mais brevemente do que os documentos legais expedidos desde agosto de 1938. Estipulava que os empregadores seriam obrigados a manter menores, em regime de aprendizagem, naquelas atividades cujo exercício demandasse formação profissional. A aprendizagem deveria ser conduzida metodicamente, em escolas mantidas pela indústria junto às oficinas ou nas suas proximidades, durante o horário de trabalho e sem prejuízo do salário. Sua duração seria de um a quatro anos, abrangendo disciplinas de cultura geral e cultura técnica. Previa, também, significativamente, a subordinação dessas escolas de aprendizagem a "serviços", numa alusão óbvia ao Senai.[16]

A "lei" orgânica distinguia, com nitidez, as escolas de aprendizagem das escolas industriais. Estas eram destinadas aos menores que não trabalhavam, ao passo que as outras, pela própria definição de aprendiz, aos que estavam empregados. Mas, havia outra distinção importante. O curso de aprendizagem era entendido como uma parte da formação profissional pretendida pelo curso básico industrial. É o que diz o trecho seguinte: "Os cursos industriais [básicos] são destinados ao ensino, *de modo completo*, de um ofício cujo exercício requeira a mais longa formação profissional". Por outro lado, "os cursos de aprendizagem são destinados a ensinar, metodicamente aos aprendizes dos estabelecimentos industriais, em período variável, e sob regime de horário reduzido, o seu ofício".

---

14 Os cursos de mestria mostraram-se infrutíferos, pois seus concluintes eram muito jovens (cerca de 18 anos) e não tinham a experiência que permitisse e legitimasse sua posição dirigente relativamente aos operários, geralmente de mais idade. A atividade artesanal era, já naquela época, marginal e pouco rentável, não comportando, em termos de custos (sociais) a formação de profissionais. O ressurgimento do artesanato no Brasil, já então artesanato de luxo, resultou de processos econômicos e sociais emergentes na segunda metade da década de 1960 e prescindiu, também, de escolas para a qualificação dos produtores.

15 Previa-se, também, o oferecimento de cursos extraordinários de continuação, de aperfeiçoamento e de especialização. Não foram, entretanto, significativos.

16 A "lei" orgânica previa que os cursos de aprendizagem pudessem ser também desenvolvidos nas escolas industriais e técnicas mediante convênio entre as empresas ou "serviços" e essas escolas.

Mais tarde, introduziu-se uma modificação na "lei" orgânica que reforçou essa concepção da aprendizagem como formação profissional parcial. Acrescentou-se um artigo à "lei" que permitia aos concluintes de cursos de aprendizagem, de dois anos de duração, no mínimo, matricularem-se na segunda série do curso básico industrial (do ofício correspondente) mediante a prestação de exames vestibulares.[17]

É provável que essa subordinação não se devesse apenas a uma concepção pedagógica particular a respeito da superioridade do ensino de ofícios em escola, desligada do "ambiente fabril". Houve uma disputa entre a orientação do Ministério da Educação, almejando o controle de todo o ensino industrial, mesmo o da aprendizagem, e a da Presidência da República, partidária do seu controle pelas entidades patronais. Foi por isso que os projetos da "lei" orgânica e de criação do Senai, levados pelo ministro ao presidente no mesmo dia (5 de janeiro) foram assinados em dias diferentes: o decreto-lei criando o Senai em 22 de janeiro, antes da "lei" orgânica, em 30 de janeiro. A fonte desse conflito foi de caráter predominantemente político-ideológico. Embora a aprendizagem sistemática associando escola e oficina tivesse chegado ao Brasil na década de 1930, por fontes inspiradoras européias, particularmente germânicas, na década de 1940 o paradigma norte-americano foi assumido por aqueles que, dentro do Estado, resistiam à intenção centralista e homogeneizadora de Capanema.[18]

Além dos cursos básicos industriais e da "incorporação" e generalização da aprendizagem sistemática, associando escola e empresa, a "lei" orgânica do ensino industrial trouxe uma importante novidade para esse ramo do ensino profissional: os cursos técnicos.

Em 1942, com a "lei" orgânica, o ensino técnico industrial foi organizado como um sistema, isto é, passou a fazer parte dos cursos reconhecidos pelo Ministério da Educação, articulando-se com os demais cursos. Para isso, concor-

---

17 Na sua formulação original, a "lei" orgânica já previa a possibilidade de articulação entre o curso de aprendizagem e o restante do sistema de ensino. O aprendiz que terminasse o curso e desejasse continuar seus estudos, mesmo que dentro das fronteiras do ensino industrial, deveria candidatar-se à admissão na primeira série de um curso básico. A permissão da entrada na segunda série foi saudada pelos educadores da época como medida de grande alcance em termos da democratização do ensino, pois "abriria as portas da universidade aos simples aprendizes" (Fonseca, 1961, v.1, p.292).

18 É interessante notar que a contratação de técnicos estrangeiros para o ensino industrial refletia esse conflito. No início de 1942, no contexto do progressivo alinhamento do governo brasileiro com os Aliados, foram contratados técnicos suíços, ligados à tradição da escola de ofícios que Capanema desejava preservar, e técnicos norte-americanos, ligados aos padrões de aprendizagem que viriam a ser desenvolvidos pelo Senai.

reram vários fatores. Aumentou a procura por técnicos industriais em virtude da expansão da produção em certos setores da economia; cresceu a necessidade de racionalização do uso dos recursos energéticos e das matérias-primas; procedeu-se à substituição de pessoal estrangeiro de alta qualificação; impôs-se a necessidade de formação de docentes para os cursos de aprendizagem; e, finalmente, mas não secundariamente, alunos e ex-alunos pressionaram pelo reconhecimento dos cursos existentes de modo a terem assegurados privilégios ocupacionais.

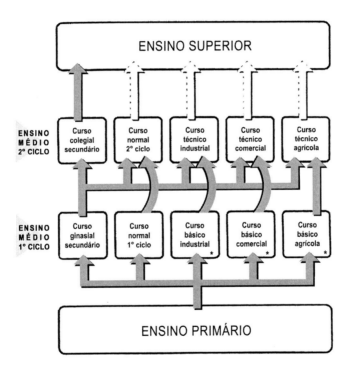

* Cursos de aprendizagem profissional, respectivamente industrial, comercial e agrícola.

FIGURA 1.1 – Articulação entre os níveis de ensino segundo as "leis orgânicas", 1942-1946.

O 2º ciclo do ensino industrial compreendia cursos técnicos com diferentes especialidades (mecânica, metalurgia, química, eletrotécnica, eletrônica e outras) e cursos pedagógicos. Os cursos técnicos de três anos de duração poderiam ter um quarto ano de estágio supervisionado na indústria. Os cursos pedagógicos, de um ano de duração após um curso técnico, no qual se estudavam disciplinas de caráter didático, tinham por objetivo a formação do pessoal docente e administrativo destinado ao ensino industrial.

A articulação do ensino industrial com os demais graus e ramos se dava de modo a facilitar as entradas e a dificultar as saídas. A entrada no curso básico industrial dependia da conclusão do curso primário e da aprovação em exame de admissão àquele curso. A entrada no curso técnico dependia da conclusão do 1º ciclo do ensino médio (não necessariamente no ramo industrial) e da aprovação em exames vestibulares. Todavia, a passagem dos concluintes do curso básico industrial para o 2º ciclo do ramo secundário era vedada. A pretensão do concluinte de um curso técnico industrial de cursar uma faculdade era desestimulada pela exigência de vinculação entre a especialidade técnica adquirida e a pretendida no curso superior. Por exemplo, o técnico industrial que tivesse feito o curso de eletrotécnica só poderia se candidatar a um curso de engenheiro eletricista. O que tivesse concluído o curso técnico pedagógico poderia se candidatar, também, à seção de pedagogia das faculdades de filosofia, ciências e letras.

As escolas de aprendizes artífices, na época da promulgação da "lei" orgânica denominadas de liceus industriais, foram logo adaptadas à nova legislação, continuando a integrar a rede federal criada por Nilo Peçanha em 1909. Se uma dessas unidades de ensino oferecesse apenas o 1º ciclo, ela se chamaria escola industrial, referida ao nome do estado onde se achasse localizada. Se não tivesse sua sede na capital do estado, receberia o nome da cidade. Assim, a rede federal abrangia tanto a Escola Industrial do Piauí quanto a Escola Industrial de Campos (RJ). Já os estabelecimentos de ensino dessa rede que, além do 1º ciclo oferecessem o 2º, receberiam o nome de escolas técnicas, vindo a do Rio de Janeiro a se chamar Escola Técnica Nacional, por analogia simbólica às unidades da Universidade do Brasil, cujas faculdades e escolas eram todas adjetivadas de nacionais.

A "lei" orgânica do ensino industrial foi a primeira de uma série de seis que redefiniram a estrutura de todo o sistema educacional brasileiro. Vejamos as linhas principais da estrutura resultante dessa legislação.

As "leis" orgânicas decretadas a partir de 1942 redefiniram os currículos e as articulações entre cursos, ramos, ciclos e graus. Por razões econômicas (a formação de força de trabalho que possibilitasse a realização do projeto de desenvolvimento assumido pelo Estado Novo) e razões ideológicas (montar um quadro geral e simétrico que abrangesse *todos* os tipos de ensino), o sistema educacional escolar passou a ter a seguinte configuração:

(1) O *ensino primário*, com quatro ou cinco anos de duração, destinava-se a todas as crianças de 7 a 12 anos (Decreto-lei n.8.529, de 2 de janeiro de 1946).

(2) O ensino médio, para jovens de 12 anos ou mais, compreendia cinco ramos. O ensino secundário (Decreto-lei n.4.244, de 9 de abril de 1942) tinha o objetivo de formar os dirigentes, pelo próprio ensino ministrado e pela preparação para o superior. Dizia a exposição de motivos ao anteprojeto de reforma, que

> o ensino secundário se destina à preparação das individualidades condutoras, isto é, dos homens que deverão assumir as responsabilidades maiores dentro da sociedade e da nação, dos homens portadores das concepções e atitudes espirituais que é preciso infundir nas massas, que é preciso tornar habituais entre o povo.

Os demais ramos do ensino médio tinham a finalidade de formar uma força de trabalho especificada para os setores da produção e da burocracia: o ensino agrícola, para o setor primário; o ensino industrial para o setor secundário; o ensino comercial para o setor terciário; e o ensino normal, para a formação de professores para o ensino primário.[19] Cada ramo de ensino estava dividido em dois ciclos, o primeiro propedêutico ao segundo. O 1º ciclo do ensino secundário, o ginásio, era propedêutico ao 2º ciclo respectivo, o colégio, e também aos segundos ciclos dos demais ramos. O mesmo não se dava, entretanto, com os primeiros ciclos dos ramos profissionais, preparatórios apenas para seus respectivos segundos ciclos.

(3) O *ensino superior* permaneceu com a mesma estrutura de 1931. Cada "lei" orgânica referia-se à articulação do ramo de ensino em questão com o superior. Até então, não havia possibilidade para que concluintes de cursos não secundários se candidatassem aos exames vestibulares. Depois delas, os egressos de cursos médios profissionais passaram a ter acesso muito restrito ao ensino superior, podendo se candidatar apenas aos cursos relacionados com os que haviam feito. Os concluintes do 2º ciclo do ensino secundário não tinham restrições de candidatura.

---

19 Os ramos profissionais do ensino médio foram instituídos pelos seguintes atos: o ensino industrial pelo Decreto-lei n.4.073, de 30 de janeiro de 1942; o ensino comercial pelo Decreto-lei n.6.141 de 28 de dezembro de 1943; o ensino normal pelo Decreto-lei n.8.530, de 2 de janeiro de 1946; e o ensino agrícola pelo Decreto-lei n.9.613, de 20 de agosto de 1946. Os três últimos decretos-leis foram promulgados após a queda de Vargas, mas ainda no governo de transição, e seguiram as linhas gerais dos elaborados no Estado Novo, retirando-se apenas as referências mais explícitas ao regime autoritário. Por isso, apresento todos eles como componentes da mesma política educacional.

O longo processo de integração do aparelho escolar desenvolvido desde a criação do Ministério da Educação, em novembro de 1930, consolidou uma estrutura escolar dualista.

Considerando o conjunto das propostas que diziam respeito ao ensino – do Estatuto das Universidades Brasileiras (1931) às "leis" orgânicas (1942-1946), passando pela Constituição de 1937 –, é possível perceber, na política educacional da Era Vargas, uma estrutura idealizada do ensino de contornos bastante definidos.

O ensino primário era considerado comum a todos, embora as diferenças do conteúdo ensinado e dos próprios destinatários entre as escolas particulares e as públicas, e mesmo entre estas e aquelas, gerassem, na prática, um padrão discriminatório bastante forte. O ensino de ofícios deveria estar colocado todo em nível pós-primário, embora continuassem existindo escolas de ofícios de caráter assistencial e/ou correcional para menores analfabetos ou de escolarização precária.

O ensino posterior ao primário estava dividido em duas partes. A primeira parte correspondia ao ramo secundário, formador das elites dirigentes (as "individualidades condutoras"), propedêutico ao ensino superior que o seguia e completava sua formação. A segunda parte compreendia os ramos profissionais (industrial, comercial e agrícola). Esta divisão não correspondia à clássica distinção entre o trabalho manual e o trabalho intelectual. A categoria trabalho intelectual abrangia tanto o ensino secundário e o superior quanto o 2º ciclo dos ramos profissionais, que se destinavam a formar técnicos industriais, agrícolas e comerciais. Apenas o 1º ciclo dos ramos profissionais estava destinado a formar propriamente trabalhadores manuais; para eles estavam destinados os jovens oriundos das "classes menos favorecidas" de que falava a Constituição de 1937. O ensino normal estava colocado também no lado do trabalho intelectual, destinando-se a formar não só trabalhadores para o próprio aparelho de ensino como, também, as reprodutoras biológicas e culturais das elites dirigentes.

Embora o 2º ciclo dos ramos profissionais estivesse, como o ramo secundário, do lado do trabalho intelectual, ele oferecia um ensino de segunda classe, excetuando-se algumas escolas/turnos do ensino normal. Assim, é possível que as massas nas quais as "individualidades condutoras" devessem infundir as "concepções e atitudes espirituais" de que seriam portadoras fossem constituídas pelos alunos de todos os ramos profissionais de 1º e 2º ciclos, com aquela ressalva.

Permeava as medidas tomadas a partir de 1937, em continuidade com a política educacional autoritária desencadeada em 1930, o propósito do Estado de utilizar o sistema escolar como mecanismo de difusão ideológica, de modo a não só inculcar a ideologia que o legitimava mas, também, impedir que surgissem ideologias alternativas. Com efeito, Vargas foi muito claro a respeito dos objetivos da educação numa entrevista concedida a um jornal alemão, em 1938:

> Não sendo uma simples fornecedora de noções e técnicas mas um instrumento de integração da infância e da juventude na Pátria una e nos interesses sociais que lhes estão incorporados, a educação da mocidade nos preceitos básicos estabelecidos pelo novo Estado será um elemento, não só eficaz, como, até, decisivo na luta contra o comunismo e outras ideologias que pretendam contrariar e subverter o ideal de nacionalidade e as nossas inspirações cívicas, segundo os quais a juventude, agora mais do que nunca, será formada. (Vargas, 1940, v.6, p.156)

A queda do Estado Novo não foi capaz de deter, de imediato, a dinâmica do processo de constituição do aparelho escolar que se esboçava desde os primeiros dias da Era Vargas. Ainda em 1946, foram promulgados decretos-leis que deram nova organização ao ensino agrícola, ao normal e ao primário. No âmbito do ramo comercial do ensino médio, por analogia ao que ocorreu no industrial, foi regulamentada a aprendizagem, criando-se em 1943 o Serviço Nacional de Aprendizagem Comercial – Senac.

Apenas os aspectos mais manifestos da legislação estadonovista do ensino foram imediatamente revogados: os dispositivos dos decretos-leis que tratavam da Juventude Brasileira, da instrução pré-militar nas escolas, da educação moral e cívica. O sistema, como um todo, permaneceu de pé. Resistiu por dezesseis anos às lutas de amplas correntes de opinião que defendiam uma lei de diretrizes e bases da educação nacional conforme a orientação tentada pelos educadores liberais do período 1932-1935.

Mesmo após a promulgação da Lei de Diretrizes e Bases da Educação Nacional, em fins de 1961 (Lei n.4.024, de 20 de dezembro), tendo sido modificados os traços fundamentais da política educacional do Estado Novo, um aspecto muito importante dela permaneceu, com força aumentada: a aprendizagem de ofícios industriais associando escola e empresa, e a entidade em que ela se desenvolve de forma mais acabada – o Senai.

2
A montagem do Senai

A ambigüidade entre as esferas pública e privada tem sido uma constante na educação brasileira, embora o *modo* como elas se interpenetram tenha variado.

O Senai oferece importantes vantagens para a reflexão sobre esse problema quando comparado com outras instituições: compreende uma grande rede de escolas profissionais – um verdadeiro sistema – com mais de 50 anos de idade, com alunado maior do que o ensino superior, dotada de alta legitimidade e com uma incomum capacidade de implementar políticas de auto-transformação institucional, dificilmente encontrável em outros sistemas.

Do ponto de vista de sua constituição, o Senai seria uma instituição pública, pois foi criado por um decreto-lei, vigente por meio século, confirmado em tudo pelas constituições de 1946, 1967 e 1988, assim como pelas Leis de Diretrizes e Bases da Educação Nacional (1961 e 1996). Não há dúvida de que, sem toda essa coerção legislativa, os industriais não recolheriam a contribuição compulsória que financia a instituição, nem empregariam os menores como aprendizes em suas fábricas.

Visto pela óptica do poder institucional e da gestão dos recursos, o Senai é inegavelmente uma instituição privada. É a Confederação Nacional da Indústria mais as federações estaduais de sindicatos patronais que dirigem a entidade, escolhem seus diretores e determinam a política a ser seguida. Na composição do Conselho Nacional e dos conselhos regionais, a participação mínima do Estado pode ser assinalada: ao lado dos presidentes de federações ou de sindicatos patronais, estão dois representantes do governo, um do Ministério da Educação, outro do Trabalho.

Ao invés de cria dos industriais, o Senai foi-lhes imposto pelo Estado. Como vimos no capítulo anterior, os empresários reagiram fortemente ao projeto varguista de instituir uma contribuição compulsória para financiar a formação profissional de operários para a indústria.

Ao pesquisar os documentos referentes à criação da entidade, deparei-me com um caso exemplar de política patrimonialista, em que as esferas pública e privada estavam marcadas pela ambigüidade.

Não se trata, aqui, do entendimento de Faoro (1991 e 1995) a respeito do *capitalismo politicamente orientado* que teria prevalecido em Portugal e no Brasil, no qual os constrangimentos exercidos pelo patronato político sobre a iniciativa privada teriam impedido a autonomia da empresa e anulado as liberdades públicas, fundadas estas sobre as liberdades econômicas de livre contrato, livre concorrência e livre profissão.

Ao contrário do que nos faria crer a hipótese de Faoro, não é possível encontrar alguma forma de contenção exercida pelo Estado sobre a iniciativa privada, no que diz respeito à formação profissional da força de trabalho manufatureira. Com efeito, os subsídios governamentais aos liceus de artes e ofícios criados durante os anos 1858-1886 foram mais do que generosos. Dos nove liceus abertos nesse período, vingou apenas o de São Paulo, especialmente a partir da proclamação da República. Os outros fracassaram, mas não foi por falta de apoio governamental.

Trata-se, isto sim, do entendimento comum a Diniz, Boschi, Gomes e Costa (in Boschi, 1991) a respeito do corporativismo como forma de dominação, enfatizando a interpenetração entre as esferas pública e privada. Para estes últimos autores, no patrimonialismo estadonovista o protagonismo do Estado assumiu características específicas por ser ele: a) indutor da iniciativa privada, até mesmo ocupando seu lugar quando ela faltava; b) protetor de interesses econômicos privados, tanto na preservação dos setores tradicionais diante das mudanças no mercado interno e externo, quanto da promoção dos setores modernos, em especial a industrialização; c) representante dos interesses privados, assim como local de resolução dos conflitos desses interesses; d) árbitro dos conflitos entre patrões e empregados, seja favorecendo os primeiros mediante privilégios na representação e na *negociação bipartite*, seja prejudicando os últimos na subordinação de suas organizações a um esquema tutelado verticalista.

A ambigüidade do Senai, no que se refere a sua dimensão pública ou privada é, portanto, uma decorrência do corporativismo do Estado Novo. Enquanto protagonista do desenvolvimento econômico, empenhado na industrialização, o Estado foi capaz de perceber a necessidade do capital na formação da força de trabalho necessária a sua reprodução ampliada, antes mesmo dos próprios capitalistas. Estes, incapazes de tomarem as iniciativas concernentes, chegaram a opor resistência aos encargos financeiros que lhes foram atribuídos. Assim, o Estado, por intermédio do próprio Vargas, cujo patrimonialismo assumiu, nesse caso, forma ostensiva, agiu com autoridade *em nome de todos os empresários*, para o que teve de se contrapor a suas demandas imediatistas. No entanto, a *gestão bipartite* dos interesses públicos/privados favoreceu a negociação entre os contendores, tanto assim que os industriais paulistas conseguiram com o formato organizacional do Senai reforçar sua exigência de manter intacta e efetivamente poderosa a Fiesp, ao contrário do que pretendia a primeira versão do Enquadramento Sindical Brasileiro.

Neste capítulo, vou reconstruir o processo de instalação e crescimento do Senai, desde sua criação, em 1942, até os anos 90, segundo três dimensões: a organização e o financiamento; a implantação e o desenvolvimento; e a metodologia de ensino. Questões mais recentes, determinadas pelas necessidades de reposicionamento da instituição nos marcos das mudanças da organização da produção, do mercado de trabalho e dos enquadramentos legais, serão apenas tangenciadas aqui, já que reaparecerão no último capítulo.

Organização e financiamento

O Senai teve um estatuto jurídico *sui generis*. Embora criado por determinação do presidente da República, mediante decreto-lei, sua constituição e direção ficaram a cargo de uma entidade privada, a Confederação Nacional da Indústria. Como vimos no capítulo anterior, essa determinação governamental era necessária, por duas razões: (i) os industriais não desejavam a institucionalização da aprendizagem, só a aceitando após vários anos de pressão e, possivelmente, depois de uma ameaça feita pelo presidente da República, de "conceder" essa atividade (e os recursos dos empregadores) aos sindicatos operários; (ii) aceito o ônus da aprendizagem pela Confederação Nacional da Indústria, esta não tinha, entretanto, poder para obrigar os industriais a contratarem aprendizes, enviá-los às escolas e, o mais importante, a assumirem os custos do Senai. Criado por um decreto-lei, as resistências ficaram minoradas, pois era o governo que recebia e centralizava as contribuições das indústrias e as transferia para a nova entidade.

O protagonismo do governo Vargas na criação do Senai não se resumiu ao ato de induzir a Confederação Nacional da Indústria a organizar e dirigir o novo órgão. Ele determinou, também, que a CNI deveria elaborar um projeto de regimento interno para submetê-lo ao Ministério da Educação.[1] Avaliado

---

1 O Senai foi vinculado, desde sua criação, ao Ministério da Educação, o que só foi alterado pelo Decreto n.74.296, de 16 de julho de 1974, que o vinculou ao Ministério do Trabalho.

por este, seria, então, levado ao presidente da República que, finalmente, o aprovaria por decreto. Desse modo, a intervenção do Estado se fez sentir, inicialmente, nos menores detalhes da organização e funcionamento do Senai.[2]

Para elaborar o projeto de regimento, o presidente da Confederação Nacional da Indústria escolheu Roberto Mange, cujas atividades no Centro Ferroviário de Ensino e Seleção Profissional haviam captado a confiança dos líderes industriais paulistas, e Joaquim Faria Góes Filho, funcionário do Ministério da Educação que vinha participando de todas as tentativas de institucionalização da aprendizagem, mostrando uma orientação bastante favorável à autonomia dos novos cursos diante do controle governamental (particularmente do Ministério da Educação).[3]

O regimento finalmente aprovado (Decreto n.10.009, de 16 de abril de 1942) previu uma estrutura federativa bastante flexível, em contraste com o estilo de uniformidade e centralização vigente no Estado Novo, e, em particular, no Ministério da Educação.

Em cada estado onde houvesse uma federação de indústrias, seria organizado um Conselho Regional do Senai, órgão normativo com jurisdição na unidade em questão. O conselho seria composto do presidente da federação de indústrias (que o presidiria), de três representantes de sindicatos de empregadores, do diretor do Departamento Regional, de um representante do Ministério da Educação e outro do Ministério do Trabalho. O diretor do Departamento Regional seria nomeado pelo presidente do Conselho Regional, sujeito à homologação do presidente do Conselho Nacional.[4] O Departamento Regional era o órgão executivo, que se encarregaria propriamente da organização e da administração das escolas de aprendizagem e de outras atividades de formação profissional.[5]

No ápice da organização, o regimento previa um Conselho Nacional, órgão normativo presidido pelo presidente da Confederação Nacional da Indústria e composto dos presidentes dos conselhos regionais (que seriam, também, os presidentes das federações estaduais de indústrias), do diretor do Departamento Nacional e de dois representantes do governo, um do Ministério da Educação e outro do Ministério do Trabalho. O diretor do Departamento Na-

---

2 Essa intervenção ocorreu, no mínimo, apenas de forma confirmativa.

3 Como Roberto Mange, Joaquim Faria Góes Filho foi um dos primeiros diretores regionais do Senai, ocupando o DR/RJ. Posteriormente, foi diretor do Departamento Nacional, de 1948 a 1960.

4 A partir de 1945, os diretores dos departamentos passaram a ser nomeados pelo presidente do Conselho Nacional.

5 Posteriormente, com a ampliação da área de atuação do Senai, os conselhos regionais e o Conselho Nacional passaram a ter um membro a mais, representante dos empresários dos setores de transportes, comunicações e pesca.

cional do Senai seria nomeado pelo presidente do Conselho Nacional, inicialmente de acordo com o Ministério da Educação, depois sem essa condição. O Departamento Nacional era o órgão executivo encarregado, principalmente, de distribuir os recursos provenientes das empresas, transferidos pelo governo, para os diversos departamentos regionais e, também, de coordenar suas atividades. Sua força era, entretanto, reduzida pela própria organização federativa da instituição. Mas, além das tarefas de coordenação, o Departamento Nacional foi assumindo várias atividades especiais, como os cursos técnicos de nível médio e a administração dos acordos de isenção com as empresas.

Cabe, ainda, relacionar a organização federativa do Senai com a participação do governo nos conselhos nacional e regional. O decreto-lei de criação previa que apenas o Ministério da Educação devesse aprovar, em primeira instância, o projeto de regimento; também a "lei" orgânica estabelecia que este ministério traçasse as diretrizes pedagógicas que deveriam ser seguidas pelos "órgãos" que viessem a cuidar dos cursos de aprendizagem. Penso que a ampliação da participação governamental nos conselhos, incluindo representantes do Ministério do Trabalho, além dos do Ministério da Educação, teve mais de um significado. Um primeiro significado, tipicamente técnico, refere-se ao interesse óbvio daquele ministério na política de formação da força de trabalho; o outro, menos óbvio, mas não menos real, era a atenuação da influência do Ministério da Educação, fora do controle imediato dos industriais.

A organização federativa correspondia a uma "concessão" do Estado, tendencialmente unitário e centralista, aos industriais que já se organizavam daquela forma. Ela correspondia ao intento destes de interferir mais de perto com a aprendizagem (e outras atividades afins), bem como de controlar os recursos provenientes de suas contribuições. Todavia, as vantagens dessa organização transcenderam esses interesses imediatos, pois propiciaram condições para uma pronta resposta às demandas de formação profissional das mais diferentes formas, regiões e volumes, impossíveis de serem dadas por um sistema rígido, uniforme e centralizado como o das antigas escolas de aprendizes artífices e o das escolas industriais federais, que o sucedeu.[6]

Por outro lado, essa organização não está isenta de dificuldades, resultantes, quase todas, da ambigüidade do Senai, associação civil criada por decreto-lei e dirigida (em pequena parte) e fiscalizada pelo Estado, mas dirigida

---

6 É instrutivo lembrar que as escolas industriais federais, nascidas, após a "lei" orgânica, das antigas escolas de aprendizes artífices, só tiveram suas atividades dinamizadas e integradas às necessidades do mercado de trabalho a partir de 1959, quando ganharam relativa autonomia e passaram a ser dirigidas por um conselho de representantes integrado por industriais, educadores e delegados do Governo Federal.

(em grande parte) e mantida pelos industriais. Essa ambigüidade impede que o Senai cumpra em muitos casos os dispositivos legais, mesmo quando esses o autorizam a autuar as empresas infratoras e a lhes aplicar sanções (multas). Muitas dessas empresas pertencem a industriais que compõem as diretorias das federações de indústrias, senão a própria Confederação Nacional e, em decorrência disso, compõem os conselhos da instituição. Mas, essas dificuldades não desaparecem nos casos em que os industriais não pertencem à direção daquelas associações, pois os dirigentes precisam do apoio dos demais para conduzirem sua gestão e, eventualmente, para a reeleição.

O âmbito de atuação do Senai foi definido, inicialmente, como o das "indústrias enquadradas na Confederação Nacional da Indústria". Elas estavam obrigadas a contribuir para o Senai e este, em contrapartida, deveria oferecer cursos para os seus aprendizes. Posteriormente, ainda em 1942, o âmbito de atuação do Senai foi ampliado, passando a abranger a aprendizagem de outros trabalhadores, além dos "industriários", com a inclusão, entre os seus contribuintes, das empresas de transporte, de comunicações e de pesca.[7]

Dois anos após, esse âmbito foi estendido ainda mais, incluindo-se como contribuintes "as empresas comerciais ou de outra natureza que exploram, acessória ou concorrentemente, qualquer das atividades econômicas próprias dos estabelecimentos industriais" (Decreto-lei n.6.246, de 5 de fevereiro de 1944).

Posteriormente, as empresas de dois ramos do setor de transportes, ligados às Forças Armadas, o transporte marítimo e o aeronáutico, deixaram de contribuir para o Senai. Os recursos que antes lhe eram devidos passaram a constituir fundos administrados pelos ministérios da Marinha e da Aeronáutica, destinados a manter programas próprios de formação, aperfeiçoamento e treinamento de pessoal.[8]

As empresas industriais foram obrigadas a empregar e a matricular nas escolas mantidas pelo Senai um número de aprendizes equivalente a 5%, no mínimo, e 15% no máximo, dos operários cujos ofícios demandassem formação profissional (Decreto-lei n.9.576, de 12 de agosto de 1946).[9] Os aprendi-

---

7 O Senai se chamava, primeiramente, Serviço Nacional de Aprendizagem dos Industriários. A partir do Decreto-lei n.4.936, de 7 de novembro de 1942, passou a se chamar Serviço Nacional de Aprendizagem Industrial, abrangendo, então, o ensino de ofícios que não eram próprios dos "industriários", como os de marítimos, aeroviários, pescadores, telefonistas etc.

8 As empresas de transportes marítimos desligaram-se do sistema pela Lei n.5.469, de 28 de junho de 1968, e as de transporte aeronáutico, pelo Decreto-lei n.1.305, de 8 de janeiro de 1974. A Lei n.8.706, de 14 de setembro de 1993, criou o Serviço Nacional de Aprendizagem do Transporte – Senat, com atribuições e estrutura análogas às do Senai, no âmbito do transporte rodoviário de passageiros e de carga.

9 Pelo Decreto-lei n.4.481, de 16 de julho de 1942, não havia teto estipulado, mas, por outro lado, previa-se a fixação do número total de aprendizes a matricular no Senai, referido ao

zes foram definidos como os trabalhadores menores de 18 anos e maiores de 14, sujeitos a formação metódica do ofício em que exerciam seu trabalho.

A lista dos ofícios considerados qualificados nos diversos ramos industriais, preparada pelo Senai, foi submetida ao Ministério da Educação e, depois de modificada, foi baixada pela Portaria n.470, de 7 de agosto de 1946. Segue a relação dos "ofícios qualificados nos diversos grupos industriais":

Indústrias da alimentação
    padeiro e confeiteiro
    açougueiro e salsicheiro

Indústrias de vestuário
    sapateiro
    alfaiate
    bordadeira
    chapeleira
    costureira

Indústrias da construção civil e mobiliário
    carpinteiro
    marceneiro
    torneiro de madeira
    entalhador
    tanoeiro
    segeiro
    vimeiro
    tapeceiro-estofador
    pedreiro
    estucador
    marmorista
    canteiro
    instalador de águas, esgotos e gás
    pintor

Indústrias de fiação e tecelagem
    gravador têxtil
    fiandeiro de algodão, lã, seda ou linho
    fiandeiro de lã
    fiandeiro de linho, juta e outras fibras
    tecelão de tecidos em geral
    tecelão de malharia

---

número total de empregados, de todas as categorias, o que contrariava os interesses das empresas que empregavam grande número de trabalhadores não qualificados, particularmente a construção civil, assim como as que tinham grande proporção deles em atividades burocráticas. A Consolidação das Leis do Trabalho (Decreto-lei n.5.452, de 1º de maio de 1943) revogou esta previsão.

Indústrias de artefatos de couro
seleiro (incluindo correeiro e maleiro)
marroquineiro
luveiro
peleteiro

Indústrias de joalheria e pedras preciosas
cinzelador
joalheiro
lapidário
relojoeiro

Indústrias químicas e farmacêuticas
laboratorista

Indústrias gráficas
compositor manual
mecanotipista
impressor
litógrafo
fotogravador
gravador
encadernador
dourador

Indústrias de vidros, cristais, espelhos, cerâmica de louça e porcelana
vidreiro
lapidador de vidros e cristais
decorador de vidro
modelador ceramista
moldador ceramista
torneiro ceramista
decorador ceramista

Indústrias metalúrgicas, mecânicas e de material elétrico
ajustador
serralheiro
latoeiro (funileiro)
caldeireiro
ferreiro
mecânico de automóveis
mecânico de refrigeração
mecânico de manutenção
ferramenteiro
retificador mecânico
torneiro mecânico
frezador
fundidor-moldador
modelador de fundição

soldador
mecânico-eletricista
mecânico de rádio
eletricista-instalador
mecânico de instrumentos
mecânico de tubulações

Transportes marítimos e fluviais
carpinteiro naval

A elaboração dessa lista foi resultado de demandas tensas e contrárias. Se ela fosse muito longa e detalhada, não só o Senai se obrigaria a abrir cursos para cada um dos ofícios nela listados, como as empresas ficariam sujeitas a contratarem ou empregarem menores aprendizes para cada uma das categorias que fizesse parte de sua força de trabalho. Ao que parece, o desfecho do conflito foi adiado, pelo que se pode deduzir da último artigo da portaria:

> O Senai continuará o estudo do assunto e proporá a este Ministério o acréscimo à relação de outros ofícios, à medida que se verificar a necessidade de serem para eles instalados cursos de aprendizagem.

Esse estudo jamais chegou ao termo, sendo a relação de novos ofícios protelada, em razão das resistências dos industriais, que pensavam mais nas despesas imediatas do que na qualificação dos seus trabalhadores e nos retornos futuros.

Para a admissão do aprendiz, as empresas deveriam dar preferência aos filhos (inclusive os órfãos) e irmãos dos seus empregados e exigir, como condição, ao lado de outras, terem os candidatos concluído o curso primário ou possuírem os conhecimentos essenciais à formação profissional. Matriculado no curso do Senai, o aprendiz continuaria a receber do empregador remuneração igual à que vencia no trabalho, na base de dia de freqüência à escola. Quando a empresa tivesse dificuldade em conseguir aprendizes para cumprir o dispositivo legal, o Senai deveria recrutá-los e matriculá-los, ficando a empresa obrigada a empregá-los, remunerando-os como *aspirantes à indústria.*

O decreto-lei de criação do Senai previa que cada empresa industrial recolhesse àquele órgão a quantia de "dois mil réis por empregado e por mês". Entretanto, o processo inflacionário fez com que se alterasse o critério de cálculo. Dois anos depois, a contribuição das empresas passou a ser calculada "na base de 1% sobre o montante de remuneração paga pelos estabelecimentos contribuintes a todos os seus empregados" (Decreto-lei n.6.246, de 5 de fevereiro de 1944).

Desde o início, reconhecia-se que as empresas de grande porte seriam as principais beneficiadas pelos serviços do Senai, graças ao maior emprego de trabalhadores qualificados. Por isso, elas deveriam assumir uma parcela maior do custo da aprendizagem. Neste sentido, o decreto-lei de criação estipulava que a contribuição dos estabelecimentos que tivessem mais de quinhentos empregados seria acrescida de 20%.[10]

A contribuição a que estão sujeitas todas as empresas chama-se contribuição geral e a parcela paga pelas empresas de grande porte, contribuição adicional. As empresas recolhem a contribuição através do sistema previdenciário federal, que se encarrega da fiscalização.[11] Os recursos são transferidos ao Departamento Nacional do Senai, que detém uma parte e distribui o restante aos departamentos regionais, proporcionalmente às contribuições efetuadas pelas empresas localizadas em cada um deles.

A receita gerada pela contribuição geral tem a seguinte destinação:

85% da contribuição recolhida no âmbito do Departamento Regional constitui a receita de cada um deles;
15% são distribuídos para fora do DR:
5% para o custeio do Departamento Nacional;
4% para auxílio aos departamentos nacionais onde a arrecadação é insuficiente para as atividades mínimas julgadas necessárias;
4% para a execução de planos de ampliação de escolas, centros ou cursos em todos os departamentos regionais situados nas regiões Norte e Nordeste, além de Mato Grosso, Mato Grosso do Sul, Distrito Federal e Espírito Santo.
2% para a administração superior, a cargo da Confederação Nacional da Indústria (Alcântara, 1991).

Os recursos provenientes da contribuição geral são empregados, basicamente, na qualificação e no aperfeiçoamento de trabalhadores sujeitos ou não à aprendizagem sistemática, menores e adultos. Os recursos gerados pela contribuição adicional são canalizados para a formação profissional de nível mais elevado, especialmente para o ensino técnico de grau médio, para o aperfeiçoamento de docentes e administradores de ensino do Senai, assim como para a concessão de bolsas de estudos ao pessoal das empresas contribuintes.

Como vimos, a criação do Senai (e a contribuição compulsória) decorreu da necessidade de qualificação da força de trabalho que não vinha sendo

---

10 Esse adicional permaneceu quando a contribuição passou a ser proporcional à soma dos salários pagos.

11 Como as contribuições previdenciárias e a relativa ao Senai eram proporcionais ao montante dos salários, a fiscalização do recolhimento de uma facilitava a fiscalização da outra. Essa a razão da escolha do Instituto de Aposentadorias e Pensões dos Industriários para agência de recolhimento. Depois da unificação dos IAPs, essa atribuição foi transferida ao INPS.

feita por processos espontâneos, no âmbito das próprias empresas. Assim, a mesma razão que justificava a cobrança das contribuições foi empregada, também, para justificar a isenção do seu pagamento nos casos em que as empresas mantivessem seus próprios programas de qualificação. Neste sentido, estipulava o decreto-lei de criação do Senai:

> Estarão isentos da contribuição ... os estabelecimentos que, por sua própria conta, mantiverem aprendizagem considerada, pelo Senai, sob o ponto de vista da montagem, da constituição do corpo docente e do regime escolar, adequada aos seus fins.

A isenção seria de 80% da contribuição geral, no máximo, e, em casos especiais, poderia incidir, também, sobre a contribuição adicional. Em qualquer caso, seria necessário que houvesse um acordo formal entre a empresa que pretendesse a isenção e o Departamento Nacional do Senai. A isenção, em nenhum caso, poderia ser total, devendo a empresa recolher pelo menos 20% da quantia devida. Essa parcela seria destinada a cobrir as despesas do Senai relativas à sua administração geral e às despesas resultantes de inspeção e assistência técnica aos programas de formação profissional da empresa.

Nos anos 70, parcelas crescentes do orçamento do Senai resultaram de transferências dos ministérios da Educação e do Trabalho, através do Programa Intensivo de Preparação de Mão-de-Obra e do Departamento Nacional de Mão-de-Obra. Esses órgãos elaboravam planos especiais de treinamento de trabalhadores e utilizavam os centros de formação profissional do Senai para executá-los, mediante convênios renovados periodicamente.

Implantação e desenvolvimento

A implantação do sistema Senai foi muito rápida e conseguiu logo o reconhecimento dos industriais e do governo por sua eficiência, prontamente exigida na conjuntura da Segunda Guerra Mundial. Muitos produtos manufaturados, antes importados, tiveram de ser produzidos internamente, exigindo esforço sem precedentes em projetos, improvização de equipamentos e formação de força de trabalho. Devido à dificuldade de importação de componentes, a manutenção dos equipamentos exigiu operários qualificados em quantidades crescentes. Máquinas operatrizes foram especialmente produzidas para o ensino dos ofícios ligados à mecânica; prédios foram construídos ou ocupados mediante cessão; séries metódicas de ofício foram elaboradas para as diversas especialidades; instrutores foram recrutados na indústria.

Para apresentar o processo de implantação do Senai, vou me valer das obras de Celso Suckow da Fonseca (1961) e Stenio Lopes (1982, 1992). O primeiro autor, criou e dirigiu por muitos anos a Escola Técnica Nacional (que, depois de sua morte, recebeu seu nome), ao passo que o segundo foi diretor do Departamento Regional de Senai na Paraíba.

A institucionalização do Senai começou pela montagem do Departamento Nacional e dos departamentos regionais, que abrangiam, inicialmente, uma ou mais unidades da Federação.

Para diretor do Departamento Nacional do Senai o presidente da Confederação Nacional da Indústria nomeou João Luderitz, de grande experiência em matéria de ensino profissional.[12] Para Lopes (1992), ele foi uma indicação pessoal de Getúlio Vargas.

Para dirigir o Departamento Regional de São Paulo foi nomeado, pelo presidente da Fiesp, o engenheiro Roberto Mange, criador e diretor do Centro Ferroviário de Ensino e Seleção Profissional, o introdutor das séries metódicas no país. O Departamento Regional do Rio de Janeiro ficou a cargo do educador Joaquim Faria Góes Filho, antigo colaborador de Anísio Teixeira na Prefeitura do Distrito Federal, que atuou como membro das comissões que elaboraram os anteprojetos de onde saíram os decretos que antecederam o Senai, com grande experiência adquirida na negociação com os empresários. Em 1948, Faria Góes assumiu a direção do Departamento Nacional por 12 anos, período em que a instituição consolidou sua implantação.

Da importância de ambos, disse Lopes:

> Joaquim Faria Góes Filho marcou profundamente o Senai. Pode-se afirmar que a instituição nasceu em suas mãos e nas mãos de seu inseparável companheiro e amigo Roberto Mange. Os dois, de certa forma, se completavam. Um era mais técnico – Roberto Mange; o outro, mais político – Faria Góes. (1982, p.105)

Com efeito, a parceria entre um baiano, experimentado na política prática, e um engenheiro teuto-suíço, de mentalidade calvinista,[13] conseguiu fazer que a produção do CFESP pudesse ser estendida aos diferentes departamentos da instituição, prevalecendo, assim, a hegemonia pedagógica do segmento mais avançado do setor industrial.

A primeira providência para a implantação do Senai foi a organização de um cadastro das empresas industriais em todo o país, sua localização e o número de empregados de cada uma delas. Essa tarefa foi realizada pelo

---

12 Professor da Escola de Engenharia de Porto Alegre, Luderitz atuou no Instituto Parobé, dedicado ao ensino profissional para operários. Em 1920, ele foi encarregado de elaborar um diagnóstico do ensino industrial-manufatureiro em todo o país, para o Ministério da Agricultura, Indústria e Comércio, de que resultou uma reforma das escolas de aprendizes artífices.

13 *De homens e máquinas*, v.1, p.147-9.

Instituto de Aposentadoria e Pensões dos Industriários, sobre cuja base de arrecadação a nova instituição se implantou. Em seguida, veio a instalação dos cursos, primeiramente em imóveis cedidos mediante convênio com entidades públicas e privadas, de modo que fosse aproveitada toda a capacidade física disponível.

Ao contrário do que determinavam os documentos relativos à sua criação, o Senai não priorizou a aprendizagem industrial no primeiro ano de seu funcionamento. A Comissão do Ensino Industrial de Emergência, criada em razão da guerra,[14] decidiu ser mais importante, naquele momento, a melhoria dos conhecimentos especializados dos operários adultos já empregados, deixando-se a aprendizagem para mais tarde.

Enquanto a instituição começava pelos cursos de aperfeiçoamento de adultos, os departamentos regionais tratavam de adquirir terrenos onde viriam a ser instaladas as escolas de aprendizagem.

As primeiras escolas do Senai construídas em São Paulo tinham um aspecto imponente, estilo aproximado ao neoclássico, e partiam do princípio de que o mais importante eram as oficinas. Por isso, estas ficavam localizadas junto à rua, separadas apenas por grandes painéis de vidro. Para o arquiteto Luiz Alfredo Falcão Bauer, da própria instituição, as escolas eram como "vitrines da formação profissional patrocinada pela indústria" (Senai, 1992, p.159). A partir de 1950, esse modelo arquitetônico mudou, de acordo com a orientação de Roberto Mange, para que o Senai edificasse "uma escola para o aluno". Esse princípio escolanovista resultou num tipo diferente de edificação, como o da primeira assim construída: eram três blocos, um para a oficina e a administração; outro para salas de aula; e o terceiro era destinado ao pavilhão social, com teatro, recreio, sala de projeções, auditório, biblioteca, sede da associação de alunos e de ex-alunos. Os pavilhões estavam separados um dos outros por áreas ajardinadas, que compreendiam, também, campo de esportes e piscina (ibidem).

Fonseca (1961, v.1, p.516-21) relacionou as escolas e os cursos criados pelo Senai ou instalados mediante acordo com entidades públicas e privadas, no primeiro ano de funcionamento da instituição. Dessa lista, extraí a parte relativa ao ano de 1943:

Escola do Belenzinho, em São Paulo
Escola Roberto Simonsen, em São Paulo
Três cursos noturnos para adultos no Rio de Janeiro

---

14 Faziam parte dessa comissão os diretores dos órgãos encarregados do ensino industrial do Ministério da Educação e da Prefeitura do Distrito Federal, os diretores do Senai (Departamentos Nacional e Regional do Rio de Janeiro) e o diretor da Escola Técnica Nacional.

Curso na Escola Técnica Nacional
Escola na Rua 24 de Maio, no Rio de Janeiro
Escola da Rua Bela, no Rio de Janeiro
Escola da Lapa, em São Paulo
Escola de Santo André (SP)
Escola da Luz, em São Paulo
Escola da Av. Pedro II, no Rio de Janeiro
Escola Roberto Mange, em Campinas (SP)
Escola de Jundiaí (SP)
Escola da Companhia Nitroquímica Brasileira, em São Miguel Paulista (SP)
Escola da S. A. Votorantin, em Sorocaba (SP)
Escola Américo Renê Gianetti, em Belo Horizonte
Curso em Santos Dumont (MG)
Escola 1-3 no Rio de Janeiro (Bangu)
Escola 1-4 no Rio de Janeiro (Light)
Escola na Rua Nunes Machado, em Petrópolis (RJ)
Curso em acordo com a Escola Industrial Henrique Laje, em Niterói (RJ)
Escola em Nova Friburgo (RJ)
Escola na Av. Washington Luís, em Petrópolis (RJ)
Escola de Ponta Grossa (PR)
Escola em acordo com a Academia Paranaense de Comércio, em Curitiba
Escola em acordo com a Casa Roskamp, em Curitiba
Escola provisória em Curitiba
Escola de Blumenau (SC)
Escola de Joinville (SC)
Curso em acordo com a Escola Industrial de Florianópolis
Escola em acordo com a Empresa Garcia S. A., em Blumenau (SC)
Escola em acordo com a Companhia Hering S. A., em Blumenau (SC)
Escola em acordo com a Eletro-Aço Altina S. A., em Blumenau (SC)
Escola Visconde de Mauá, em Porto Alegre
Escola Ferroviária de Santa Maria (RS)
Curso em acordo com o Liceu Leão XIII, em Rio Grande (RS)
Escola Manoel de Brito, em Recife
Escola Joseph Turton Junior, em Recife
Escola Ferroviária Benevenuto Lubambo, em Jaboatão (PE)
Curso em acordo com a Escola Industrial de Natal
Escola de Rio Tinto, em Campina Grande (PB)
Escola da Companhia Nacional de Estamparia, em Sorocaba (SP)

Três dos primeiros departamentos regionais instalados, ainda em 1942 –
os do Rio de Janeiro, de São Paulo e de Minas Gerais –, iniciaram seu funcionamento de modos bem distintos.

No Rio de Janeiro, Joaquim Faria Góes Filho contou com a colaboração
de Paulo Novaes, professor assistente de estatística da Faculdade Nacional de
Filosofia, da Universidade do Brasil, que veio a ser diretor do Departamento
Nacional nos anos 60, e de dois técnicos em assuntos educacionais postos à
disposição do Senai pelo Ministério da Educação. Como não dispunha de

recursos materiais e humanos que pudesse recrutar de imediato para a instalação de escolas próprias, o departamento enfatizou os convênios de cooperação com escolas profissionais públicas, empresas privadas e entidades filantrópicas. Para a formação do corpo docente das disciplinas depois chamadas de instrumentais, foram recrutados e submetidos a um período de observação professores de português, de cálculo e de desenho. Para os instrutores, foram realizados cursos especiais com a colaboração de técnicos contratados pelo Governo Federal para prestarem serviço à Escola Técnica Nacional.

Em São Paulo, o Departamento Regional dispunha, desde o início, não só da experiência de seu diretor Roberto Mange, como, também, dos recursos humanos e das instalações do CFESP, que lhe foi incorporado como Divisão de Transportes. Com essa base, o departamento pôde promover logo, além dos cursos de emergência, um Curso de Iniciação em Ensino Industrial para os candidatos a instrutores, incluindo aulas teóricas e estágios práticos em oficinas. Esse curso preparou também docentes para outros estados.

Em Minas Gerais, foi nomeado diretor regional o jovem engenheiro Roberto Hermeto Corrêa da Costa, que veio a ser diretor do Departamento Nacional nos anos 60. Sua primeira iniciativa foi absorver a experiência do CFESP, obtida em estágio pessoal nas oficinas da Companhia Paulista de Estradas de Ferro e da Estrada de Ferro Sorocabana. Os primeiros cursos foram instalados em Belo Horizonte, nas oficinas da Escola de Engenharia da Universidade de Minas Gerais, na época uma instituição estadual. Já em 1944 começou a funcionar na capital mineira a escola do Senai em instalações especialmente construídas, seguida das de Juiz de Fora, Nova Lima e Sabará.

Em 1943, foram atendidos em todos o país 6 mil alunos, em partes praticamente iguais de adultos e menores. A metade deles encontravam-se nos departamentos do Rio de Janeiro (que incluía o Distrito Federal e o estado homônimo) e de São Paulo, somando três mil alunos matriculados.

Para além da emergência imposta pela guerra e apesar de não prioritários, foi possível iniciar cursos de aprendizagem em 1944, em todos os departamentos, a maioria deles no setor metal-mecânico. Foram as seguintes as especialidades oferecidas:

ajustagem
caldeiraria
ferraria
serralheria
latoaria
solda elétrica
solda oxiacetilênica
tornearia mecânica
marcenaria

torneria de madeira
carpintaria
composição tipográfica
impressão
fiação
tecelagem
alfaiataria
costura
radiotécnica
padaria

Muitos desses cursos foram sendo desativados à medida que o próprio processo de industrialização demonstrava sua obsolescência ou a instituição sintonizava sua atuação com a grande indústria. Assim, especialidades como ferraria, latoaria, fiação, tecelagem, alfaiataria, costura e padaria, deixaram o catálogo de aprendizagem do Senai, o que não impediu que fossem incluídas nos cursos para adultos, de duração mais curta.

Com efeito, o relatório de 1944 do diretor do Departamento Nacional constatou:

> A rigor, deve-se dizer que até 1943 só se cogitava, nos planos de equipamentos das escolas de aprendizagem do Senai, de prever os ofícios chamados básicos, isto é, trabalhos de metal e madeira. Efetivamente, não há indústria que não precise de mecânicos, torneiros, soldadores, eletricistas, serralheiros e ajustadores, marceneiros e carpinteiros, pelo menos nas reparações e nas montagens (apud Lopes, 1992, p.201).

Nesse momento inaugural, até mesmo os equipamentos destinados à aprendizagem tiveram de ser providenciados. O mesmo relatório diz que Luderitz teve de encomendar a seis empresas nacionais a produção de 380 tornos mecânicos para uso nas escolas do Senai. As máquinas desse tipo, então fabricadas no país, não eram adequadas a uma oficina de aprendizagem. Daí o projeto especial elaborado sob medida para a instituição, com dispositivos especiais de segurança.[15]

Em 1944 foi elaborado o primeiro plano de construção de escolas próprias de aprendizagem do Senai, em todo o país, prevendo-se 59 estabelecimentos, com a capacidade imediata para 23 mil aprendizes. Destas, 21 escolas deveriam funcionar em regime de internato, o que não vingou.

---

15 O livro de Stenio Lopes (1992) traz na capa a foto de um desses tornos, ainda existente na escola do Senai em Campina Grande, com a inscrição "SENAI-ALNORMA Indústria Brasileira" estampada na base.

O ensino profissional na irradiação do industrialismo

O exame das cidades onde as escolas seriam localizadas mostra uma distribuição distinta das escolas de aprendizes artífices criadas pelo presidente Nilo Peçanha, base da rede federal de escolas industriais e técnicas, estas contemporâneas do Senai. Ao contrário de localizá-las onde havia maior concentração da atividade industrial e manufatureira, que pretendia fomentar, o decreto presidencial de 1909 mandou instalar uma escola em cada estado, tivesse ele muita atividade industrial, pouca ou nenhuma. Coerentemente, a escola deveria ser instalada na capital, mesmo que outra fosse a cidade com maior concentração industrial e manufatureira. A razão política dessa distribuição foi determinante.

No caso do Senai, isso não aconteceu. Embora todos os presidentes das federações de indústrias quisessem escolas para "seus" estados, o plano realizado pelo Departamento Nacional levou em conta a distribuição da força do trabalho. Assim, São Paulo teria 19 escolas, com capacidade para 6.500 aprendizes, na capital e espalhadas pelo interior, enquanto o Rio de Janeiro e o Distrito Federal que, de início formaram um só departamento regional, teriam seis escolas para igual número de alunos – um efetivo espacialmente mais concentrado. Todos os demais estados receberam pelo menos uma escola, com a exceção de três: Espírito Santo, Goiás e Amazonas.

Nem sempre a capital do estado foi o local escolhido para a localização da(s) escola(s). Em Santa Catarina, a capital ficou sem escola do Senai, diferentemente das cidades de Blumenau, Joinville, Tubarão e Siderópolis. Na Paraíba, em vez de João Pessoa, a escola foi para Campina Grande. Em Mato Grosso, em vez de Cuiabá, Campo Grande foi a escolhida para sediar a escola do Senai. No Piauí, Parnaíba em vez de Teresina. Claro está que o poder de dimensinar e de localizar a rede escolar estava com a "classe empresarial", não com a "classe política".[16]

Nos anos 60, as escolas de aprendizagem, denominação datada do tempo da criação da instituição, passaram a ser chamadas de centros de formação profissional, o que denotou a atuação do Senai nos cursos de qualificação para trabalhadores adultos, já não por causa da emergência da guerra, mas, sim, pela ampliação do número de trabalhadores incorporados à indústria sem qualificação formal e, mais ainda, pelo crescimento relativo do contingente de operários semiqualificados no conjunto da força de trabalho.[17]

---

16 Existem, no entanto, ligações importantes entre essas "classes". O sindicalismo patronal tem sido utilizado para se chegar à direção de departamento regional, cujos recursos propiciam "benefícios" a certos municípios, escolhidos e dosados em virtude de alianças políticas, as quais, por sua vez, pavimentam o caminho a cargos eletivos, no Executivo e no Legislativo.

17 O Departamento Regional de São Paulo persistiu no emprego da designação de suas unidades operacionais como *escolas*.

Depois de ter sido diretor do Departamento Nacional, Paulo Novaes reportou assim a genealogia da designação das unidades operacionais:

> Para a maioria das pessoas, educação é uma coisa que se passa dentro de uma escola. Se é educação, o lugar próprio é na escola. Como o Senai era uma agência de educação, devia ter escolas. De saída, na emergência, tratou-se de usar escolas dos outros, ou alugar prédios transformáveis em escolas. Mas, ao mesmo tempo, tratou-se de projetar edifícios próprios. Seriam conjuntos de salas de aulas com oficinas anexas ou oficinas com salas de aulas anexas. De qualquer maneira, tinham de ter ar de escolas e os equipamentos tradicionais de uma escola ... Em 1967, a Divisão de Ensino do Departamento Nacional propõe que as escolas passem a chamar-se Centros de Formação Profissional, mas é interessante observar que a aceitação da idéia não foi geral. Por outro lado, reconheceu-se que a função das escolas, em muitos casos, tinha se expandido e o que se estava fazendo era assistência à indústria. Daí, em alguns casos, adotar-se a denominação de Centro de Tecnologia. (apud Lopes, 1992, p.256-7)

Mais do que sinônimos de escolas ou de centros de formação profissional, os centros de tecnologia, mencionados na passagem acima, existentes em poucos estados, têm função bem distinta. Eles resultaram, em geral, de convênios internacionais, que previram doação de equipamentos de alta tecnologia. Atuam, preferencialmente, na habilitação de técnicos de nível médio, desenvolvem extensão tecnológica, consultoria às empresas, difusão de informação tecnológica, certificação de qualidade e experimentam produtos e processos, direcionados para o setor de atividade industrial em sua área de competência.

A idéia inicial era a de que os menores realizassem sua aprendizagem nas escolas do Senai, pois a que se fazia no próprio emprego era considerada assistemática, portanto cara e morosa, sujeita aos azares da qualificação do mestre do ofício, além de não propiciar os conhecimentos tecnológicos pertinentes.

Para viabilizar a modalidade dos Cursos de Aprendizagem de Ofício (CAO), prevaleceu a freqüência à escola do Senai em períodos alternados: uma semana na empresa, outra semana na escola; ou mês numa, mês noutra, ou, ainda, 18 meses de alternância.[18]

Uma década depois de criada a instituição e intensificada a industrialização do país, surgiram iniciativas tanto da instituição quanto do Ministério do Trabalho, a fim de se regulamentar a aprendizagem no próprio emprego. Para isso concorreu, decisivamente, a certeza de que não seria possível o

---

18 Outro curso era o de aspirante à indústria (CAI), para os aprendizes que não eram encaminhados pelas empresas, mas selecionados diretamente pelo Senai.

atendimento, nas escolas do Senai, de todos os menores previstos pela legislação como estando na situação de aprendizes.

O Decreto n.31.546, de 6 de outubro de 1952, determinou que a formação profissional do trabalhador menor poderia ser feita no próprio emprego, mediante aprendizagem metódica. A Portaria n.43, de 27 de abril de 1953, do Ministério do Trabalho, listou os ofícios que obrigavam à aprendizagem metódica, assim como os que não a exigiam. Ela fixou, também, a duração máxima necessária para a aprendizagem – no Senai ou no próprio emprego. Neste último caso, a supervisão da instituição seria indispensável.

Para fazer frente a essa nova exigência, foi criado no Departamento Nacional do Senai o Serviço Especial de Treinamento de Mão-de-Obra no Emprego, depois Superintendência, depois Serviço de Treinamento na Indústria.

A despeito dessa reorientação "para fora", os equipamentos do Senai vieram a constituir um formidável sistema de ensino, que compreendia, em 1995, uma rede de 320 unidades operacionais próprias e 282 onde atuava mediante convênio ou acordos de isenção, que atenderam a 2,3 milhões de alunos nesse ano. Desse conjunto destaca-se o núcleo denso de 177 centros de formação profissional, espalhados por todo o país, guardando uma bem ajustada distribuição ao parque produtivo, tanto em termos espaciais quanto no que concerne às especialidades predominantes em cada localidade e região. Destacam-se, igualmente, as duas centenas de unidades de treinamento resultantes de acordos de isenção, que funcionam no interior de grandes empresas, aos quais o Senai presta assistência técnica. Avulta o número de unidades móveis, da ordem de 350, que realizam saídas periódicas a partir de centros de formação profissional para atender demandas específicas em regiões onde não se justifica a criação de unidades fixas, seja pela dimensão da demanda, seja por sua sazonalidade ou excepcionalidade (Tabela 2.1).

Durante as primeiras cinco décadas de sua existência, as atividades do Senai sofreram os efeitos de duas ondas bem marcadas de mudanças no setor produtivo. A primeira onda ocorreu nos anos 50 e 60, quando a aprendizagem – a atividade justificadora do Senai – foi cedendo a primazia quantitativa a atividades de duração mais curta, com apenas algumas dezenas de horas, denominadas treinamento, que chegaram a constituir a maioria das matrículas. Nos anos 70, por razões primeiramente mais ligadas à política educacional do que ao setor produtivo, foi a vez da outra ponta: cursos técnicos de nível médio foram criados, voltados para certas especialidades.[19]

---

19 Ao contrário das escolas técnicas federais, cujos cursos são mais generalistas, a maioria dos cursos técnicos oferecidos pelo Senai são mais especializados, como, por exemplo, técnico em controle de qualidade de alimentos, técnico em cerâmica, técnico em plásticos, técnico em refrigeração e ar condicionado, técnico em transportes rodoviários. Mas, outros cursos

Tabela 2.1 – Número de unidades operacionais do Senai segundo vinculação e categoria – 1995

Tipos	Próprios	Convênios	Acordos de isenção	Total
Centros de formação profissional	177	17	37	231
Escolas técnicas	9	3	–	12
Unidades de treinamento	104	22	203	329
Centros de desenvolvimento de pessoal	4	–	–	4
Centros de tecnologia	24	–	–	24
Unidade semipermanente	2	–	–	2
Total de unidades fixas	320	42	240	602
Unidades móveis	346	7	–	353
Escola flexível	1	–	–	1
Total geral	667	49	240	956

Fonte: Relatório do Departamento Nacional do Senai, 1996.

Nos anos 90, as atividades do Senai sofreram os efeitos de outra onda de mudança no setor produtivo, que se supõe demande um trabalhador dotado de educação geral muito mais longa que a dos antigos destinatários de seus cursos, para quem a compensação das carências do ensino primário já não traria os problemas dos anos 40 (Coutinho & Ferraz, 1994, p.112).

---

técnicos oferecidos pela instituição, embora minoritários, têm amplitude similar aos da rede federal, como técnico em edificações, técnico em eletrônica e técnico em eletrotécnica. O Senai entrou no âmbito do ensino técnico industrial, não como resultado de sua implantação, mas por indução governamental. O Decreto-lei n.4.127, de 25 de fevereiro de 1942, que estabeleceu as bases da organização da rede federal de escolas industriais, determinou a instalação de uma escola técnica de química na cidade do Rio de Janeiro, ao mesmo tempo em que autorizou o Ministério da Educação a entrar em entendimento com o Abrigo Cristo Redentor para organizar uma escola técnica têxtil na mesma cidade. Novo ato do Governo Federal (Decreto-lei n.5.222, de 23 de janeiro de 1943) determinou que ambas as escolas se fundissem numa só, a cargo do Senai, embora continuasse integrando a rede federal do ensino industrial. Essa escola só veio a ser posta em funcionamento em 1950, e foi posteriormente desligada do sistema federal, permanecendo exclusivamente como parte do sistema Senai.

Os dados da Tabela 2.2 dão uma idéia aproximada das mudanças quantitativas mencionadas. O dado mais marcante é a verdadeira explosão do número de matrículas nos cursos para adultos,[20] tanto em números absolutos quanto relativos, com uma primeira grande aceleração no decênio 1955-1965 e uma segunda no período 1985-1995. Neste último ano, o número de alunos que passaram por esse tipo de curso chegou a 1,9 milhão, compreendendo 82,4% das matrículas totais.

Tabela 2.2 – Matrículas por modalidades de formação profissional – Senai, 1945-1995

Modalidades	1945	1955	1965	1975	1985	1995
Aprendizagem	8.820	22.596	27.523	42.034	56.994	88.402
	59,9%	78,8%	19,6%	14,5%	15,3%	3,8%
Qualificação	5.902	4.814	111.989	242.424	58.038	292.730
	40,1%	16,8%	79,8%	83,4%	15,6%	12,7%
Treinamento	–	–	–	–	250.466	1.899.578
					67,1%	82,4%
Habilitação	–	1.280	781	6.307	7.543	23.098
		4,5%	0,6%	2,2%	2,0%	1,0%
Tecnólogo	–	–	–	–	–	387
						0,0%
Total	14.722	28.690	140.293	290.765	373.041	2.304.195
	100,0%	100,0%	100,0%	100,0%	100,0%	100,0%

Fonte: Relatórios do Departamento Nacional do Senai, 1945 a 1995.

É notável, também, a rapidez no aumento do número de matrículas nos cursos técnicos de nível médio (habilitações em nível de 2º grau) a partir de 1975, ou seja, logo após a promulgação da Lei n.5.692/71. Na década 1985-1995 o número de alunos de cursos técnicos foi multiplicado por três, resultado do esforço da instituição na criação dos centros de tecnologia, que parecem atender a uma tendência de substituir os centros de formação profissional.

No que concerne à aprendizagem propriamente dita, isto é, para menores de idade, podemos constatar que o número de matrículas vem reduzindo a

---

20 Eles compreendem os cursos de treinamento, de apenas algumas dezenas de horas, e os de qualificação, que consistem na aprendizagem industrial compactada, sem a parte de educação geral que normalmente a acompanha.

velocidade de seu crescimento, após a grande aceleração de 1945-1955. Desde então, as fábricas estruturadas em linhas de montagem passaram a demandar sobretudo operários semiqualificados. Com efeito, se os alunos dos cursos de aprendizagem representaram uma proporção que variou de 2/3 a 3/4 do número total de matrículas, até 1955, essa proporção caiu para menos de 1/5 a partir do decênio seguinte, não chegando a atingir 1/20 em 1995. Embora o número de aprendizes desse ano seja dez vezes maior do que o de 50 anos atrás, passou-se a questionar, internamente, se vale a pena dedicar-lhes cerca de 60% dos recursos despendidos diretamente com atividades de ensino, quando suas matrículas compreendem apenas 13% do total.[21]

Metodologia de ensino

Como herdeiro do Centro Ferroviário de Ensino e Seleção Profissional, o Senai incorporou, desde o início de seu funcionamento, as séries metódicas de ofício como sua pedagogia por excelência. Por ter incorporado o pessoal do CFESP, o Departamento Regional do Senai foi o fornecedor das séries metódicas para os demais departamentos, assim como foi encarregado de elaborar novas séries, as dedicadas a ocupações não abrangidas por aquele centro. O Departamento Regional do Distrito Federal, por sua vez, foi encarregado de elaborar material didático para o ensino de linguagem, de cálculo, de ciências e de desenho para uso em todas as unidades do sistema.[22]

Como já vimos, as séries metódicas correspondiam a certas exigências das circunstâncias da entidade, quando de sua criação.

Em primeiro lugar, o taylorismo. As séries metódicas permitiam (aliás, exigiam) a delimitação de um ofício (ou parte dele) a ser ensinado, mas de forma que ele fosse entendido como um conjunto de operações que poderiam ser aprendidas separadamente. Assim, a divisão técnica do trabalho estava associada direta e univocamente ao processo de aprendizagem.

---

21 A comparação de custos é indicada, no Senai, pelo número de "alunos.hora.ano". Para as estimativas acima, utilizei os dados relativos a 1990, transcritos em Lopes (1992, p.267-8). Os dados deste autor incluem, provavelmente, os acordos de isenção. Dados não publicados a que tive acesso, que excluem as matrículas nos cursos resultantes desses acordos, mostram disparidades menos acentuadas: a aprendizagem é responsável por 39,5% do "dispêndio" em termos de "alunos.hora.ano", em 1995, mas tem apenas 3,8% do número total de matrículas.

22 A partir de 1962, o Departamento Nacional encarregou-se de aperfeiçoar as séries metódicas, quando foram acrescentadas às séries existentes (que se resumiam às Folhas de Tarefa), as Folhas de Operação e as Folhas de Informações Tecnológicas. Mais adiante veremos o que significam esses termos.

Em segundo lugar, a necessidade de improvisação. Quando de sua criação, o Senai (como, aliás, a maioria das entidades de ensino profissional na primeira metade dos anos 40) não dispunha de um corpo de instrutores conhecedores dos diversos ofícios que se pretendia ensinar. Em conseqüência, impunha-se a improvisação de instrutores, para o que o material didático deveria ser quase tão detalhado quanto o dos alunos-aprendizes.

Em terceiro lugar, a opção pela padronização. Sendo uma entidade de âmbito nacional, mas administrada segundo padrões federativos, o Senai logrou alcançar um alto grau de padronização dos métodos de ensino, assim como da nomenclatura. No que diz respeito às séries metódicas, a padronização da nomenclatura, da definição das operações componentes de cada ofício e das seqüências do seu ensino representaram uma vitória dos setores que defendiam a centralização pedagógica como contraponto da descentralização política da instituição. Os créditos dessa centralização pedagógica são devidos à dupla Faria Góes-Mange.

Vejamos, agora, no que consistem as séries metódicas do ofício, para, em seguida, fazermos uma apreciação da pedagogia do Senai a partir de uma pesquisa empírica. Começo valendo-me do livro de Nagib Kalil (1971), elaborado e publicado na própria instituição.

Ele apresentou o Método de Ensino Individual, em uso no Senai para os cursos de aprendizagem, como universalmente constituído de quatro fases, aplicáveis em qualquer situação de aprendizagem. Aqui está seu ponto de partida:

> Nos dias atuais, é muito mais importante ensinar o educando a aprender por si só e a prepará-lo, convenientemente, dando-lhe condições que o possibilitem a situar-se satisfatoriamente em um mundo que se transforma rapidamente e de maneira contínua, em face aos avanços tecnológicos, do que apenas acumular conhecimentos. Por tudo isto, a aprendizagem deve se revestir de um dinamismo tal, em que predomina, nas atividades discentes, o ativismo, ao invés da aprendizagem passiva, onde o educando, apenas, se limita a receber informações do docente. (Kalil, 1971, p.9)

Essa declaração de princípios favorável ao método ativo, retomada ao início da década de 1970 em todo o mundo, por forte indução da Unesco, não foi coetânea do Senai. Com efeito, as séries metódicas não propiciam experimentação nem iniciativa, já que prescrevem estritamente as operações, como veremos mais adiante.

Assumindo como sua a orientação ativista, Kalil criticou a pedagogia tradicional por só tratar da transmissão de conhecimentos prontos, num processo centralizado na autoridade do docente. O que se impunha, para esse autor, era a inversão pedagógica, colocando-se no educando o centro de todo o processo, no qual o docente se transformaria em guia e orientador da aprendizagem.

A ilusão quanto à existência do "aluno médio" é outra crítica feita por Kalil aos métodos tradicionais. Para ele, os alunos são todos diferentes, mesmo quando têm o mesmo nível de escolaridade. Em uma classe não existem dois alunos com o mesmo grau de conhecimentos, portanto, eles não progredirão com a mesma facilidade se forem submetidos a uma programação idêntica, pois os educandos se diferenciam em termos da capacidade de aprender, do desejo de aprender e da motivação para aprender.

Por causa disso, o Senai teria adotado o método de instrução individual, mediante o qual:

- cada aluno deve ter a possibilidade de iniciar a aprendizagem e terminá-la quando estiver preparado para isso, sem levar em conta o nível de adiantamento de seus colegas;
- o docente deve poder atender cada aluno individualmente e cuidar, ao mesmo tempo, do grupo todo, oferecendo-lhes estimulação e despertando-lhes o interesse;
- cada aluno deve receber a assistência que necessitar, sem interferir com o progresso dos demais colegas;
- cada aluno deve progredir de acordo com suas aptidões, seu esforço e interesse, sem prejudicar ou ser prejudicado pelo progresso de seus companheiros de grupo.

O Método de Instrução Individual compreende quatro fases, a saber: estudo do assunto; comprovação do conhecimento; aplicação, generalização ou transferência do conhecimento; e avaliação.

Na aprendizagem realizada em oficina, essas quatro fases assumem a seguinte seqüência:

Estudo da tarefa – Essa fase deverá ser realizada mediante o estudo dirigido, em que os educandos estudam os conteúdos existentes nas *folhas individuais de instrução*. No estudo dirigido, os seguintes passos devem ser seguidos: leitura silenciosa das folhas individuais de instrução; discussão do conteúdo estudado; resposta aos questionários inseridos nas *folhas de operações* e nas *folhas de informações tecnológicas*; elaboração do roteiro de trabalho.[23]

Demonstração das operações novas – O docente demonstra, na oficina, o modo correto de como executar cada uma das operações constantes da tarefa, levando os aprendizes a repetirem cada uma delas.

Execução da tarefa – Enquanto o aprendiz executa a tarefa prevista na folha individual, o docente o acompanha, corrigindo eventuais erros.

---

23 Apesar do caráter individual do estudo, ele foi chamado de socializado, talvez pelo fato de os alunos fazerem a mesma coisa no mesmo local, ao mesmo tempo.

Avaliação – O docente leva em conta a compreensão do conteúdo das folhas individuais de instrução, a transferência do conteúdo tecnológico para a aplicação prática, o uso correto de ferramentas, o manejo da máquina, a iniciativa do educando, seu comportamento ante pequenas falhas e dúvidas. Além de agente da avaliação, o docente deverá induzir os educandos a verificar constantemente suas tarefas, a fim de que eles próprios avaliem seu trabalho no futuro.

Essa seqüência é seguida também nas "matérias relacionadas", isto é, matemática, português, ciências e desenho.

Os diagramas apresentados no Anexo, ao fim do capítulo, exemplificam a disposição do conteúdo e das instruções constantes de folhas de operação (roscar com tarraxa no torno), folhas de instrução tecnológica (micrômetro; parafusos, porcas e arruelas; cossinetes; chave de fenda), folhas de explicação (representação das cotas, em desenho). Em ciências, a descrição dos elementos num circuito elétrico; e, em matemática (regra de três simples e inversa) os conteúdos são apresentados com idêntica configuração.

Além da visível incongruência entre a pretendida atividade do educando e a prescrição do conhecimento e das tarefas, no texto de Kalil, é possível verificar pelos exemplos que os aprendizes são instados a assumirem os procedimentos considerados corretos e a executá-los conforme o padrão previamente estipulado. Coerentemente, os docentes são levados a procederem de idêntica maneira.

Ora, no início de sua existência, o Senai não tinha necessidade de dissimular a diretividade de seu método de ensino nem a padronização de procedimentos. Ao contrário, tanto uma como outra eram vistas como tendo vantagens óbvias. A razão pela qual essa metodologia de caráter taylorista foi revestida pelo ativismo parece-me resultar da necessidade de responder às críticas vindas de dentro e de fora da instituição. De dentro, em razão das objeções que as séries metódicas começaram a receber, como resultado da mudança dos processos produtivos, cada vez mais difíceis de serem acompanhados por adaptações das folhas de operações e de tarefas. De fora, pela prevalência do não diretivismo no campo pedagógico, com motivação tanto de caráter psicológico quanto de caráter social e político.

Deixando o discurso prescritivo, passemos, agora a examinar a pesquisa empírica realizada por Gaudêncio Frigotto (1977) e Darcy Costa (1978), que comparou os cursos de aprendizagem industrial do Senai com os de "escolas acadêmicas convencionais".[24]

---

24 O resultado dessa pesquisa foi apresentado como dissertações de mestrado, cada uma delas abordando aspectos determinados do problema.

Eles estavam interessados em comparar os efeitos cognitivos e não cognitivos da escolaridade dos alunos de classe social baixa, que freqüentavam um centro de formação profissional especializado em mecânica e duas escolas da rede municipal de ensino, todas no município do Rio de Janeiro.

O Senai prefere jovens com 16 anos ou mais para os cursos de aprendizagem, porque estima que eles terminariam o curso aos 18 anos, podendo ingressar no mercado de trabalho juridicamente já adultos, além do que a motivação encontra-se, nessa idade, mais definida.[25]

No que concerne, mais diretamente, ao aprendizado nas oficinas, a maioria dos jovens que procuram o Senai o fazem visando à obtenção futura de um emprego, ainda que não tenham uma idéia clara sobre qual ofício pretendem.

O primeiro passo durante a entrada na instituição é a participação de grupos de candidatos numa "reunião de informação profissional", na qual são informados dos objetivos do Senai, dos ofícios cuja aprendizagem oferece e a que profissões correspondem, horários de funcionamento etc. Cada candidato preenche uma ficha, na qual estão listados os ofícios com vaga, conforme o nível mínimo de escolaridade de cada um. Em seguida, os candidatos são submetidos a testes que incluem conhecimentos de português e matemática e de avaliação de nível mental.

Assim, além da preferência dos candidatos e de sua escolaridade prévia, os testes servem para classificá-los na hierarquia dos ofícios. Por exemplo, mecânica geral e de automóveis são mais exigentes do que marcenaria e serralheria.

Posto isso, os candidatos são entrevistados individualmente, momento em que são recusados os que manifestam preferência por ocupações de escritório ou que têm aspirações muito elevadas de ascensão social.

Durante três dias de "enturmação" ou "integração", os alunos são apresentados à estrutura da instituição, dos seus regulamentos, da dinâmica do curso e das expectativas de responsabilidade pessoal, além de realizarem visitas às oficinas.

No quarto dia inicia-se uma nova fase de seleção, denominada sondagem, na qual são verificadas pelo instrutor as habilidades físico-motoras de cada aprendiz, bem como sua adequação às tarefas específicas do ofício. Para isso, são atribuídas pelo instrutor tarefas simples, demonstradas por ele, como, por exemplo, limar uma peça. O desempenho de cada candidato é avaliado mais pela habilidade demonstrada do que pelo resultado obtido. A avaliação pelo instrutor constitui, assim, a última etapa no processo de seleção.

---

25 No entanto, é justamente quando os aprendizes concluem o curso que podem ser convocados para o serviço militar, o que acarreta uma interrupção danosa para seu percurso profissional.

Admitido, finalmente, ao curso de aprendizagem, o aluno é encaminhado ao estudo das "disciplinas instrumentais", cujo conteúdo é dosado de acordo com o ofício. Mais adiante vou focalizar o ensino dessas disciplinas.

Cada unidade ou módulo é logicamente estruturado, com um conteúdo preciso, polivalente e adaptado ao universo vocabular do aluno. Esse conteúdo é elaborado pelo próprio Senai, que se encarrega, também, de sua revisão e reformulação.

Como o ensino é individualizado, a passagem da fase das "disciplinas instrumentais" para o aprendizado nas oficinas é contínuo, não ocorrendo em períodos prefixados. Se um aluno conclui o estudo e existe vaga na oficina correspondente ao seu ofício, ele ingressa na nova fase.

> A fase de oficina caracteriza-se pela realização das séries metódicas, que comportam tarefas subdivididas em operações que, no seu conjunto, constituem o aprendizado do ofício. Cada tarefa ou módulo da série metódica desenvolve-se dentro dos moldes estabelecidos pelo método de instrução programada individual, seguindo os passos: estudo da tarefa, elaboração do roteiro, demonstração e execução. O aluno é avaliado pelo instrutor em todas essas etapas. Através do estudo de folhas de instrução, o aprendiz deve compreender qual a tarefa a ser executada, as operações na sua ordem de execução, o material e equipamento a serem utilizados. Responde em seguida a questões referentes ao estudo da tarefa e elabora o seu roteiro e seqüência. A demonstração da tarefa é efetuada pelo instrutor ou por um sistema de videotape. Passa, então, à oficina e executa as tarefas conforme o roteiro previamente elaborado. O mesmo processo se repete até completar o conjunto das séries metódicas. (Costa, 1978, p.93)

Os centros de formação profissional do Senai, no Rio de Janeiro, encerravam a aprendizagem com um Curso de Iniciação ao Estágio Industrial, com o objetivo de facilitar o processo de adaptação do novo profissional às condições do estágio na empresa. Vários eram os temas aí abordados:

(i) a organização das empresas em termos de organogramas, níveis hierárquicos, normas de funcionamento e os padrões de interação social e de comunicação institucional;

(ii) a importância do estágio para a imagem do aprendiz, incluindo apresentação, comportamento, pontualidade e a necessidade de se evitarem preconceitos e estereótipos, especialmente os de caráter político-ideológico, como veremos adiante;

(iii) a prevenção de acidentes e a higiene no trabalho, de modo a aumentar a segurança do próprio operário e da empresa.

(iv) a legislação trabalhista, especialmente os itens salário, jornada de trabalho, faltas, carteira profissional, fatores de demissão com "justa causa", férias, 13º salário, aviso prévio, fundo de garantia etc.

Como vimos anteriormente, as empresas são obrigadas por lei a manterem um certo número de menores em situação de aprendizagem. Pois bem, os aprendizes correspondentes à quota obrigatória ficam a elas vinculados, recebendo, na primeira metade de sua aprendizagem, metade do salário regional do ofício, e dois terços na segunda metade do curso. Além da quota de aprendizagem a que cada empresa industrial está sujeita, o Senai procura fazer com que elas aceitem também aprendizes adicionais para estágio. Neste caso, a empresa "assina" a carteira de trabalho do aprendiz, formalizando o contrato mediante o qual ele passa a ter os direitos que a legislação trabalhista garante ao menor trabalhador, inclusive a metade do salário correspondente ao ofício.

Durante o período do estágio, em geral de dez meses, as empresas que têm aprendizes em situação de estágio recebem cerca de cinco visitas do monitor do Senai, que avalia o desempenho e a conduta do aprendiz, para o que se vale das informações de seu supervisor no posto de trabalho. Além do desempenho profissional propriamente dito, são levados em conta, especialmente, os seguintes fatores: pontualidade e assiduidade, observância das normas da empresa, zelo com o material, interesse pelo trabalho, integração no grupo e iniciativa.

Ao fim do estágio, o aprendiz recebe seu certificado de aprendizagem de ofício, que o habilita a ingressar no mercado de trabalho como operário qualificado.

Passo a apresentar as observações de Gaudêncio Frigotto sobre o ensino das "disciplinas instrumentais" (ciências, português, matemática e desenho).

Elas são ministradas por meio de instrução programada individual, em pequenas unidades (módulos) que contêm o mínimo indispensável de conteúdos. Há um preciosismo muito grande e uma vigilância permanente na determinação dos conteúdos e sua gradação, bem como a rejeição do enciclopedismo e do supérfluo. O objetivo é ensinar "o que serve" para a execução da tarefas de oficina, de modo que cada módulo, implícita ou explicitamente, tem seus objetivos claramente definidos. O aluno sabe a todo momento o que deve saber, como vai aprender, para que vai aprender e como será avaliado. A orientação geral é a de restringir o ensino "teórico" apenas a aspectos específicos necessários à execução das tarefas. "O Senai tem o cuidado de não ensinar além do que a empresa exige, para não frustrar o aprendiz no seu futuro emprego" (Frigotto, 1977, p.68).

Toda a ação pedagógica do Senai deriva dos princípios da teoria condutivista de aprendizagem, que nos anos 70 estava diretamente vinculada a Skinner, o que não impedia a instituição de incorporar orientações divergentes.[26] Preocu-

---

26 É o caso do livro de Kalil, comentado anteriormente.

pado mais com a eficácia de sua ação do que com modismos pedagógicos, a instituição compõe essa orientação metodológica com outras epistemologicamente contrastantes, como, por exemplo, com os métodos ativos baseados em Jean Piaget.

> Essa concepção de ensino, a ambiência organizacional e a própria atitude dos instrutores – quase na totalidade provenientes do meio industrial – parecem gerar, por um lado, uma proximidade com o universo de origem dos aprendizes e, de outro, introduz-se um conjunto de estímulos e motivações inexistentes no seu meio social. Um dos resultados observáveis dessa orientação metodológica é a libertação da imagem do "fracassado" e "incapacitado" do aluno e uma perda reduzida do sistema por evasão. (Frigotto, 1977, p.162)

Os resultados obtidos na pesquisa mostraram não existirem diferenças significativas entre os desempenhos dos alunos dos cursos de aprendizagem do Senai e da "escola acadêmica convencional", no que diz respeito à compreensão de leitura e aos conhecimentos de ciências.

Para o autor, a "escola acadêmica convencional" bombardeia os alunos, indiferenciadamente, com programas amplos, gerais, sem considerar as condições sociais, econômicas e culturais, nem o tipo de vivência familiar do aluno. Nos centros de formação profissional do Senai, ao contrário, existe a adequação de conteúdos substantivos, concretos e tangíveis ao aluno, apresentados mediante uma seqüência sincronizada com a real percepção que ele tem do seu aprendizado. No entanto, os efeitos dessa educação foram questionados:

> Não obstante esses traços possam se constituir em elementos, talvez os mais importantes para a funcionalidade dos egressos do Senai nas organizações industriais, cabe perguntar sobre até que ponto esse tipo de aprendizado conduziria a uma acomodação ao *status* de operário e de conformismo a uma certa ordem social? (Frigotto, 1977, p.168)

Embora o autor afirme implicitamente pela interrogação,[27] é possível constatar que, por trás de suas indagações, existem certezas quanto ao fato de que a "escola acadêmica convencional" e os centros de formação profissional do Senai adotam distintas pedagogias, uma para cada classe social – esta última adequada a fazer com que o aprendiz seja um operário eficiente e não aspire a nada mais do que isso.

Vejamos agora o que Darcy Costa observou em sua pesquisa dos "efeitos não cognitivos" da aprendizagem.

---

27 A pergunta – "Uma pedagogia para cada classe social ?" – aparece no título de seu trabalho.

Antes de tudo, as oficinas de aprendizagem do Senai procuram reproduzir as condições encontradas nas empresas industriais: a disposição das máquinas e dos equipamentos, áreas de circulação, cores, avisos etc.

Além dessas condições materiais, o curso de aprendizagem procura incutir no aprendiz uma atitude de responsabilidade ante seu posto de trabalho e formar hábitos de limpeza e conservação dos equipamentos, do material e das ferramentas que usa. Há um permanente controle por parte do instrutor e do supervisor de ensino, a fim de que seja preservado o patrimônio da instituição, evitando o desgaste das máquinas. Esse controle não é ostensivo, mas sutil, aludindo-se sempre ao alto custo do material, à dificuldade de reposição e ao fato de que, futuramente, o aprendiz deverá ter esses cuidados para o sucesso na carreira.

Como resultado, imediatamente após sua utilização, o posto de trabalho deve estar em condições de ser ocupado pelo próximo aprendiz, para o que a limpeza é um ritual minuciosamente executado ao fim de cada turno.

Até mesmo a entrada no centro de formação profissional segue os padrões usuais das empresas. No portão, ele entrega a caderneta de presença onde são anotados os atrasos, como se fosse um cartão de ponto. O aprendiz só pode chegar aos andares superiores através de rampas ou escadas, pois os elevadores são reservados aos instrutores e funcionários da instituição.

Ao contrário das escolas freqüentadas pelos seus colegas das "escolas acadêmicas convencionais", o aprendiz não tem horário de recreio. A merenda é servida na sala, na oficina ou no refeitório, sem interrupção das atividades gerais. Não há conversa entre os aprendizes e nem mesmo a entrada de visitantes perturba o ambiente de trabalho. Fumar só é permitido em lugares predeterminados.

O término da jornada ocorre num clima de normalidade, sem pressa nem atropelos. Se um aprendiz descer as rampas ruidosamente ou correndo, será advertido.

Até mesmo fora do ambiente do centro de formação profissional, a conduta de um aprendiz poderá ser motivo para advertência ou punição, conforme, aliás, o regulamento de que ele toma conhecimento no momento mesmo da entrada no curso.

Logo que é admitido, o aprendiz recebe um preparo para prevenir acidentes e assegurar as condições de trabalho. O uniforme – macacão de mangas curtas, sapato amarrado etc. – facilita essa prevenção. Como nas empresas, cada unidade de ensino do Senai dispõe de uma Comissão Interna de Prevenção de Acidentes, da qual fazem parte alguns alunos.

A autora deu um destaque especial para o que chamou de *preciosismo técnico* do curso de aprendizagem:

Este preciosismo não é inculcado por uma doutrinação verbal, o aprendiz o adquire quase por osmose. Tudo em sua volta transpira a preocupação com a qualidade da obra, o detalhe, o requinte: as instalações, o equipamento, o preparo do instrutor, a matéria-prima utilizada. No material didático, por exemplo, o cuidado com a qualidade vai desde a forma de apresentação à clareza e precisão do que se quer transmitir, de onde se quer chegar, como se vai chegar, como será medido e o grau de excelência que se quer obter etc. O instrutor, muitas vezes oriundo das próprias fileiras do Senai, encarna o espírito do preciosismo e é mais do que aquele que "ajuda a aprender", é alguém que direciona o aluno no sentido de executar com precisão e apuro a tarefa, segundo padrões preestabelecidos. Não importa a tarefa a ser executada – fabricar uma porca, preparar uma chapa de fotografia, encadernar um livro, desenhar uma letra, polir um carro, consertar um defeito no motor. Tudo segue a mesma disciplina e a mesma preocupação com o esmero e perfeição da obra. (Costa, 1978, p.100-1)

Para todo o pessoal do Senai, da direção até os instrutores, existe a certeza de que a ordem, a disciplina e a responsabilidade pessoal são condições indispensáveis para que a produção se dê a contento. E para que essas condições existam, é necessária a existência da autoridade, isto é, "alguém que tem o direito de mandar e o poder de se fazer obedecer". A hierarquia de poder na empresa é apresentada como tendo a função de propiciar que a organização atinja os objetivos com os melhores resultados. O fato de um indivíduo ocupar um certo nível de poder na hierarquia quer dizer que ele tem competência para isso.

Complementarmente, a situação de subordinação pode ser considerada transitória, que pode ser superada na medida em que o aprendiz ou o operário se capacite para ascender na organização, mediante o esforço e a dedicação ao serviço.

A possibilidade de relações conflituosas entre patrões e empregados é apresentada como resultante da existência de preconceitos destes contra aqueles. Em suma, não existe o mau patrão, mas maus empregados, já que a preocupação dos patrões é sempre com o melhor resultado da produção, razão pela qual eles valorizarão e promoverão os que mais contribuírem com esse objetivo, ou seja, o bom operário.

Completando todo esse conteúdo ideológico e pedagógico, o curso de aprendizagem do Senai propicia ao menor um sentimento de auto-estima, de confiança e de auto-realização, resultado da eficácia do ensino ministrado e da sintonia com o ambiente da empresa, que ele percebe no primeiro dia de estágio.

Para Costa (1978), um dos resultados mais interessantes da ação pedagógica do Senai, quando confrontados com os da "escola acadêmica convencional", no mesmo patamar de escolaridade dos alunos, é a adequação das aspirações futuras. Embora os aprendizes compartilhem as aspirações correntes quanto à desejabilidade de um curso superior, mais da metade dos aprendizes entrevistados pela autora (57%) revelaram ter uma "concepção realista" de suas possibilidades, situando o 2º grau como o máximo que poderiam atingir. Em termos da aspiração profissional, ficou patente na pesquisa a compatibilidade entre a formação recebida no Senai e a ocupação pretendida. A autora encontrou até mesmo um número significativo de filhos de trabalhadores em ocupações burocráticas (37%) que almejavam ocupações manuais qualificadas. Para ela, isso sugere não só uma contenção das aspirações dos aprendizes de origem operária, como, também, uma "conversão" dos filhos de burocratas, que passam a valorizar as ocupações manuais.

Em suma, o contraponto da eficácia do curso de aprendizagem do Senai é um enquadramento intelectual que condiciona o aprendiz a se limitar à reprodução dos conhecimentos já elaborados, além do que conduz a uma acomodação ao *status* de operário e de conformismo à ordem social.

Embora o Senai faça questão da disciplina e da ordem – e não dissimule isso –, os padrões sociais na sociedade inclusiva devem ter propiciado maior tolerância, quando se compara o resultado das observações apresentadas acima com os depoimentos colhidos em pesquisa intra-institucional realizada no âmbito do Departamento Regional de São Paulo. Vejamos um trecho de trabalho publicado em 1992.

A força da cultura institucional chega às salas de aula e oficinas, expressa nos valores de disciplina e organização. São estes os aspectos que os alunos enfatizam quando se pergunta quais as características do trabalho em uma escola Senai. Luciana Martins, aprendiz de eletrônica, conta: "aqui, dentro do Senai, o pessoal às vezes fala: isto aqui não é uma escola, *isto aqui é um exército*. O pessoal até classifica como se fosse um exército, *mas no sentido positivo*!". Seus colegas completam num coro de vozes, entoando o refrão: "dentinho escovado, cabelo penteado... cabelinho curto, avental bem limpo, unha cortada... higiene pessoal, segurança...". Diante de tanta disciplina, cabe a pergunta: será que no Senai os alunos não têm espaço para manifestar-se como adolescentes? Nunca brincam, conversam sobre o cotidiano, falam trivialidades? "Falam" – reage Alex Oliveira de Medeiros, aprendiz de mecânica. "Falam até palavrão! Mas tem controle. Aqui, a gente chega na sala, conversa com o professor, brinca, o professor brinca também. De certo que tem hora para tudo, não é? Na outra escola onde eu estudava, lá não. A professora ensinava, mas nunca conversava com o aluno. Aqui, se estamos errados, o professor chega e diz: Ó brincadeira é brincadeira, tem hora para tudo. Existe entrosamento entre alunos e professor." Egressos da escola pública em sua maioria, quando os aprendizes se referem ao Senai como instituição de ensino, a comparação é inevitável. Nesse tom, Luciana confirma: "quando eu entrei no Senai, notei uma diferença de organização, na limpeza... O clima em que os alunos se relacionam entre si, o linguajar... Mesmo que aqui se use muita gíria. Os meninos usam mesmo! Mas existe respeito. O aluno é respeitado como

O ensino profissional na irradiação do industrialismo

um ser, o que, geralmente, não acontece em outras escolas. Aqui eu tive oportunidade de expor meus pensamentos, as minhas idéias, sem que alguém chegasse e bloqueasse. Aqui eu pude me desenvolver, porque eu pude me expressar. E, geralmente, eles ouvem atentamente os alunos e valorizam os nossos problemas. Eu acho que essa foi a maior diferença que eu notei, com relação à escola anterior". Disciplina e organização são valores que podem ser entendidos de uma maneira superficial, associados à submissão e à negação do humano. Novamente, é preciso viver o cotidiano do Senai para apreender seus significados sob um outro prisma, como valores orientadores da ação produtiva. (*O giz & a graxa*, p.190-1)

A respeito do significado da disciplina para a sociedade e para os alunos trabalhadores, em particular, o parágrafo final da dissertação de Darcy Costa alude ao efeito contraditório de tal pedagogia:

> Uma vez que as sociedades atuais estão dimensionadas pela industrialização, não se pode, porém, negar que a assiduidade, a responsabilidade profissional, a pontualidade etc. sejam traços indispensáveis, e que se não existem na força de trabalho, devem ser desenvolvidos. O problema crucial é saber-se se o desenvolvimento desses traços leva necessariamente à submissão e acomodação. (Costa, 1978, p.162)

Duas décadas depois das pesquisas de Costa e Frigotto, registrei, no primeiro semestre de 1995, informalmente, as opiniões de 21 profissionais do Senai, participantes dos quadros técnicos do Departamento Nacional e de sete departamentos regionais.

Ao contrário do livro de Kalil, que pretendeu demonstrar, ao início da década de 1970, que as séries metódicas ocupacionais constituíam um método ativo por excelência, eles manifestaram uma orientação bem diferente.

Foi quase unânime a crítica às séries metódicas, chamadas de rígidas por todos os entrevistados. Uns disseram que essa metodologia de ensino foi necessária ao início do Senai, quando os instrutores tinham de ser improvisados e a cultura industrial era ainda incipiente no país. Elas eram adequadas ao modelo taylorista e/ou fordista, no qual os operários deveriam ser formados apenas e exclusivamente para executarem tarefas repetitivas. Coerentemente com isso, os próprios instrutores nada mais eram do que executores de tarefas. Com as séries metódicas ocupacionais, o Senai garantiu um conteúdo mínimo em todos os cursos de aprendizagem de cada especialidade. Ademais, as atitudes que a ela correspondiam eram as da disciplina fabril, adequadas ao momento em que a industrialização se iniciava no país.

Na década de 1990 a situação seria bem diferente, tanto em termos da disponibilidade de instrutores quanto da própria cultura industrial. Também outra seria a exigência da indústria, que demandaria um trabalhador dotado de iniciativa, o que estava a exigir do Senai um outro tipo de instrutor e, coerentemente, uma outra metodologia de ensino, assim como um novo conteúdo para os cursos. É por isso que as séries metódicas ocupacionais começaram a ser modificadas espontaneamente pelos próprios docentes, ainda que de modo improvisado e assistemático, o que as teria descaracterizado.

Diante disso, houve quem considerasse as séries metódicas ocupacionais completamente ultrapassadas. Elas não se prestariam para formar um trabalhador polivalente, que precisa tomar decisões e ter iniciativa, já que estão orientadas para a repetição pelo aprendiz de tarefas isoladas, que não permitem uma visão de conjunto do seu trabalho, tanto no Senai quanto daquele que o espera na empresa. Condicionam o aluno a repetir tarefas, impossibilitando-o de desenvolver o raciocínio lógico. Do mesmo modo, o instrutor não é levado a estudar – sua referência deixa de ser a indústria para se concentrar nas tarefas das séries em si mesmas.

No entanto, para a maioria dos entrevistados, as séries metódicas ocupacionais têm um papel a cumprir. São vistas como adequadas ao segmento tradicional da indústria, que requer operários dotados de habilidades de manipulação de máquinas e ferramentas, para a execução de tarefas repetitivas. Elas deveriam – isto sim – ser reeditadas com base em novos estudos ocupacionais.

Além do mais, os planos de curso deveriam ser abertos, de modo que os instrutores pudessem usar sua experiência e sua capacidade para buscar outras referências técnicas, adaptando-as à realidade da região onde a unidade operacional está localizada, aos equipamentos disponíveis e aos próprios alunos. Mais do que executar tarefas, os alunos deveriam ser levados à resolução de problemas e ao aprendizado do trabalho já em equipe, à imagem das células de produção.

Para tanto, as séries metódicas deveriam ser flexíveis, coerentemente com a flexibilidade do novo trabalhador requerido pela indústria – criativo e polivalente. O estágio na indústria, ao fim do curso, poderia servir para propiciar a aplicação das tarefas executadas no curso ao trabalho concreto das empresas.

Mesmo os que não defenderam com tanta ênfase a flexibilização das séries metódicas ocupacionais reconheceram que elas são adequadas para o início da aprendizagem dos ofícios, em especial aqueles que exigem maior número de habilidades manipulativas ou operacionais. Nesses casos, elas deveriam ser completadas com outras metodologias de ensino, que tivessem por objetivo principal o desenvolvimento de atitudes inovadoras, a iniciativa e o trabalho em equipe. Em suma, todos reclamaram o método ativo que Kalil disse existir há mais de duas décadas.

O ensino profissional na irradiação do industrialismo

FOTO 2.1 – Escola Senai "Roberto Mange", Campinas (SP), curso de aprendizagem industrial, oficina mecânica (28.1.1951). Coleção Senai–SP, Arquivo Histórico/Memória.

FOTO 2.2 – Escola Senai "Morvan Figueiredo", São Paulo (SP), curso de aprendizagem industrial, área têxtil, remetedeira (30.6.1952). Coleção Senai-SP, Arquivo Histórico/Memória.

Anexo: exemplos de séries metódicas (apud Kalil, 1971)

| CBC | OPERAÇÃO: ROSCAR COM TARRAXA NO TÔRNO | REFER.: F0,11/T | 1/2 |
| | | COD. LOCAL: | |

Roscar com tarraxa no tôrno é uma operação que consiste em fazer rôsca, no máximo até 12mm de diâmetro, sôbre um material cilíndrico, mediante uma tarraxa apoiada na contraponta (fig. 1).
Realiza-se quando a rôsca é de pouca precisão ou para terminar rôscas previamente desbastadas no tôrno com ferramenta.

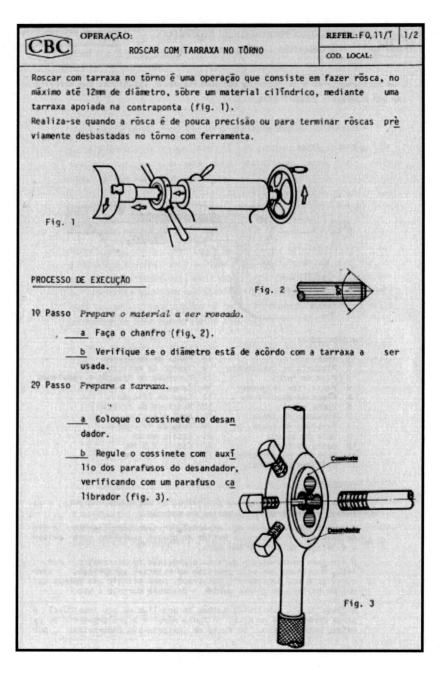

Fig. 1

PROCESSO DE EXECUÇÃO

Fig. 2

1º Passo *Prepare o material a ser roscado.*

    a Faça o chanfro (fig. 2).

    b Verifique se o diâmetro está de acôrdo com a tarraxa a ser usada.

2º Passo *Prepare a tarraxa.*

    a Coloque o cossinete no desandador.

    b Regule o cossinete com auxílio dos parafusos do desandador, verificando com um parafuso calibrador (fig. 3).

Fig. 3

O ensino profissional na irradiação do industrialismo

| INFORMAÇÃO TECNOLOGICA: MICRÔMETRO | REFER.: FIT.025 | 1/4 |
| (NOMENCLATURA - TIPOS - APLICAÇÕES) | COD. LOCAL: | |

É um instrumento de alta precisão que permite medir espessuras com aproximação até 0,001mm e 0,0001" (fig. 1).

NOMENCLATURA

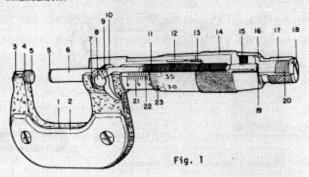

Fig. 1

NOMENCLATURA

1 Arco
2 Plaqueta de isolamento
3 Pino de fecho
4 Ponta fixa (bigorna)
5 Placa de metal duro
6 Ponta móvel
7 Alavanca da trava
8 Parafuso da trava
9 Mola de lâmina
10 Bucha da trava
11 Parafuso micrométrico
12 Cilindro com escala
13 Porca de regulagem
14 Tambor de medição
15 Parafuso de fixação e regulagem
16 Tampa
17 Capa da fricção
18 Parafuso da fricção
19 Anel elástico
20 Mola da fricção
21 Escala em mm
22 Escala 0,5 mm
23 Escala 0,01 mm

CONSTRUÇÃO

Requerem maior atenção, na construção do micrômetro, o arco, o parafuso micrométrico e as pontas de medição.

O *Arco* é construído de aço especial, tratado termicamente, a fim de eliminar as tensões; é munido de placas isolantes para evitar a dilatação pelo calor das mãos.

O *Parafuso micrométrico* garante a precisão do micrômetro. Por isso, é usinado com alta precisão em material apropriado, como aço-liga e aço inoxidável, temperado, para atingir uma dureza capaz de evitar, em grande parte, o desgaste durante o uso.

A *Ponta fixa* é construída também de aço-liga ou aço inoxidável e presa diretamente no arco. A *Ponta móvel* é o prolongamento do parafuso micrométrico. As faces de contacto são endurecidas por

INFORMAÇÃO TECNOLÓGICA: MICRÔMETRO (NOMENCLATURA - TIPOS - APLICAÇÕES)	REFER.: FIT.025 2/4
	COD. LOCAL:

processos diversos para evitar o desgaste rápido das mesmas.

Nos micrômetros modernos (fig. 1), os extremos dessas pontas são calçados com placas de metal duro, garantindo, assim, por mais tempo, a precisão do micrômetro.

CARACTERÍSTICAS

Os micrômetros se caracterizam:

1 *pela capacidade* - variam de 0 a 1.500mm, geralmente, sendo que os modelos menores, de 0 a 300mm, são escalonados em 25mm (ou equivalente em polegadas, de 1 em 1", até 12"). Êstes possuem arco inteiriço, enquanto que micrômetros maiores possuem arco perfurado ou, então, constituído de tubos soldados, conseguindo, assim, um mínimo de pêso sem afetar a rigidez;

2 *pela aproximação de leitura* - podem ser de 0,01mm e 0,001mm ou 0,001" e 0,0001".

CONDIÇÕES DE USO

Para ser usado, é necessário que o micrômetro esteja perfeitamente ajustado e aferido com um padrão.

O micrômetro deve ser manejado com todo o cuidado, evitando-se quedas, choques e arranhaduras. Logo após o uso, deve ser limpo, lubrificado com vaselina e guardado em estôjo, em lugar próprio.

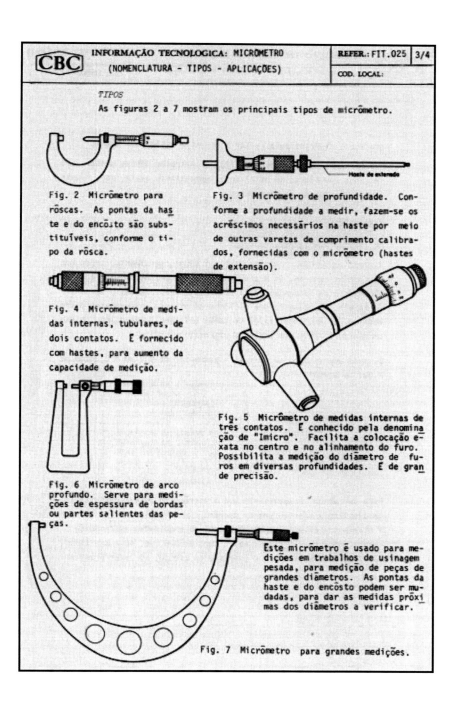

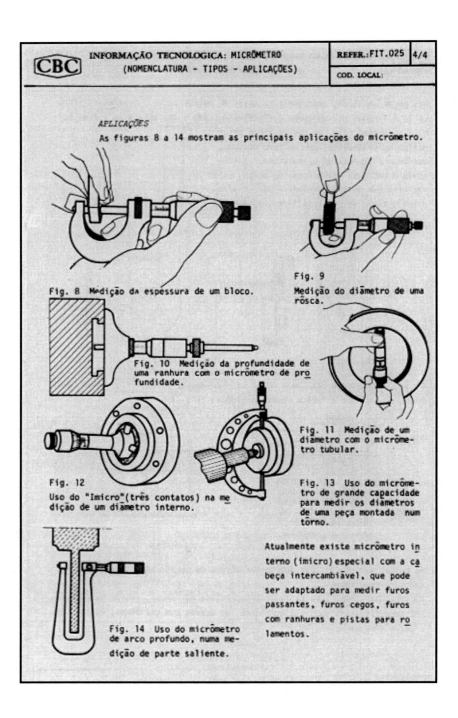

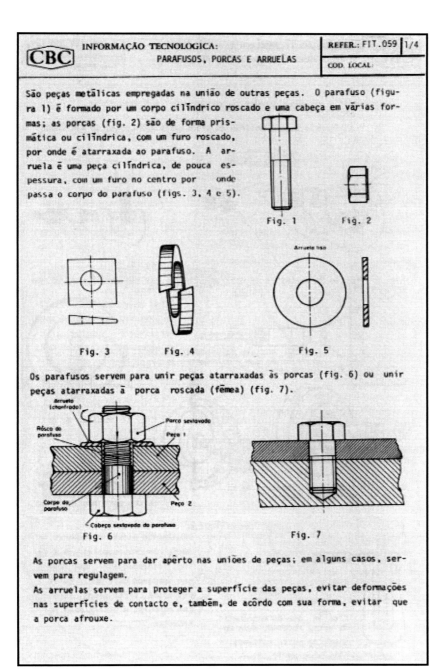

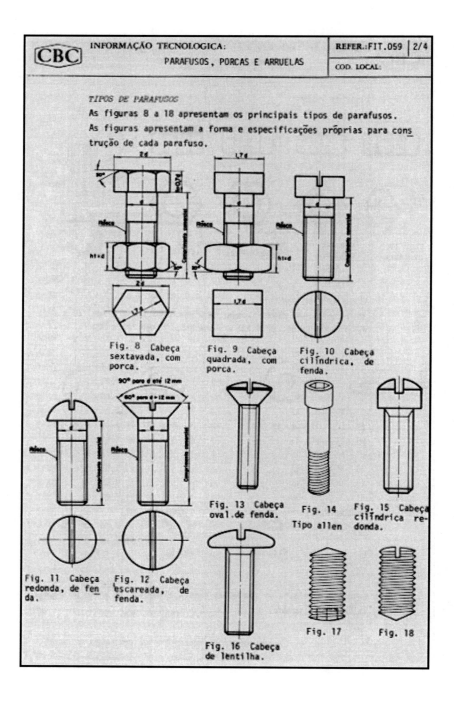

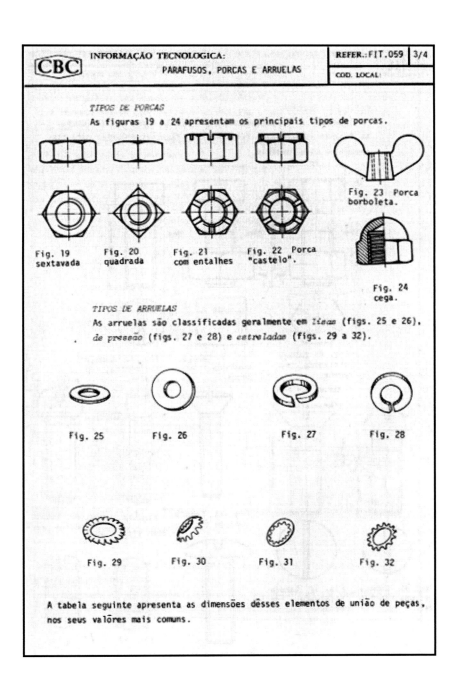

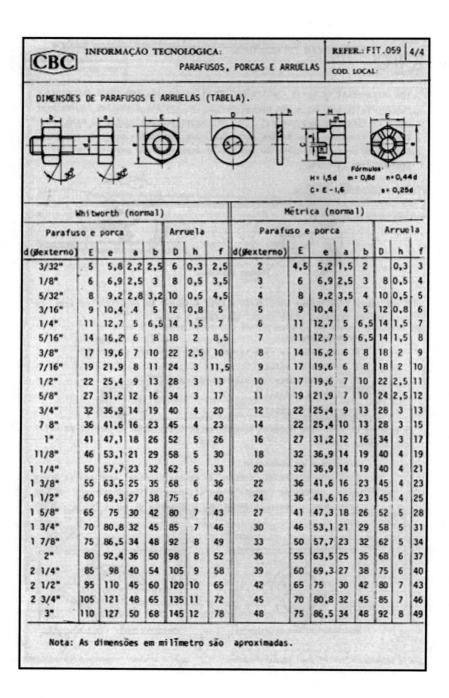

CBC — INFORMAÇÃO TECNOLÓGICA: PARAFUSOS, PORCAS E ARRUELAS
REFER.: FIT.059 4/4

DIMENSÕES DE PARAFUSOS E ARRUELAS (TABELA).

Fórmulas:
$H = 1,5d$ $m = 0,8d$ $n = 0,44d$
$C = E - 1,6$ $s = 0,25d$

	Whitworth (normal)							Métrica (normal)						
	Parafuso e porca				Arruela			Parafuso e porca				Arruela		
d(∅externo)	E	e	a	b	D	h	f	d(∅externo)	E	e	a	b	D	h	f
3/32"	5	5,8	2,2	2,5	6	0,3	2,5	2	4,5	5,2	1,5	2		0,3	3
1/8"	6	6,9	2,5	3	8	0,5	3,5	3	6	6,9	2,5	3	8	0,5	4
5/32"	8	9,2	2,8	3,2	10	0,5	4,5	4	8	9,2	3,5	4	10	0,5	5
3/16"	9	10,4	.4	5	12	0,8	5	5	9	10,4	4	5	12	0,8	6
1/4"	11	12,7	5	6,5	14	1,5	7	6	11	12,7	5	6,5	14	1,5	7
5/16"	14	16,2	6	8	18	2	8,5	7	11	12,7	5	6,5	14	1,5	8
3/8"	17	19,6	7	10	22	2,5	10	8	14	16,2	6	8	18	2	9
7/16"	19	21,9	8	11	24	3	11,5	9	17	19,6	6	8	18	2	10
1/2"	22	25,4	9	13	28	3	13	10	17	19,6	7	10	22	2,5	11
5/8"	27	31,2	12	16	34	3	17	11	19	21,9	7	10	24	2,5	12
3/4"	32	36,9	14	19	40	4	20	12	22	25,4	9	13	28	3	13
7 8"	36	41,6	16	23	45	4	23	14	22	25,4	10	13	28	3	15
1"	41	47,1	18	26	52	5	26	16	27	31,2	12	16	34	3	17
1 1/8"	46	53,1	21	29	58	5	30	18	32	36,9	14	19	40	4	19
1 1/4"	50	57,7	23	32	62	5	33	20	32	36,9	14	19	40	4	21
1 3/8"	55	63,5	25	35	68	6	36	22	36	41,6	16	23	45	4	23
1 1/2"	60	69,3	27	38	75	6	40	24	36	41,6	16	23	45	4	25
1 5/8"	65	75	30	42	80	7	43	27	41	47,3	18	26	52	5	28
1 3/4"	70	80,8	32	45	85	7	46	30	46	53,1	21	29	58	5	31
1 7/8"	75	86,5	34	48	92	8	49	33	50	57,7	23	32	62	5	34
2"	80	92,4	36	50	98	8	52	36	55	63,5	25	35	68	6	37
2 1/4"	85	98	40	54	105	9	58	39	60	69,3	27	38	75	6	40
2 1/2"	95	110	45	60	120	10	65	42	65	75	30	42	80	7	43
2 3/4"	105	121	48	65	135	11	72	45	70	80,8	32	45	85	7	46
3"	110	127	50	68	145	12	78	48	75	86,5	34	48	92	8	49

Nota: As dimensões em milímetro são aproximadas.

	INFORMAÇÃO TECNOLOGICA: COSSINETES	REFER.: FIT.061	1/1
		COD. LOCAL:	

São ferramentas de corte construídas de aço especial, com rosca temperada e retificada; é similar a uma porca, com cortes radiais dispostos convenientemente em torno do furo central. Os cossinetes possuem quatro ou mais furos, que formam as suas partes cortantes, que permitem a saída do cavaco. Geralmente possuem um corte no sentido da espessura que permite regular a profundidade do corte.

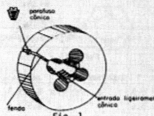
Fig. 1

Fig. 2

O cossinete é utilizado para abrir roscas externas em peças cilíndricas de determinado diâmetro, tais como: parafusos e tubos.

Características

Os cossinetes se caracterizam pelos seguintes elementos:

1 sistema da rosca;
2 passo ou número de fios por polegada;
3 diâmetro nominal;
4 sentido da rosca.

A escolha do cossinete é feita levando-se em conta êsses elementos em relação à rosca a abrir.

Outro tipo de cossinete

Cossinete bipartido, construído em aço especial acoplado em desandador, também de formato especial, possibilitando através de uma regulagem, a obtenção de um bom acabamento da rosca (figs. 3 e 4).

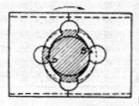
Fig. 3

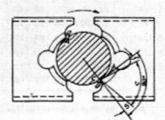
Fig. 4

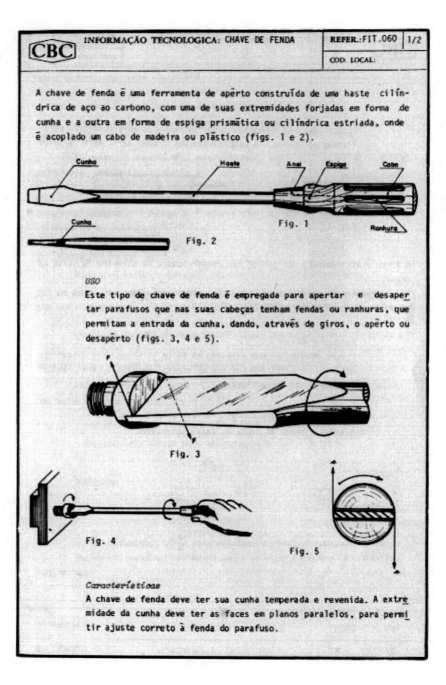

	INFORMAÇÃO TECNOLOGICA: CHAVE DE FENDA	REFER.: FIT.060	2/2
		COD. LOCAL:	

O cabo deve ser ranhurado longitudinalmente para permitir maior firmeza no aperto. O comprimento das chaves varia de 4" a 12".

Fig. 6   Fig. 7

A forma e as dimensões das cunhas são proporcionais ao diâmetro da haste da chave.
Para parafusos de fenda cruzada (fig. 6), usa-se uma chave com cunha em forma de cruz, chamada chave "PHILIPS" (fig. 7).

Condições de uso

O cabo deve estar bem engatado na haste da chave para evitar que deslize. A cunha tem que ter as arestas paralelas para evitar sair da fenda do parafuso.

CONSERVAÇÃO

Guardar a chave de fenda em local apropriado.

1 - INTRODUÇÃO

Agora, que você conhece a representação de uma peça por suas PROJEÇÕES deve observar que, para executá-la, torna-se necessário, que se coloquem no desenho, as suas medidas, além de outras informações que permitam a sua completa execução. ISTO É O QUE CHAMAMOS DE DIMENSIONAMENTO OU COTAGEM.

COTAR, PORTANTO, É A OPERAÇÃO QUE TEM POR FIM COLOCAR AS MEDIDAS DA PEÇA NO DESENHO.

As cotas no desenho têm, por objetivos principais, determinar o tamanho e localizar, exatamente, os detalhes da peça. Por exemplo, para executar o furo na chapa ao lado, você necessita conhecer o diâmetro do furo e a exata localização do centro.

2 - REPRESENTAÇÃO DAS COTAS

Para você cotar um desenho, são necessários três elementos:

Linhas de cota - Como já vimos, são finas e cheias, limitadas por setas nas extremidades.

Linhas de chamada ou de extensão - Como também já vimos, são finas e cheias. Não devem tocar o contôrno do desenho da peça e prolongam-se um pouco além da última linha de cota que limitam (aproximadamente 3 mm).

Valor numérico das cotas - São os números que exprimem os valôres das cotas. Podem ser escritos:

- acima da linha de cota, equidistantes dos extremos;
- em intervalo aberto pela interrupção da linha de cota.

Exemplos:

 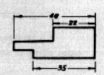

No mesmo desenho, só se deve empregar uma dessas duas modalidades.

Em nossos trabalhos usaremos sempre o valor numérico, acima da linha de cota.

NOME :		Data / /
DESENHO DE MECÂNICA	DIMENSIONAMENTO - SIMBOLOGIA	SENAI - DN-DE - 69
	REPRESENTAÇÃO DAS COTAS	F.E. 17 / Pág.1/1

O ensino profissional na irradiação do industrialismo

EXAMINE O DESENHO acima e responda: -

I - Quais são os tipos de linhas indicadas pelas letras (A), (B) e
(C) ?

(A) _____

(B) _____

(C) _____

2 - A letra (D) indica o _____

3 - No desenho apresentado, os valôres numéricos das cotas estão colo-
cados sôbre as linhas de cota. Existe outro processo. Descreva-o.

_____

_____

_____

NOME :		Data / /
DESENHO DE MECÂNICA	DIMENSIONAMENTO - SIMBOLOGIA	SENAI - DN-DE - 69
	REPRESENTAÇÃO DAS COTAS	F.EX. 17 Pág .1/7

Luiz Antônio Cunha

LOCALIZE AS COTAS NECESSÁRIAS PARA EXECUÇÃO DAS PEÇAS ABAIXO REPRE-
SENTADAS. NÃO COLOQUE O VALOR NUMÉRICO, APENAS, AS LINHAS DE CHAMADA, LINHAS
DE COTA E OS SÍMBOLOS.

NOME :		Data / /
DESENHO DE MECÂNICA	DIMENSIONAMENTO - SIMBOLOGIA	SENAI - DN-DE - 69
	REPRESENTAÇÃO DAS COTAS	F.EX. 17 Pág.2/7

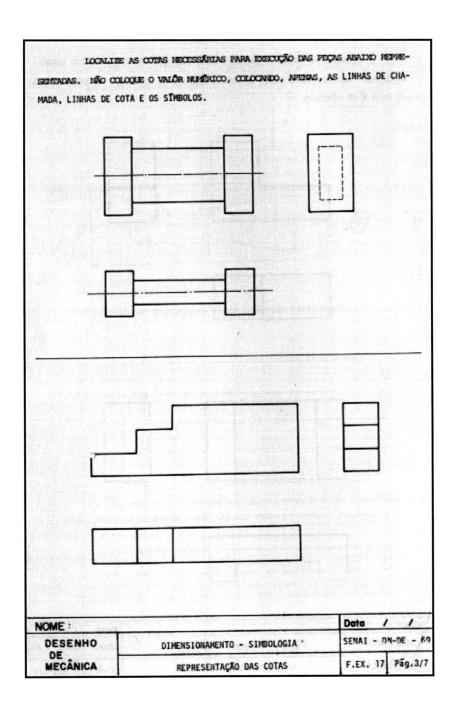

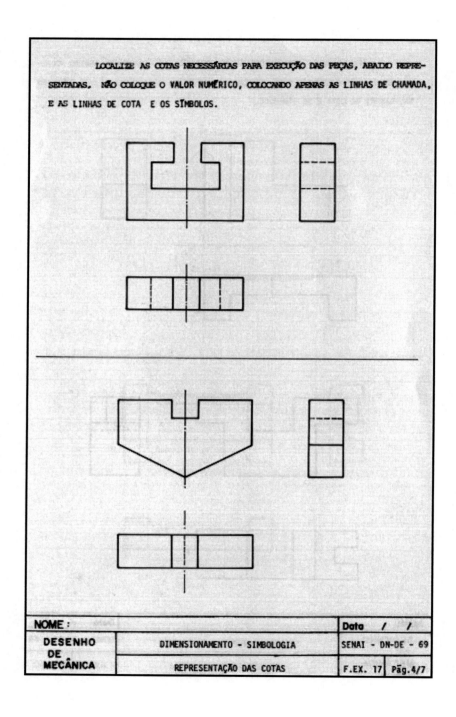

O ensino profissional na irradiação do industrialismo

LOCALIZE AS COTAS NECESSÁRIAS PARA EXECUÇÃO DAS PEÇAS ABAIXO REPRESENTADAS. NÃO COLOQUE O VALÔR NUMÉRICO, COLOCANDO, APENAS, AS LINHAS DE CHAMADA, LINHAS DE COTA E OS SÍMBOLOS.

NOME :		Data / /	
DESENHO DE MECÂNICA	DIMENSIONAMENTO - SIMBOLOGIA'	SENAI - DN-DE - 69	
	REPRESENTAÇÃO DAS COTAS	F.EX. 17	Pãg.5/7

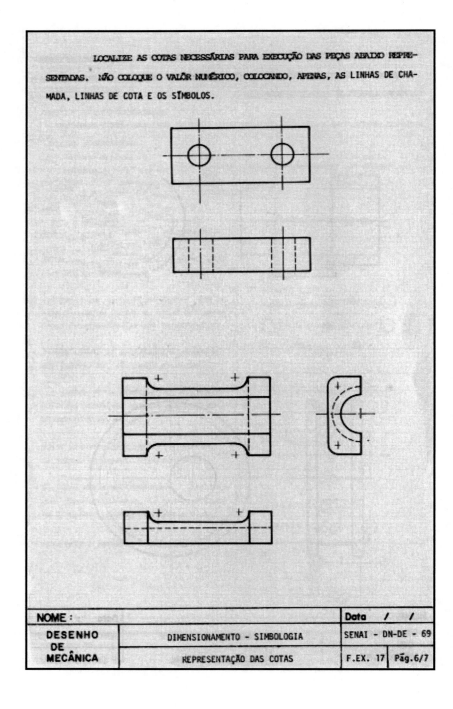

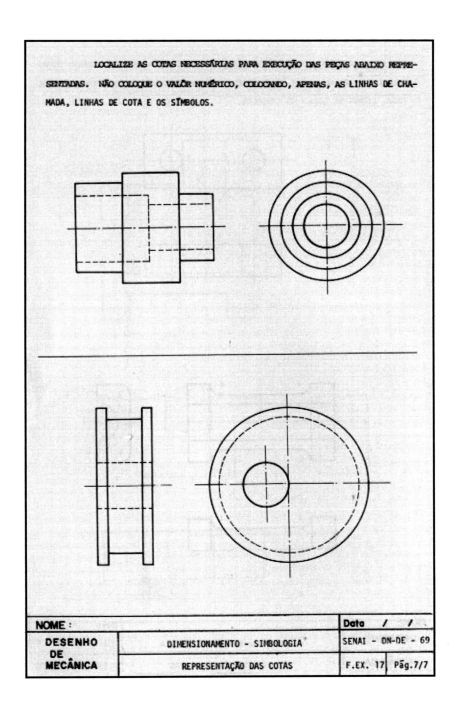

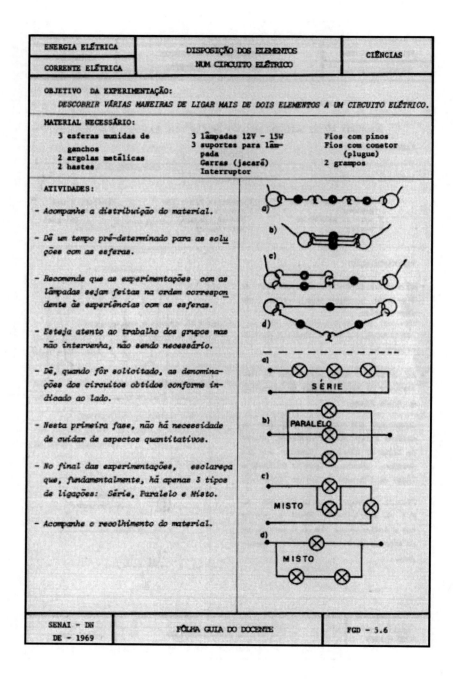

O ensino profissional na irradiação do industrialismo

ENERGIA ELÉTRICA	DISPOSIÇÃO DOS ELEMENTOS	CIÊNCIAS
CORRENTE ELÉTRICA	NUM CIRCUITO ELÉTRICO	

OBJETIVO DA EXPERIMENTAÇÃO:

DESCOBRIR VÁRIAS MANEIRAS DE LIGAR MAIS DE DOIS ELEMENTOS A UM CIRCUITO ELÉTRICO.

MATERIAL NECESSÁRIO:

3 esferas munidas de ganchos	3 lâmpadas 12V - 15W	Fios com pinos
2 argolas metálicas	3 suportes para lâmpada	Fios com conetor (plugue)
2 hastes	Garras (jacaré)	
	Interruptor	2 grampos

EXPERIMENTAÇÃO:

- *Há 4 modos diferentes de enganchar as 3 esferas, ao mesmo tempo, entre as duas argolas.*

- *Descubra as 4 possibilidades e faça um esquema na F.A.*

- *Há, também, 4 modos diferentes de intercalar as três lâmpadas no circuito, ao mesmo tempo.*

- *Comparando com o que você fêz com as esferas e seguindo os esquemas, procure ligar as lâmpadas, fazendo com que acendam. (Monte o circuito indicado e ligue as lâmpadas às pontas livres).*

- *Discuta em grupo, faça um esquema na F.A. de cada solução, chame o professor e solicite que lhe dê o nome de cada tipo de circuito que você conseguiu.*

pontas livres do circuito

SENAI - DN DE - 1969	FÔLHA DE EXPERIMENTAÇÃO	FE - 5.6

RAZÕES E PROPORÇÕES	REGRA DE TRÊS SIMPLES INVERSA	MATEMÁTICA

1. REGRA DE TRÊS SIMPLES INVERSA

Exemplo:

8 máquinas iguais fabricam certo número de peças em 15 dias de trabalho, em quantos dias 12 máquinas iguais às primeiras fabricariam o mesmo número de peças ?

Dados do problema:
$$\begin{cases} \text{8 máquinas} \\ \text{15 dias} \\ \text{12 máquinas} \end{cases}$$

Disposição dos dados do problema:

Maquinaria	Tempo
8 máquinas	15 dias
12 máquinas	X

Aumentando-se o número de máquinas, o valor de dias gastos para executar o mesmo número de peças é inferior a 15 e o valor de X, solução do problema, será inferior a 15 dias.

As duas grandezas *maquinaria* e *tempo* são *inversamente proporcionais* (a um número duplo ou triplo de máquinas corresponde à metade ou à terça parte do número dias) e a regra de três é dita *inversa*.

Quando duas grandezas são *inversamente proporcionais*, a razão de dois valores de uma mesma grandeza é igual ao *inverso da razão* dos valores correspondentes da outra grandeza.

Assim, pode armar-se a proporção:

$$\frac{8}{12} = \frac{X}{15}$$

$$X . 12 = 8 . 15$$

$$X = \frac{\cancel{8}^2 . \cancel{15}^5}{\cancel{12}_{\cancel{3}_1}} = 10$$

Resp: $x = 10$ dias

SENAI – DN DE –1968	FOLHA DE EXPLICAÇÃO	FE – 50	Pág. 1/2

O ensino profissional na irradiação do industrialismo

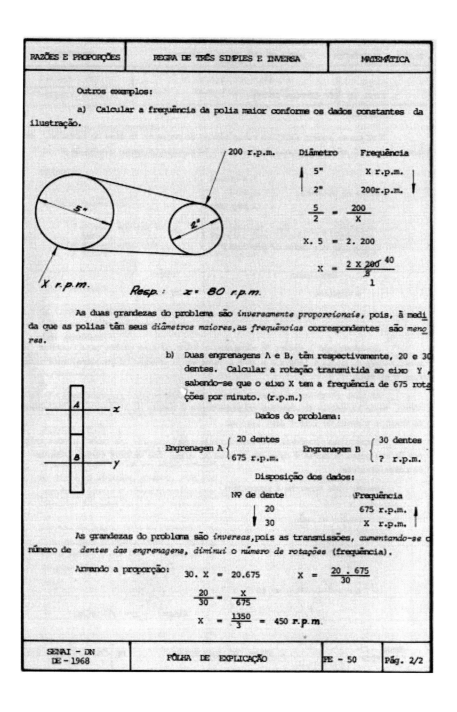

RAZÕES E PROPORÇÕES	REGRA DE TRÊS SIMPLES E INVERSA	MATEMÁTICA

1) Certa máquina produz 12.500 pregos em 5 horas. Quantos pregos iguais tal máquina produziria em 8 horas ?

Resp.: ....

2) Uma viagem foi feita em 12 dias, percorrendo 150 km por dia. Quantos dias seriam necessários para fazer a mesma viagem, percorrendo 200 km por dia ?

Resp.: ....

3) Uma polia, de 60 cm de diâmetro e que dá 180 r.p.m., move outra de 35 cm de diâmetro. Quantos r.p.m. dará a polia menor ?

Resp.: ....

4) Dispondo-se uma engrenagem de 60 mm de diâmetro com 30 dentes, determinar o diâmetro que deve ter outra engrenagem com 12 dentes, a fim de utilizá-la numa transmissão.

Resp.: ....

SENAI - DN DE -1968	FOLHA DE EXERCÍCIO	FE - 50	Pág. 1/4

O ensino profissional na irradiação do industrialismo

RAZÕES E PROPORÇÕES	REGRA DE TRÊS SIMPLES E INVERSA	MATEMÁTICA

5) Um volante gira dando 180 rotações em 30 segundos. Em quantos segundos dará 120 rotações ?

Resp.: ....

6) Uma bomba eleva 180 litros de água em 6 minutos. Quantos litros elevará em 1h e 15 minutos ?

Resp.: ....

7) Num livro de 150 páginas, há 40 linhas em cada página. Se em cada página houves se 30 linhas, quantas páginas teria o livro ?

Resp.: ....

8) Observe o desenho, os dados e complete:

A { Diâmetro = 40 mm

Frequência = 600 r.p.m.

B { Diâmetro = ——— m

Frequência = 800 r.p.m.

SENAI - DN DE- 1968	FOLHA DE EXERCÍCIO	FE - 50	Pág. 2/4

RAZÕES E PROPORÇÕES	REGRA DE TRÊS SIMPLES E INVERSA	MATEMÁTICA

9) Observe o desenho, os dados e calcule o diâmetro da polia B para que a sua freqüência seja o triplo da polia A.

A $\begin{cases} \text{Diâmetro} & = 60 \text{ r.p.m.} \\ \text{Freqüência} & = 800 \text{ r.p.m.} \end{cases}$

B $\begin{cases} \text{Diâmetro} & = \dots\dots \text{ mm} \\ \text{Freqüência} & = \dots\dots\text{r.p.m.} \end{cases}$

10) Observe as engrenagens A e B e complete:

A $\begin{cases} \text{Dentes} & = 20 \text{ dentes} \\ \text{Freqüência} & = 1200 \text{ r.p.m.} \end{cases}$

B $\begin{cases} \text{Dentes} & = \dots\dots\dots \\ \text{Freqüência} & = 800 \text{ r.p.m.} \end{cases}$

11) Observe as engrenagens A,B, e C e Complete:

A $\begin{cases} \text{Dentes} & = 18 \\ \text{Freqüência} & = 800 \text{ r.p.m.} \end{cases}$

B $\begin{cases} \text{Dentes} & = 24 \\ \text{Freqüência} & = \dots\dots\text{r.p.m.} \end{cases}$

C $\begin{cases} \text{Dentes} & = 30 \\ \text{Freqüência} & = \dots\dots \end{cases}$

SENAI – DN DE – 1968	FÔLHA DE EXERCÍCIO	FE – 50	Pág. 3/4

| RAZÕES E PROPORÇÕES | REGRA DE TRÊS SIMPLES E INVERSA | MATEMÁTICA |

12) Observe o sistema abaixo, os dados e complete:

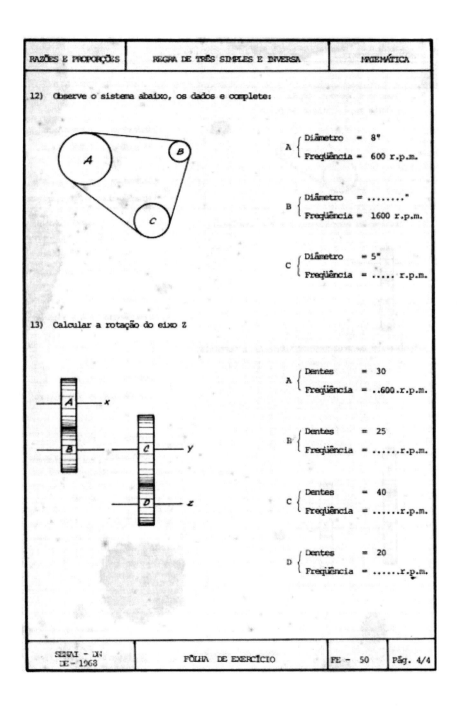

A { Diâmetro = 8"
    Freqüência = 600 r.p.m.

B { Diâmetro = ..."
    Freqüência = 1600 r.p.m.

C { Diâmetro = 5"
    Freqüência = ... r.p.m.

13) Calcular a rotação do eixo z

A { Dentes = 30
    Freqüência = ..600.r.p.m.

B { Dentes = 25
    Freqüência = ...r.p.m.

C { Dentes = 40
    Freqüência = ...r.p.m.

D { Dentes = 20
    Freqüência = ...r.p.m.

| SENAI - DN | FOLHA DE EXERCÍCIO | FE - 50 | Pág. 4/4 |
| DE - 1968 | | | |

3
A montagem do ensino
técnico industrial

A expressão "técnico" para caracterizar um curso ou um profissional é geralmente empregada de modo equivocado. A raiz desta confusão está no fato de que o termo é empregado tanto como substantivo, designando pessoas que desempenham uma ocupação determinada, quanto, também, como adjetivo. Neste caso é usado para distinguir tipos de ensino (ensino acadêmico x ensino "técnico") ou para apontar a existência ou não de habilidades específicas no ocupante de um cargo (indivíduo diletante x indivíduo "técnico").

Já no início da República, uma discussão no Senado mostrava a confusão no uso do qualificativo técnico usado *lato sensu*. Em 22 de novembro de 1906 discutia-se o montante dos recursos do orçamento do Ministério da Justiça e Negócios Interiores (que cuidava do ensino profissional industrial). A proposição da Câmara dizia que a União ficava autorizada a entrar em entendimentos com os estados, a fim de serem instituídas "escolas técnicas e profissionais". O senador Barata Ribeiro interveio da seguinte maneira:

> Eu iria além da Comissão [de Finanças do Senado], se o seu relator me explicasse o que sejam escolas técnicas, profissionais e elementares. No vago destes termos, não compreendo o que quis a Câmara, nem o que pretende a Comissão do Senado. Por escolas profissionais eu entendo a escola de aprendizagem de profissão. Ora, a profissão é toda a aplicação prática de atividade individual. Toda a aplicação da atividade física à produção do trabalho é o exercício de uma profissão. É neste sentido que a Comissão entende as escolas profissionais? Se é neste sentido, há uma redundância porque o que é técnico é profissional. (Apud Fonseca, v.1, p.157)

Neste caso, a escola "técnica" era a escola profissional que formava artífices. A escola "técnica" não produzia técnicos no sentido estrito mas, sim, artífices ou oficiais.

Um outro caso de confusão, agora de técnicos com mestres, surgiu, mais tarde, no projeto de Graco Cardoso, apresentado à Câmara em 15 de agosto de 1927 e não aprovado. O projeto versava sobre o "ensino técnico industrial" em três níveis: escolas primárias industriais, institutos médios industriais e escolas normais industriais. As escolas primárias industriais teriam a função de formar operários especializados em cada arte ou indústria (em quatro anos) e contramestres (em mais um ano). Os institutos médios profissionais formariam mestres (ou chefes de indústrias) e técnicos especializados em cada uma das profissões, ambos formados em dois anos, no máximo, após a escola primária industrial. A escola normal industrial destinar-se-ia a formar professores, diretores e inspetores da rede escolar industrial. Quando se procura a diferença entre os cursos de *técnicos* e de *mestres* no instituto médio industrial nada se encontra no projeto.

Neste capítulo, vou apresentar a formação do sistema de ensino técnico industrial, no sentido estrito, focalizando sua situação dos anos 40 aos 60, quando atingiu a maturidade. A partir da década de 1970, com a política de profissionalização universal e compulsória no ensino de 2° grau e com a atuação das escolas técnicas no ensino superior, o sistema assumiu outra configuração.

Uma nova categoria ocupacional

Para se evitar as ambigüidades do termo técnico, uma das maneiras encontradas é definir o técnico industrial pela sua escolaridade. Técnico industrial seria, então, quem concluiu o curso de uma especialidade de escola técnica industrial reconhecida e tem seu diploma registrado na forma da lei. Não haveria confusão entre o técnico e outra categoria profissional, por exemplo o operário qualificado, já que teriam escolaridades diferentes.

A outra maneira é definir o técnico industrial pela sua função específica na empresa ou entidade em que trabalha. Deste modo, não haveria confusão possível entre técnico e operário, por exemplo, já que, por definição, suas funções são distintas.

A primeira maneira de definir técnicos industriais é própria dos textos legais. Por exemplo, a lei que regulamentou a profissão do técnico industrial, em 1968, definiu-o do seguinte modo:

O exercício da profissão de técnico industrial de nível médio é privativo de quem:

I – haja concluído um dos cursos do segundo ciclo do ensino técnico industrial, tenha sido diplomado por escola oficial autorizada ou reconhecida, de nível médio, regularmente constituída nos termos da Lei n.4.024 de 20 de dezembro de 1961;

II – após curso regular e válido para o exercício da profissão, tenha sido diplomado por escola ou instituição técnica industrial estrangeira e revalidado seu diploma no Brasil, de acordo com a legislação vigente;

III – sem os cursos e formação acima referidos, conte, na data da promulgação desta Lei, 5 (cinco) anos de atividade integrada no campo da técnica industrial de nível médio e tenha habilitação reconhecida por órgão competente.[1]

Dita deste modo, a definição é redundante: técnico é quem conclui os cursos de uma escola que forma técnicos. Isto pode ter alguma eficácia administrativa, quando se trata de registrar diplomas e julgar requisitos, mas não traz informação sobre os aspectos distintivos destes profissionais. No mesmo sentido é a definição dada pela portaria do Conselho Federal de Engenharia, Arquitetura e Agronomia, conforme comentário que virá mais adiante.

A outra maneira de definir técnico industrial é utilizada por Joaquim Faria Góes Filho e Roberto Hermeto Corrêa da Costa, que o definem pelo contraste com o trabalho dos operários qualificados e engenheiros, sobre os quais não haveria dificuldade de identificação:

> Ao contrário dos operários qualificados, os técnicos não trabalham com máquinas ou ferramentas. As tarefas por eles desempenhadas caracterizam-se por sua extrema variedade, havendo alguma concentração em trabalhos de laboratórios e controles, desenhos e projetos, supervisão de trabalhos de oficina. Os técnicos trabalham também em apropriação de custos, especificações e cálculos ... Como se vê, suas tarefas se assemelham mais às dos engenheiros que às dos operários. Se bem que assemelhadas, as tarefas de técnicos e engenheiros situam-se em níveis evidentemente diferentes. (Góes Filho & Costa, 1966b, v.I, p.24)

Para outros, entretanto, o grau escolar específico é essencial na definição da categoria ocupacional em questão. Na citação a seguir, Agnelo Vianna associa a escolaridade a funções específicas.

> Técnico industrial de nível médio é o profissional que presta assistência a profissionais de nível superior, *devidamente habilitados*, no estudo e desenvolvimento dos projetos das suas especialidades, incumbindo-se particularmente de: cálculos, desenhos e especificações auxiliares; estudo da utilização adequada de equipamento, instalações e materiais; estudo de técnicas e normas relativas a

---

1 Lei n.5.524, de 5 de novembro de 1968. Mais adiante, voltarei a tratar da regulamentação das atribuições profissionais dos técnicos industriais.

processos de trabalho; organização de canteiros ou ambientes de trabalho; explicação ou interpretação de partes ou detalhes do projeto aos encarregados; condução da execução dos trabalhos da sua especialidade; supervisão e controle dos trabalhos de execução; supervisão ou execução de trabalhos em laboratórios industriais ou em seções de controle de qualidade; orientação e coordenação dos serviços de operação dos equipamentos fabris, da sua instalação e manutenção preventiva ou corretiva; assistência à compra, venda e utilização de produtos ou equipamentos especializados; responsabilidade, a juízo dos conselhos profissionais competentes, por projetos da sua especialidade e respectiva execução, desde que compatíveis com o nível da sua formação profissional. (Vianna 1967, p.1, grifos meus)

A passagem acima mostra que a habilitação (escolar) é uma espécie de *requisito para que o técnico desempenhe aquelas funções.* Este é o modo como associa escolaridade e função. Outros autores, como Góes Filho & Costa (1964), colocam os técnicos em dois níveis. No nível mais elevado, haveria uma concordância entre escolaridade e função; no nível mais baixo, não haveria essa concordância e os indivíduos que não tivessem a escolaridade específica esperada estariam carentes em sua formação, embora não deixassem de ser técnicos. A passagem abaixo mostra isso.

Caracterizam-se como técnicos os profissionais formados por escolas técnicas de nível médio, e os que, apesar de não possuírem tal formação, exercem, na indústria, funções de natureza técnica para cujo desempenho adquiriram habilitação no próprio local de trabalho, ou em cursos de aperfeiçoamento ou especialização. Na caracterização do técnico foram levadas em consideração as seguintes condições:
a) possuir conhecimentos tecnológicos dos sistemas e mecanismos de produção, estando assim capacitados para funções de orientação ou de supervisão;
b) excetuados os casos de laboratórios, desenhos e outros tipos de controle – nos quais pode estar encarregado da realização pessoal de tarefas – o técnico não executa trabalho manual ou em máquina, não devendo ser, portanto, confundido com o operário qualificado, ainda que de alta qualificação.
c) o técnico pode ser designado para desempenhar funções de chefia que exijam conhecimentos técnicos. (Góes Filho & Costa, 1964, p.2)

Concepção diferente é a de Paulo Novaes.[2] Para ele, a formação do técnico pode ser iniciada de maneira diversa e em épocas diferentes da sua vida profissional. Uma pessoa começa a ser técnico quando o seu trabalho passa a depender mais de seus conhecimentos do que de sua habilidade manual ou de sua capacidade de direção. Isso pode ocorrer porque a pessoa delibe-

---

2 Citado por *Ensino técnico na escola de grau médio,* 1968, p.43-4.

radamente se dedicou ao estudo ou porque lentamente foi acumulando esses conhecimentos.

Cada uma das maneiras de definir o técnico industrial, cujas diferenças foram acentuadas intencionalmente, leva a concepções distintas a respeito da sua formação que resultariam em diretrizes também diferentes para o planejamento educacional. Não é uma simples coincidência o fato de Agnelo Vianna dirigir a instituição que elaborou os currículos dos cursos profissionais de nível médio, conforme a Lei n.5.692/71. A orientação de Góes Filho e Costa levaria, conforme se pode supor, à organização de cursos regulares para suprir deficiências; e a de Paulo Novaes, à organização de treinamento em serviço, não escolar.

Posto isso, apresento, a título de ilustração, um quadro simplificado das funções de diversas categorias ocupacionais numa indústria mecânica hipotética, idealizado por Vianna (1970, p.27).

As funções do técnico industrial seriam as seguintes: detalhar projetos; distribuir tarefas; e coordenar a produção e controlar resultados.

Suas relações funcionais são com os engenheiros e com os mestres. Se o engenheiro projeta obras e modelos, o técnico detalha os projetos; se o engenheiro organiza recursos, o técnico distribui tarefas; se o engenheiro dirige toda a produção, o técnico coordena a produção e controla resultados. O técnico industrial é funcionalmente subordinado ao engenheiro e superior aos mestres ou encarregados. Suas relações com estes consistem em distribuir-lhes tarefas, coordenar a produção dirigida por eles e controlar os resultados obtidos por eles. Como se vê, o técnico industrial não se acha em relação funcional direta com os operários, que executam trabalhos especiais e mantêm o equipamento e, muito menos, com os operadores (ou operários semiqualificados) que executam peças e montagens.

É claro que este é um modelo simplificado em uma empresa hipotética. Na realidade, as funções dos técnicos são bem mais variadas, conforme sua especialidade e a própria atividade da empresa ou entidade para quem trabalham. Mais adiante, veremos os resultados obtidos em pesquisa a respeito das atividades que eles desempenhavam.

A definição legal de técnico industrial foi colocada, acima, como uma das maneiras de se definir esta categoria ocupacional. Vejamos, agora, como se processou a gênese desta definição legal.

O processo de regulamentação da profissão visou o atingimento de dois alvos: garantir o privilégio preexistente dos profissionais de nível superior e elevar os requisitos educacionais para o desempenho da função de técnico industrial.

Em 1946, quando a primeira turma de técnicos industriais estava sendo formada, após a organização do sistema, o Conselho Federal de Engenharia, Arquitetura e Agronomia, mesmo sem ter a representação daqueles profissionais, resolvia aceitar seus pedidos de registro como técnicos de grau médio. Em contrapartida, estabeleceu suas atribuições. Seriam elas: conduzir trabalhos de sua especialidade, projetados e dirigidos por profissionais legalmente habilitados (de nível superior); projetar e dirigir trabalhos que não exigissem a responsabilidade de um engenheiro, desde que obtivessem autorização prévia do Conselho Regional de Engenharia; exercer a função de desenhista, na sua especialidade; projetar e dirigir trabalhos de sua especialidade em pontos do território nacional onde não houvesse engenheiros; exercer as funções de Auxiliar de Engenheiros nas repartições públicas, independentemente de prova de habilitação. Vê-se claramente que todas essas funções podem ser resumidas numa só: auxiliar os engenheiros.

É muito curioso que o CFEA tenha permitido que técnicos industriais realizassem e conduzissem projetos em pontos do território nacional onde não houvesse engenheiros, reservando a estes posição auxiliar nos demais. Ora, se os técnicos projetam de modo insuficiente, necessitando da supervisão de um engenheiro, não é sensato que se aceitem projetos precários em algumas regiões e em outras não. Contrariamente, podemos pensar que os técnicos não projetam de modo insuficiente mas, no entanto, se projetarem, retiram aos profissionais de nível superior o privilégio de fazerem projetos. Esta segunda suposição parece ser a única que permite uma interpretação adequada daquela permissão do CFEA. Só assim é possível entender a pressa deste conselho em regulamentar a profissão de *profissionais não representados nele*, ao contrário dos Conselhos Regionais de Química que há mais de dez anos tinham-nos representados.

O propósito da resolução seria resguardar uma fatia do mercado de trabalho, "privilégio da corporação" ameaçado pela entrada no mercado de novos profissionais. Note-se que a regulamentação federal só apareceu em 1968, depois de 22 anos, quando já havia sido formado um contingente de mais de 25 mil técnicos pelo sistema de ensino organizado em 1942.

Entretanto, há outro modo de ver o fato:

> A clarividência do então Presidente do Conselho Federal de Engenharia e Arquitetura, Prof. Adolfo Morales de los Rios Filho, prestara um grande serviço à causa do ensino industrial, pois legislava sobre os diplomados pelas escolas técnicas ligando-os aos engenheiros e lhes permitindo certos trabalhos que antes só era dado fazer por aqueles profissionais de grau superior. A medida, de grande alcance, veio valorizar os cursos técnicos das escolas do ensino industrial. (Fonseca, 1961, v.1, p.285)

Nesta perspectiva, a regulamentação do CFEA foi um benefício e não uma restrição, uma defesa antecipada a uma ameaça real ou apenas sentida como apresentei acima.

A defesa do privilégio não era de *todos* os associados do CFEA. O problema não se colocava para os agrônomos. Quanto aos engenheiros, a quantidade dos "não-civis" era bastante pequena. A formação de engenheiros civis predominava e eram justamente estes que elaboravam projetos, especialmente de habitações, de instalações fabris e comerciais, de estradas, portos, pontes e outros. (Oliveira Júnior, 1959, p.41-2). Assim, é lícito concluir que o privilégio defendido era dos engenheiros civis e arquitetos, a maioria dos associados do CFEA. A elaboração de projetos por engenheiros "não civis" era muito rara, em virtude dos padrões vigentes de dependência tecnológica do país, fazendo com que o *know how* fosse predominantemente importado.

Olhemos o problema por outro ângulo.

Em 1963 a Diretoria do Ensino Industrial promoveu uma reunião de consulta integrada por especialistas neste ramo de ensino para um debate sobre a regulamentação da profissão do técnico industrial.

A reunião resultou em um documento cujas conclusões foram: a divisão funcional do trabalho existente em algumas regiões e setores industriais comporta a existência de profissionais (técnicos industriais) que se dediquem à condução de atividades, fase intermediária à direção e à execução; os técnicos industriais, pela posição hierárquica que ocupam nas empresas, fazem jus a condições de remuneração e de carreira compatíveis com as suas atribuições; o atendimento dessas condições fará com que cresça o interesse pelos cursos técnicos industriais.

As atribuições que o documento diz serem de competência do técnico industrial são as seguintes:

I – Prestar assistência técnica ao estudo e desenvolvimento de projetos de sua especialidade elaborados *sob a responsabilidade de profissionais de nível superior*, devidamente habilitados, realizando particularmente: detalhamento do projeto; estudo da utilização adequada de equipamento, instalações e materiais; estudo de técnicas e normas relativas a processos de trabalho; indicação de normas e padrões de controle e verificação de qualidade do produto ou obra; execução de trabalhos em laboratórios industriais.

II – Conduzir a execução técnica de trabalhos de sua especialidade.

III – Orientar e coordenar a execução de serviços de manutenção de equipamento e de instalações no campo de sua especialidade.

IV – Prestar assistência técnica na compra, venda e utilização de produtos e equipamentos especializados.

V – Responsabilizar-se, a juízo dos conselhos profissionais competentes, por projeto de sua especialidade e respectiva execução, desde que compatível com sua formação profissional.

Nota-se uma grande diferença entre a resolução do CFEA e a recomendação da DEI. Trata-se do fato de que o CFEA procura "amarrar" o trabalho dos técnicos ao dos engenheiros e definir as suas funções como um resíduo, isto é, aquelas nos quais engenheiros são dispensáveis, embora sob sua orientação. No caso da DEI, procurou-se "desligar" um pouco o trabalho de ambas as categorias profissionais e definir de modo positivo e não residual as funções do técnico. No entanto, a recomendação da DEI ainda mantinha um pouco daquela ligação. Além disso, quando previa autonomia do técnico em projetar, conforme o juízo do conselho profissional, reforçava a resolução do CFEA.

Como na resolução do CFEA, as atribuições conferidas ao técnico industrial supunham uma estrutura ocupacional na qual houvesse engenheiros que assumissem a responsabilidade dos projetos, em âmbito de empresa. As recomendações mostravam o desconhecimento de um fato que, mais tarde, ficaria claro pelos dados de pesquisa empírica, de que o técnico industrial *não* está subordinado a engenheiros, na maioria dos casos.

Finalmente, a Lei n.5.524 de 5 de novembro de 1968, regulamentou a profissão de técnico industrial baseando-se no documento da reunião de consulta da Diretoria do Ensino Industrial de 1963. O "campo de realizações" que a lei previu era o seguinte:

I – conduzir a execução técnica dos trabalhos de sua especialidade;

II – prestar assistência técnica ao estudo e desenvolvimento de projetos e pesquisas tecnológicas;

III – orientar e coordenar a execução dos serviços de manutenção de equipamentos e instalações;

IV – dar assistência técnica na compra, venda e utilização de produtos e equipamentos especializados;

V – responsabilizar-se pela elaboração e execução de projetos, compatíveis com a respectiva formação profissional.

As únicas diferenças relevantes são as que tiram a dependência do trabalho dos técnicos industriais aos profissionais de nível superior, supondo que a decisão da necessidade dessa dependência seja tomada pelo responsável pelo empreendimento. Entretanto, a lei mantém ainda em vigor a resolução do CFEA de 1946.

Em suma, o ponto mais importante dessa lei é sua tentativa de tornar obrigatória a escolaridade específica para o desempenho de funções do técnico industrial conforme fica claro no seu texto:

Os cargos de técnico industrial de nível médio, no serviço público federal, estadual ou municipal ou em órgãos dirigidos indiretamente pelo poder público, bem como na economia privada, somente serão exercidos por profissionais legalmente habilitados.

Mas, o sentido da reserva de mercado para o pessoal de nível superior ficou ainda mais claro com a regulamentação dessa lei, feita quase vinte anos depois, pelo Decreto n.90.922, de 6 de fevereiro de 1995. As atribuições dos técnicos industriais ficaram incrivelmente mais especificadas, quando comparadas com as amplíssimas normas relativas ao pessoal de nível superior.[3] Observemos a lista abaixo das atribuições dos "técnicos industriais de 2º grau":

1 – executar e conduzir a execução técnica de trabalhos profissionais, bem como orientar e coordenar equipes de execução de instalações, montagens, operação, reparos ou manutenção;

2 – prestar assistência técnica e assessoria no estudo de viabilidade e desenvolvimento de projetos e pesquisas tecnológicas, ou nos trabalhos de vistoria, perícia, avaliação, arbitramento e consultoria, exercendo, dentre outras, as seguintes atividades:
a) coleta de dados de natureza técnica;
b) desenho de detalhes e da representação gráfica de cálculos;
c) elaboração de orçamento de materiais e equipamentos, instalações e mão-de-obra;
d) detalhamento de programas de trabalho, observando normas técnicas e de segurança;
e) aplicação de normas técnicas concernentes aos respectivos processos de trabalho;
f) execução de ensaios de rotina, registrando observações relativas ao controle de qualidade dos materiais, peças e conjuntos;
g) regulagem de máquinas, aparelhos e instrumentos técnicos.

3 – executar, fiscalizar, orientar e coordenar diretamente serviços de manutenção e reparo de equipamentos, instalações e arquivos técnicos específicos, bem como conduzir e treinar as respectivas equipes.

4 – dar assistência técnica na compra, venda e utilização de equipamentos e materiais especializados, assessorando, padronizando, mensurando e orçando.

5 – responsabilizar-se pela elaboração e execução de projetos compatíveis com a respectiva formação profissional.

6 – ministrar disciplinas técnicas de sua responsabilidade, constantes dos currículos do ensino de 1º e 2º graus, desde que possua formação específica, incluída a pedagógica, para o exercício do magistério nesses dois níveis de ensino.

Mais especificadas ainda ficaram as possibilidades de atuação de certos técnicos. Os formados em edificações foram autorizados a projetar e dirigir edificações de até 80 m², que não constituam conjuntos residenciais, bem como realizar reformas, desde que não impliquem estruturas de concreto armado ou metálicas. Os técnicos em eletrotécnica podiam projetar e dirigir instalações elétricas com demanda de energia de até 800 kVA. Os técnicos em edificações e em eletrotécnica poderiam exercer a atividade de desenhista na sua especialidade.

---

3 O decreto especifica, também, as atribuições dos técnicos em agrimensura, técnicos agrícolas, técnicos em agropecuária, que, pela natureza deste texto, deixam de ser mencionados.

Assim demarcadas as atribuições possíveis, ficou facilitada a fiscalização por parte dos CREAs do exercício profissional, garantindo, o monopólio dos engenheiros sobre atividades que ficaram vedadas aos técnicos.

Vejamos, agora, que atividades profissionais desenvolvem, efetivamente, os técnicos industriais. Para isso, vou me valer dos resultados de três pesquisas, cujos dados constam da Tabela 3.1. Projeto e produção constituem as atividades mais freqüentes, seguidas de laboratório/controle e de manutenção. Informações adicionais, fornecidas por uma dessas pesquisas (Costa, 1968), mostram que os técnicos industriais trabalham, majoritariamente, em grandes empresas industriais, e quase a metade deles exercem cargo de chefia. O mais interessante, é que apenas 25% deles são chefiados por engenheiro, a metade tendo outro técnico por chefe, ficando os demais 25% com outro tipo de profissional como superior hierárquico.

Tabela 3.1 – Distribuição percentual dos técnicos empregados segundo setores de atividade em três pesquisas

Setores de atividade	Pesquisa A	Pesquisa B	Pesquisa C
Diretoria	1,4	—	1,4
Administração	4,5	—	5,9
Projeto	23,3	28,38	15,2
Produção	48,4	34,85	13,7
Manutenção	12,0	10,53	11,8
Laboratório/ Controle	8,4	18,81	24,5
Outros	2,0	7,43	27,5
Total	100,0	100,0	100,0

Fontes: Pesquisa A: Góes Filho & Costa (1964); Pesquisa B: Góes Filho & Costa (1966b); Pesquisa C: Costa (1968).

Nota: Os "outros setores de atividade" da Pesquisa C incluem os que informaram mais de uma função.

O sistema de ensino

A noção de sistema, como é usada aqui, tem um caráter institucional: é o conjunto de estabelecimentos que ministram ensino de um determinado tipo, seguindo uma mesma legislação que lhe dá os objetivos e os traços fundamentais da organização dos recursos educacionais para atingi-los; são coordenados, supervisionados ou fiscalizados por um mesmo órgão administrativo. Neste caso, o ensino é o técnico industrial; a legislação foi a "lei" orgânica do ensino industrial e é constituída pela Lei de Diretrizes e Bases da Educação Nacional e por uma infinidade de portarias ministeriais; o órgão administrativo encarregado do ensino técnico industrial, em âmbito federal, era a Diretoria do Ensino Industrial.

Vou comentar, antes de tudo, os fatores conjunturais que propiciaram a organização do sistema de ensino técnico industrial.

Cerca de vinte anos antes da "lei" orgânica do ensino industrial, alguns estabelecimentos escolares ministravam cursos técnicos que se destinavam a preparar pessoal intermediário aos mestres e aos engenheiros. A Lei n.3.991, de 5 de janeiro de 1920, que fixou a despesa geral da União para o exercício desse ano, autorizava o Ministério da Agricultura, Indústria e Comércio (a quem competia a organização de cursos profissionais) a estabelecer convênios com estabelecimentos (de ensino ou não) para o funcionamento de cursos de química industrial com três anos de duração.[4] Cursos de eletrotécnica foram instalados mais tarde no Instituto Eletrotécnico de Itajubá (MG) e na Escola de Engenharia Mackenzie (SP). Nesta funcionava, também, um curso de química industrial. Entretanto, esses cursos eram "livres" pois não expediam certificados reconhecidos oficialmente. Na mesma situação estavam aqueles cursos de química industrial.

Em 1942 o ensino técnico industrial foi organizado como um sistema, isto é, passou a fazer parte dos cursos reconhecidos pelo Ministério da Educação, teve um lugar previsto em relação aos demais cursos, com os quais estava articulado, teve uma lei que passou a regê-lo.

As mudanças ocorridas na indústria brasileira durante a Segunda Guerra Mundial concorreram decisivamente para que se organizasse o ensino industrial enquanto um sistema.

Os efeitos da guerra sobre a indústria brasileira foram contraditórios, ao mesmo tempo favorecendo e restringindo o seu desenvolvimento (Villela & Suzigan, 1973). Por um lado, favorecia o aumento da produção industrial pela retração da oferta externa, liberando uma demanda reprimida de algumas manufaturas, como matérias-primas metálicas para a indústria, cimento e artigos de borracha, principalmente. Por outro lado, apesar do grande acúmulo de divisas, havia grandes dificuldades de importação de matérias-primas industriais (como o cobre), combustíveis e equipamentos. Para se ter um exemplo, em 1943, quando a capacidade instalada da indústria têxtil estava plena-

---

4 Os estabelecimentos foram os seguintes: escolas politécnicas ou de engenharia do Rio de Janeiro, de Ouro Preto, de Belo Horizonte, de Porto Alegre, de São Paulo, da Bahia e de Pernambuco; Museu Comercial do Pará e Escola Superior de Agricultura e Medicina Veterinária de Niterói.

mente empregada e o equipamento desgastado e obsoleto, não se conseguiu importar nenhum tear. As restrições da importação de produtos da indústria mecânica, de material elétrico e de material de transporte fizeram com que se utilizasse ao máximo a capacidade instalada, chegando-se ao fim da guerra com o parque industrial exigindo renovação imediata e completa.

Embora alguns setores ficassem impedidos de aproveitar a demanda reprimida (pelos motivos já apresentados), como o da indústria eletromecânica, outros, no entanto, conseguiram incrementar bastante sua produção. Foi o caso da produção de cimento e da indústria metalúrgica, cujo aumento de produção resultou de investimentos iniciados anteriormente. A conclusão, em 1943, da segunda fase de expansão da Companhia Siderúrgica Belgo-Mineira representou um acréscimo de produção de 200 mil toneladas de aço e ferro-gusa.

A indústria têxtil teve um surto de crescimento bastante grande, embora não fosse devido à demanda interna, mas sim à externa. A retração dos principais fornecedores do mercado mundial (Inglaterra e EUA) criou oportunidades de exportação de têxteis que foram aproveitadas aumentando-se a produção, sem que diminuísse o abastecimento ao mercado interno. O aumento da produção foi conseguido pela utilização mais intensa dos equipamentos existentes aumentando-se a duração dos turnos (para até 12 horas) ou do número de turnos, já que a substituição das máquinas existentes por outras mais modernas (vale dizer, mais produtivas) e mesmo a multiplicação das existentes ficava impossibilitada, como já foi dito.

A expansão da produção aumentou, provavelmente, a quantidade de técnicos necessários. O aumento da produção de cimento e de produtos siderúrgicos ocorreu pela instalação e ampliação de plantas complexas onde o emprego de técnicos era já habitual, conforme os padrões europeus que predominavam nestes ramos industriais. Embora a indústria têxtil não tenha ampliado suas plantas de produção, a intensificação do uso da maquinaria deve, forçosamente, ter criado sérios problemas de manutenção, planejamento da produção e supervisão que exigia, também, aumento do emprego de técnicos. Além disso, a intensificação do emprego de pessoal pelo aumento da duração dos turnos ou aumento do número de turnos exigia, também, maior quantidade de supervisores.

Ademais, a necessidade de uso "econômico" dos produtos importados estendeu-se ao emprego também "econômico" do pessoal de alta qualificação, principalmente de engenheiros. Desde antes do início da guerra o Instituto de Organização Racional do Trabalho (Idort) promovia cursos, conferências e editava uma revista, com o objetivo de aumentar a produtividade do trabalho pelo emprego de técnicas de organização e de tecnologia modernas. Com o início da guerra e conseqüente encarecimento das matérias-primas e dos combustíveis importados, sua atividade foi ampliada nas célebres "campanhas contra o desperdício". Uma das medidas contra "desperdício" seria o uso de técnicos para aumentar a produtividade do trabalho dos engenheiros (Geiger, 1940, p.271).

A substituição de importação de pessoal de alta qualificação, principalmente técnicos, foi um fator adicional. O pequeno número de técnicos industriais empregados no país antes da guerra e a sua disponibilidade para emigração dos países europeus fazia com que a sua formação no Brasil fosse pequena e nem sequer regulamentada. A guerra mundial, envolvendo totalmente a Europa, impediu a continuação das importações. Roberto Mange destacou a necessidade de formá-los no Brasil quando escreveu:

> De elevada relevância é o problema da formação técnica do pessoal dirigente subalterno, encarregados e mestres, bem como dos técnicos industriais. Esses auxiliares incumbidos da direção imediata dos serviços na indústria não encontram no nosso meio, salvo raras exceções, escolas ou cursos especializados para sua formação ou seu aperfeiçoamento técnico, o que justifica a praxe existente de serem recrutados, em parte ainda, no estrangeiro. A preparação dos dirigentes subalternos deve pois merecer lugar de destaque nas instituições de ensino profissional à indústria. (Mange, 1942, p.7-8)

A situação apresentada acima refere-se às tendências "espontâneas" da economia. Entretanto, medidas de política econômica também influíram na organização do sistema de ensino técnico industrial. Estão neste caso duas iniciativas ocorridas durante a Segunda Guerra Mundial, mas não necessariamente decorrentes da sua conjuntura. Foram elas a criação da Companhia Siderúrgica Nacional e da Fábrica Nacional de Motores. Ambos eram projetos antigos, e o da siderúrgica fazia parte do programa de governo revolucionário de 1930.

A Companhia Siderúrgica Nacional foi criada em princípios de 1941 e teve sua construção iniciada no fim daquele mesmo ano, financiada por uma agência governamental norte-americana. O equipamento e a assistência técnica foram também norte-americanos. Sua produção foi iniciada em 1946. A Fábrica Nacional de Motores foi fundada em 1942 e destinava-se a fabricar motores de aviões para fins militares.

A tecnologia utilizada nas duas empresas era muito avançada, constituindo uma inovação de importância no setor industrial do país. Além das tecnologias de produto e de processo, importava-se também a organização do quadro de pessoal, que incluía um número apreciável de técnicos que não estavam disponíveis. Além dos técnicos necessários à operação das instalações era necessário, também, um número apreciável de técnicos para detalhamento dos planos e supervisão das obras civis de construção, instalação e montagem.

Embora a Companhia Siderúrgica Nacional tenha sido criada em 1941 e a Fábrica Nacional de Motores em 1942, e a organização do ensino técnico industrial date de janeiro desse ano, as iniciativas para a criação destas empresas são anteriores, sendo possível supor que a preocupação com a preparação do pessoal necessário fosse anterior à sua criação. As negociações de crédito e a elaboração do projeto da Companhia Siderúrgica Nacional datam de 1939; daí a suposição do conhecimento anterior da necessidade de técnicos para a sua construção e elaboração.

Antes da "lei" orgânica do ensino industrial, funcionavam, como já disse, vários cursos técnicos que, entretanto, não conferiam diplomas reconhecidos pelas autoridades educacionais. A pressão exercida pelos alunos e egressos, bem como pelos estabelecimentos, para que se reconhecessem esses cursos foi um fator que conduziu à organização do ensino técnico industrial. O caso da Escola Técnica Mackenzie é elucidativo.

Em 1932 começou a funcionar um Curso Técnico de Eletricidade junto à Escola de Engenharia Mackenzie, em São Paulo. Mais tarde, em 1934, outro curso foi instalado, o Curso Técnico de Química. Constituem, ambos, o embrião da Escola Técnica Mackenzie. Estes cursos tinham duração de quatro anos: o primeiro destinava-se a estudos de cultura geral e os outros três eram voltados a cada especialidade: eletricidade ou química. Os alunos que ingressavam nestes cursos eram concluintes do ginásio.

Em 1938 a Escola Técnica Mackenzie solicitou ao Conselho Nacional de Educação reconhecimento dos seus cursos, de modo a emitir certificados que tivessem validade nacional. A comissão verificadora negou o reconhecimento mas, apesar disso, recomendou ao Conselho que fosse criado um padrão legal para as escolas profissionais de grau médio, inexistente até então (Fonseca, 1961,v.2, p.347).

O pedido de reconhecimento da Escola Técnica Mackenzie e a recomendação da comissão verificadora constituíram um motivo relevante da organização do ensino técnico industrial, dado o prestígio que essa instituição havia alcançado no ensino secundário e no superior, particularmente na formação de engenheiros.

Um fator que certamente concorreu para a organização do sistema de ensino técnico industrial foi o processo de institucionalização da aprendizagem sistemática, o mesmo que levou à criação do Senai. Esta instituição não utilizou técnicos industriais como professores nos cursos de aprendizagem. No entanto, houve a intenção de utilizá-los, não no Senai, mas nos cursos previstos nos decretos que antecederam a sua instalação. Neste sentido, um artigo publicado na revista *Idort*, de 1941, justificando a instalação de uma escola técnica em São Paulo, apresentou o objetivo de formar profissionais que pudessem ser utilizados em tarefas docentes nos cursos das indústrias de mais de quinhentos empregados (cf. "Criação de uma escola técnica em São Paulo").

Como mostrei anteriormente, o ensino técnico industrial já existia quando, em 30 de janeiro de 1942, o Decreto-lei n.4.073 lançou as bases da sua organização, que vigoraram, de um modo geral, por cinco décadas. Toda a legislação posterior veio, na realidade, modificar alguns aspectos, mas manteve os princípios básicos da "lei" orgânica, que serão apresentados em seguida.

Entretanto, eram muito poucos os estabelecimentos antes de 1942. Um levantamento da Diretoria do Ensino Industrial, realizado em 1952, apontou a existência de 14 estabelecimentos de ensino técnico industrial no ano imediatamente posterior ao da "lei" orgânica (1943), sendo 6 escolas federais, 6 estaduais e apenas 2 privadas.

Após a promulgação da "lei" orgânica, as escolas federais de aprendizes artífices, que tinham sido criadas em 1909, foram transformadas em escolas industriais, nos moldes previstos pela legislação, e quase todas passaram a oferecer cursos técnicos (todas tinham cursos industriais básicos e, algumas, cursos de aprendizagem). Do mesmo modo, várias escolas estaduais de formação de operários passaram a fornecer cursos técnicos, bem como escolas privadas, ligadas ou não a empresas industriais. O Senai, que tinha sido criado com o objetivo de desenvolver cursos de aprendizagem e de aperfeiçoamento de operários, instalou, mais tarde, algumas escolas técnicas.

A origem do sistema de ensino técnico industrial tem duas vertentes: a das escolas profissionais para operários e a das escolas de engenharia.

Essa dualidade de origens tem, por outro lado, dois aspectos. Um é o da junção do ensino prático-profissional com o ensino teórico e de cultura geral num mesmo currículo. Provavelmente, muito da discussão sobre a qualidade do produto da escola técnica (o que não será abordado aqui) tem a ver com o ajuste desses dois lados. Outro aspecto daquela dualidade de origens refere-se ao alto prestígio intrínseco do ensino superior e baixíssimo prestígio da escola profissional de operários.

Não é fácil estimar o número de escolas que tiveram uma ou outra origem. É possível, entretanto, uma aproximação. Das 113 escolas existentes em 1969, apenas 7 foram criadas junto a escolas de engenharia; pelo menos 23 escolas (as da rede federal) surgiram a partir de escolas de aprendizes artífices. Quanto às demais, ou foram criadas sem um condicionamento anterior ou descendem, também, de escolas para a formação de operários.

Passo a comentar, agora, a constituição do sistema de ensino técnico industrial, começando pela organização dada pela "lei" orgânica, passando pelas modificações havidas com a Lei de Diretrizes e Bases da Educação Nacional, de 1961.

A "lei" orgânica do ensino industrial criou um ramo de ensino de 2º grau (que se posicionava após o ensino primário de quatro anos) composto de dois ciclos. O 2º ciclo correspondia, na arquitetura educacional do Estado Novo, ao colégio secundário e compreendia duas ordens de ensino:

Cursos técnicos – com duração de três ou quatro anos, com objetivo bastante vago: "são destinados ao ensino de técnicas próprias ao exercício de funções de caráter específico na indústria".

Cursos pedagógicos – com duração de um ano após o curso técnico, teriam como objetivo a formação de pessoal docente e administrativo peculiares ao ensino industrial e administração do ensino industrial.

Os currículos dos cursos técnicos deveriam ser compostos de três partes: disciplinas de cultura geral; disciplinas de cultura técnica; e estágio, isto é, período não determinado de trabalho na indústria, supervisionado pela autoridade docente (as escolas deveriam se esforçar para conseguir estágio para os alunos, mesmo que não fosse obrigatório). No caso dos cursos pedagógicos havia, ainda, uma quarta parte no currículo, composta de disciplinas de caráter didático. A carga horária era grande, pois previam-se 36 a 44 horas semanais de atividades escolares para todos os cursos, exceto o de aprendizagem.

A admissão ao curso técnico exigia a conclusão do primeiro ciclo de qualquer ramo de ensino de 2º grau; capacidade física e aptidão mental para os trabalhos escolares previstos; e aprovação em exames vestibulares. Como se vê, os requisitos não eram muito rigorosos, o que não acontecia no aproveitamento da conclusão do curso técnico para estudos superiores. Os concluintes do curso técnico poderiam matricular-se em cursos superiores "diretamente relacionados" com o curso concluído, sujeitos, ainda, à verificação das condições do preparo, não especificadas.

Em 1953, a Lei n.1.821, de 12 de março estabelecia, finalmente, o que se entendia por "cursos relacionados" para efeitos de ingresso do concluinte da escola técnica em cursos superiores. Estabeleceu que os cursos relacionados (os que podiam ser almejados pelos técnicos industriais) fossem os de engenharia, química industrial, arquitetura, matemática, física, química e desenho. A verificação das condições de preparo a que se referia a "lei" orgânica passou a ser definida. O candidato devia demonstrar ter cursado certas disciplinas de cultura geral ou, então, certificar sua aprovação em exames dessas mesmas disciplinas em estabelecimento de ensino secundário federal ou equiparado.

A Lei n.3.552, de 16 de fevereiro de 1959, aumentou a duração do curso técnico industrial: de três anos ou mais para quatro anos ou mais. Outra alteração importante foi a eliminação do exame vestibular, a não ser quando o número de candidatos superasse o de vagas. O currículo tornou-se obrigatoriamente flexível pela introdução de matérias optativas. Ainda em 1959, o Regulamento do Ensino Industrial (Decreto n.47.038, de 16 de outubro) introduziu o curso técnico noturno com duração de cinco anos ou mais. O estágio ainda aparece no Regulamento como uma recomendação às escolas, sem caráter de obrigatoriedade.

A Lei de Diretrizes e Bases da Educação Nacional (n.4.024, de 20 de dezembro de 1961) trouxe, como alteração mais importante, a completa equivalência dos cursos técnicos ao secundário, para efeito de ingresso em cursos superiores. Estabeleceu a possibilidade de as escolas instalarem cursos chamados pré-técnicos, com a duração de um ano, cujas disciplinas seriam apenas as de caráter geral, obrigatórias para todo o curso técnico, mas desenvolvidas em três séries nos cursos comuns. Nesse caso, o currículo do curso técnico industrial propriamente dito seria composto apenas de disciplinas ligadas a cada especialidade.

O estágio do aluno do curso técnico na indústria deixou de ser uma recomendação e tornou-se obrigatório, na forma de "exercício satisfatório da profissão por período não inferior a um ano, com assistência e orientação da escola" (Portaria DEI 26 BR, de 7 de março de 1962). O estágio passou a ser condição necessária para a diplomação (não para a conclusão do curso técnico, equivalente ao secundário para efeitos de ingresso em curso superior). Essa portaria fixou, também, as disciplinas de caráter geral obrigatórias para o curso técnico. Imediatamente após (27 de março) a Portaria DEI 22 fixou as disciplinas específicas obrigatórias de cada especialidade do curso técnico industrial. Cada escola deveria completar o currículo com disciplinas exigidas pelas próprias especialidades, não constantes da portaria, e também com outras ditadas pelas condições locais. Ainda em 1962 tornou-se possível o funcionamento de cursos técnicos em três anos (um de estágio) para concluintes do colégio secundário (Portaria Ministerial n.163, de 4 de julho), regulamentando-se o disposto pela Lei de Diretrizes e Bases da Educação Nacional.

Como elementos importantes do sistema, foram criados os centros de educação técnica para formarem professores e administradores.

Os cursos pedagógicos foram dados, inicialmente, de forma pouco sistematizada e freqüente, até que, em alguns estados como São Paulo e Rio Grande do Sul, organizaram-se centros especializados nesses cursos. Algumas escolas técnicas ministraram, também, cursos pedagógicos. A Comissão Brasileiro-Americana de Ensino Industrial, CBAI, foi a instituição que mais colaborou nesse sentido, através de convênios com as escolas técnicas.

A partir de 1964, por iniciativa da Diretoria do Ensino Industrial criaram-se vários centros especializados em cursos de didática do ensino industrial e de administração escolar. Localizados em diversos pontos do país, seu objetivo era dar cobertura a todo o ensino industrial, nos dois ciclos. Os centros eram os seguintes:

Cenafor – Centro Nacional de Aperfeiçoamento de Pessoal para a Formação Profissional de São Paulo (sua origem é de 1964, com a denominação de Cetesp).

Ceteam – Centro de Educação Técnica da Amazônia (criado em 1968).

Cetene – Centro de Educação Técnica do Nordeste (criado em 1967) .

Ceteg – Centro de Educação Técnica da Guanabara (criado em 1964).

Ceteb – Centro de Educação Técnica de Brasília (criado em 1968).

Cet/Utramig – Centro de Educação Técnica da Universidade do Trabalho de Minas Gerais (criado em 1966).

Cetergs – Centro de Educação Técnica do Rio Grande do Sul (criado a partir de um Instituto Pedagógico já existente em 1962).

Ceteba – Centro de Educação Técnica da Bahia (criado em 1968).

Ao início da década de 1970 eram 26 as especialidades oferecidas pelas escolas técnicas industriais (Costa, 1971):

Química	Mecânica
Eletrotécnica	Eletromecânica
Eletrônica	Minas e Metalurgia
Estradas	Edificações
Agrimensura	Desenho de Máquinas
Têxtil	Curtimento
Cerâmica	Desenho de Móveis e Arquitetura
Decoração	Telecomunicação
Construção naval	Refrigeração
Prótese	Meteorologia
Economia Doméstica	Dietética e Alimentação
Artes aplicadas	Saneamento
Laboratório	Manutenção de Aeronaves

Alguns desses cursos não eram propriamente industriais. Era o caso dos cursos de agrimensura, decoração e economia doméstica. O primeiro seria apropriado às escolas técnicas agrícolas, o de decoração aos cursos ligados ao setor terciário; o de economia doméstica seria difícil de classificar não sendo, porém, industrial.

As relações dos elementos do sistema com o MEC podem ser delineadas segundo duas dimensões: a dependência administrativa e a dependência pedagógica. A dependência administrativa compreendia o conjunto de normas orientadoras do uso dos recursos, da ampliação dos serviços, da contratação e dispensa do pessoal, do uso do espaço e outros. A dependência pedagógica referia-se à organização do ensino propriamente dito: currículo, carga horária, condições do ingresso de candidatos aos cursos, condições de diplomação e outras da mesma natureza.

Vejamos, agora, os segmentos que compunham o sistema de ensino técnico industrial, a partir dos dados das Tabelas 3.2 a 3.7.

Tabela 3.2 – Distribuição das Escolas Técnicas Industriais segundo unidades da Federação e dependências administrativas, Brasil, 1969

Unidades da Federação	Rede federal	Redes estaduais	Rede Senai	Escolas isoladas	Total
Amazonas	1				1
Pará	1	1			2
Maranhão	1				1
Piauí	1				1
Ceará	1				1
Rio Grande do Norte	1			1	2
Paraíba	1				1
Pernambuco	1				1
Alagoas	1				1
Sergipe	1				1
Bahia	1			1	2
Minas Gerais	2			16	18
Espírito Santo	1				1
Rio de Janeiro	1	1		2	4
Guanabara	2	1	1	7	11
São Paulo	1	6	2	34	43
Paraná	1	1			2
Santa Catarina	1	1		2	4
Rio Grande do Sul	1	5	1	5	12
Mato Grosso	1				1
Goiás	1				1
Distrito Federal		2			2
Total	23	18	4	68	113

Fonte: Ministério da Educação e Cultura, Diretoria do Ensino Industrial, *Estatística-1969*, Brasília, MEC/DEI, 1970.

Tabela 3.3 – Número de matrícula e de concluintes do Ensino Técnico Industrial no Brasil, 1943-1970

Anos	Nº de matrículas	Nº de concluintes
1943	581	25
1944	719	32
1945	987	176
1946	1.483	230
1947	1.719	235
1948	1.842	339
1949	1.943	415
1950	1.998	402
1951	2.037	442
1952	1.982	–
1953	–	–
1954	–	433
1955	2.445	480
1956	2.293	480
1957	3.307	627
1958	3.519	641
1959	4.706	774
1960	5.952	1.022
1961	10.459	1.426
1962	12.212	1.395
1963	18.807	1.625
1964	22.692	2.309
1965	24.277	3.229
1966	23.313	3.189
1967	30.889	3.434
1968	34.113	4.322
1969	41.254	5.044
1970	49.522	–

Fontes: (1) 1943-1953: Ministério da Educação e Cultura, Diretoria do Ensino Industrial, "Levantamento Estatístico no Decênio 1943/1952", *Boletim da CBAI*, n.5 e 6, maio 1953. (2) 1954-1966: Ministério da Educação e Cultura, Serviço de Estatística da Educação e Cultura, *Sinopse Estatística do Ensino Médio*, MEC/SEEC, Rio de Janeiro, 1956-1968, 11v. (3) 1966-1970: Fundação Getúlio Vargas, Centro de Estudos e Treinamento em Recursos Humanos, *Dados Estatísticos Parciais Necessários ao Estudo dos Recursos Humanos no Brasil*, FGV/CETRHU, Rio de Janeiro, 1971 e dados não publicados, cedidos pelo Serviço de Estatística da Educação e Cultura do MEC.

O ensino profissional na irradiação do industrialismo

Tabela 3.4 – Matrícula geral no Ensino Médio (2º Ciclo), segundo Ramos, Brasil – 1960-1970

Ano	Ramo secundário	Ramo comercial	Ramo normal	Ramo agrícola	Ramo industrial	Total
1960	113.570	81.258	64.763	1.601	5.952	267.144
1961	125.327	91.119	72.421	1.811	10.459	301.137
1962	138.272	100.642	82.784	1.851	12.121	335.761
1963	156.347	109.115	109.885	2.442	18.807	396.596
1964	167.242	114.819	131.185	3.102	22.692	439.040
1965	189.576	121.858	169.690	3.709	24.277	509.110
1966	224.153	132.215	209.588	4.144	23.313	593.413
1967	261.911	143.296	246.274	5.243	30.589	687.313
1968	311.255	166.352	281.792	6.188	34.113	801.075
1969	394.826	190.987	274.367	7.060	41.254	908.494
1970	462.366	219.101	262.690	8.166	49.522	1.001.825

Fontes: (1) 1960-1968: Centro de Estudos e Treinamento em Recursos Humanos, *Dados Estatísticos Parciais Necessários ao Estudo dos Recursos Humanos no Brasil*, CETRHU/FGV, Rio de Janeiro, 1971, Quadro 95. (2) 1969-1970: Dados não publicados, gentilmente cedidos pelo Serviço de Estatística da Educação e Cultura do MEC.

Nota: Não foram incluídas matrículas de outros ramos por representarem menos de 0,3% do total.

Tabela 3.5 – Distribuição do número de escolas e de matrículas no Ensino Técnico Industrial segundo dependência administrativa, Brasil, 1943, 1952 e 1969.

Dependência administrativa	Nº de escolas			Nº de matrículas			Nº médio de alunos/escolas		
	1943	1952	1969	1943	1952	1969	1943	1952	1969
Federal	6	16	23	112	590	17.617	19	37	766
Estadual	6	7	18	292	327	4.469	49	48	248
Particular	2	9	72	177	1.065	15.773	89	118	219
Total	14	32	113	581	1.982	37.869	42	62	652

Fontes: (1) 1943-1952: "Levantamento Estatístico no Decênio 1943/1952", *Boletim da CBAI*, v.VII, n.5 e 6, maio 1953. (2) 1909: Ministério da Educação e Cultura, *Estatística-1969*, Brasília, DEI/Serv. Publ. 1970 e Costa (1971).

Notas: (1) A fonte admite que os dados das escolas particulares em 1943 e 1952 estejam incompletos.
(2) A dependência administrativa particular inclui as escolas da rede Senai bem como escolas indiretamente mantidas pelo Governo Federal (Forças Armadas, Universidades), mas não incluídas na rede federal propriamente dita, sob a administração direta do MEC.

Tabela 3.6 – Número de escolas e de matrículas no Ensino Técnico Industrial, no Brasil, segundo unidades da Federação, 1969.

Unidades da Federação	Nº de escolas	Nº de matrículas
Amazonas	1	419
Pará	2	816
Maranhão	1	428
Piauí	1	423
Ceará	1	413
Rio Grande do Norte	2	355
Paraíba	1	319
Pernambuco	1	1.746
Alagoas	1	603
Sergipe	1	547
Bahia	2	1.077
Minas Gerais	18	4.636
Espírito Santo	1	464
Rio de Janeiro	4	1.008
Guanabara	11	6.065
São Paulo	43	11.832
Paraná	2	2.095
Santa Catarina	4	857
Rio Grande do Sul	12	2.887
Mato Grosso	1	117
Goiás	1	348
Distrito Federal	2	414
Total	113	37.869

Fontes: (1) Ministério da Educação e Cultura, Diretoria do Ensino Industrial, *Estatística-1969*, Brasília, MEC/DEI, 1970. (2) Costa (1971).
Nota: Não foram incluídas 537 matrículas no "curso fundamental", sem especialização.

Tabela 3.7 – Distribuição do número de Cursos Técnicos Industriais no Brasil segundo especialidades e dependência administrativa, em 1969

Especialidades	Rede federal	Redes estaduais	Rede Senai	Escolas isoladas	Total
Química	5	2		37	44
Mecânica	15	4		9	28
Eletromecânica	6	1		4	11
Eletrotécnica	18	6		9	33
Eletrônica	4	2		14	20
Edificações	19	7		2	28
Estradas	17	4		1	22
Mineração e Metalurgia	2			6	8

O ensino profissional na irradiação do industrialismo

(Continuação)

Especialidades	Rede federal	Redes estaduais	Rede Senai	Escolas isoladas	Total
Agrimensura	7	3		5	15
Desenho de Máquinas	3	1		3	7
Têxtil			2		2
Curtimento			1		1
Cerâmica			1		1
Des. móveis/Arquitetura	1			1	2
Decoração	1	1			2
Telecomunicações				1	1
Construção Naval	1	1			2
Refrigeração				1	1
Manutenção Aeronaves				1	1
Prótese		2		1	3
Meteorologia	1	1			2
Economia Doméstica		2		2	4
Dietética e Alimentação		1		1	2
Artes Aplicadas		1			1
Saneamento	1				1
Laboratório	1				1
Total	102	39	4	98	243

Fonte: Costa (1971).

A rede federal era composta principalmente das antigas escolas de aprendizes artífices que foram criadas em 1909, uma em cada estado. Em 1969 seu número chegava a 23, tendo a Guanabara e Minas Gerais duas escolas federais cada; nos demais estados havia uma. As redes estaduais eram poucas: Pernambuco, Rio de Janeiro, Guanabara, Paraná e Santa Catarina tinham, em 1969, apenas uma escola cada um e o Distrito Federal, duas. São Paulo e Rio Grande do Sul eram os estados que podiam ser considerados como tendo propriamente uma rede escolar, com seis e cinco estabelecimentos, respectivamente. O Senai mantinha duas escolas em São Paulo, uma na Guanabara e outra no Rio Grande do Sul. Finalmente, as escolas isoladas, que não formavam redes e dispunham de administrações autônomas. Entretanto, elas eram as mais numerosas. Em 1969 eram 68 num total de 113 escolas técnicas, 34 das quais no Estado de São Paulo. Algumas empresas industriais instalaram escolas técnicas com o fim de preparar o pessoal para o seu próprio quadro, como a Companhia Siderúrgica Nacional, a Fundição Tupy, a Companhia de Aços Especiais Itabira e a Companhia Ferro Brasileiro, por exemplo. Entidades governamentais, como a Marinha de Guerra e universidades federais, mantinham, também, escolas ou cursos técnicos. Elas foram consideradas escolas isoladas pelo fato de não integrarem a rede federal, tal como definida pelo Regulamento de 1959, não estando sujeitas administrativamente à Diretoria do Ensino Industrial.

Se a dependência administrativa das escolas técnicas não sofreu alterações desde a criação do ensino industrial, só se modificando o número de estabelecimentos em cada caso, o mesmo não ocorreu, entretanto, com a dependência pedagógica.[5] A "lei" orgânica do ensino industrial previu a forma pela qual se constituiria o sistema. Em primeiro lugar, criou uma rede federal que seria montada a partir das escolas de aprendizes artífices. Em seguida previu a existência de escolas equiparadas e reconhecidas. As primeiras seriam aquelas escolas técnicas mantidas e administradas pelos estados e pelo Distrito Federal, cujo funcionamento foi *autorizado* pelo Governo Federal. As escolas reconhecidas seriam as mantidas e administradas pelos municípios ou particulares, também autorizadas pelo Governo Federal. Este assumia, assim, a tarefa de verificação prévia dos estabelecimentos que solicitavam equiparação ou reconhecimento, podendo ou não autorizá-los. Previa, também, a cassação ou suspensão da equiparação e do reconhecimento. O Ministério da Educação, através da DEI, inspecionaria as escolas técnicas reconhecidas e equiparadas, bem como lhes daria orientação pedagógica. Além disso, administraria e manteria diretamente os estabelecimentos da rede federal.

A participação das administrações estaduais no controle das escolas situadas em cada um era muito pequena. Na maioria dos estados a sua participação consistia em criar e manter uma ou duas escolas de acordo com o modelo federal. O Estado de São Paulo foi uma exceção. Desde o início da década de 1930 a instalação das escolas ferroviárias em diversas cidades do estado, bem como a criação de escolas profissionais não especializadas, exigiram uma coordenação central. Assim, já antes da "lei" orgânica, a Secretaria de Educação de São Paulo dispunha de uma Superintendência de Educação Profissional e Doméstica com a competência de criar, fiscalizar e orientar as escolas industriais (e as técnicas, em particular) da rede estadual.

As escolas equiparadas e reconhecidas não tinham, deste modo, normas claras e precisas que orientassem a sua organização. Havia, de um lado, a organização (curricular, especialmente) das escolas técnicas industriais da rede federal; de outro lado, o poder de reconhecimento e equiparação do Ministério da Educação, básico para o registro posterior dos diplomas. Mas, além disso, o MEC não pretendia que as escolas estaduais, municipais e particulares tivessem os currículos exatamente iguais aos seus em razão das dificuldades materiais e das diferenças de cursos. Assim, deve ter existido um mecanismo

---

5 A autonomia das escolas federais a partir de 1959 foi, evidentemente, uma alteração na relação de dependência administrativa de cada estabelecimento com o MEC. Entretanto, pela sua importância em termos pedagógicos, será considerada apenas neste aspecto.

de ajustamento semelhante à cooptação, pela qual as escolas pretendiam se aproximar, onde e até quando fosse possível ou conveniente, do padrão federal, e o MEC aceitava, na maioria dos casos, as proposições de reconhecimento e equiparação apresentadas. Mantinha, entretanto, o privilégio de concedê-los e o de reconhecer diplomas expedidos. Ou seja, controle antecipado e posterior ao funcionamento da escola.

Duas leis e um decreto, promulgados nos anos de 1959 e 1961, alteraram a estrutura do sistema de ensino técnico industrial: a Lei n.3.552, de 16 de fevereiro de 1959, que previu novo regulamento para as escolas técnicas federais; o Decreto n.47.038, de 16 de outubro de 1959, que estabeleceu o regulamento do ensino industrial, repetindo muitos pontos da Lei n.3.552, delineou a rede federal de escolas técnicas e estabeleceu a competência da Diretoria do Ensino Industrial; e a Lei n.4.024, de 20 de dezembro de 1961 (Lei de Diretrizes e Bases da Educação Nacional).

A primeira grande mudança consistiu na autonomia das escolas técnicas federais. Cada uma delas passou a constituir personalidade jurídica própria, possuindo autonomia didática, administrativa, técnica e financeira; seria administrada por um Conselho de Representantes, composto da seguinte maneira: um representante dos professores da escola; um educador, estranho aos quadros da escola; dois ou mais empresários industriais; e, sempre que possível, um representante do Conselho Regional de Engenharia e Arquitetura ou do Conselho Regional de Química e um professor de escola de engenharia ou técnico de educação do MEC. O próprio ministério elaborava listas tríplices para cada lugar do Conselho e o presidente da República escolheria e nomearia cada conselheiro; no caso dos representantes dos professores, do Crea/CRQ e do MEC, os órgãos respectivos elaborariam as listas tríplices. O Conselho teria ampla competência: eleger o diretor da escola, aprovar o regulamento da escola e submetê-lo à Diretoria do Ensino Industrial, aprovar o orçamento e fiscalizar sua execução, autorizar transferências de verbas, realizar tomada de contas do diretor, controlar balanços anuais, aprovar e organizar cursos e, finalmente, examinar o relatório anual do diretor e encaminhá-lo ao Ministério da Educação.

A repercussão da autonomia das escolas técnicas federais foi muito grande, tanto pelo grande crescimento nas matrículas, pela melhoria da qualidade dos cursos, pelo aumento da produtividade dos recursos e pela maior capacidade de resposta às necessidades locais e regionais. Uma das primeiras consequências da autonomia das escolas técnicas federais foi a progressiva eliminação dos cursos básicos, fazendo com que a quase totalidade das escolas se restringissem aos cursos técnicos que as caracterizavam. As escolas industriais estaduais e municipais, ao contrário, deram maior importância a estes cursos, principalmente no Estado de São Paulo, que em 1968 tinha cerca de 50% das matrículas do país nesse ensino (Góes Filho & Costa, 1969, p.65).

Parece que os Conselhos de Representantes foram mais sensíveis às características do mercado de trabalho do que a burocracia do Ministério da Educação, das secretarias estaduais e mesmo dos empresários do setor educacional que ficavam presos ao imediatismo do atendimento à demanda de escolarização pós-primária. No entanto, já em 1965 o MEC endossava a política de gradativa extinção dos ginásios industriais, chegando a citar como exemplo a política da Escola Técnica Nacional que, extinguindo-o, aumentou, mesmo assim, suas matrículas, de 800 em 1961, para 3.200 em 1965.

O segundo ponto que aparece na análise da legislação é a contradição entre as determinações legais de controle do sistema de ensino técnico industrial pelos poderes estaduais e municipais e outras estipulando o contrário, isto é, controle centralizado no MEC.

O Regulamento do Ensino Industrial previu que as escolas estaduais e particulares seriam regidas pela legislação estadual e municipal, desde que obedecessem às "diretrizes e bases da legislação federal". Essas "diretrizes e bases" eram bem difusas, pois compreendiam desde a "lei" orgânica do ensino industrial, de 1942, até o regulamento em questão, de 1959, passando por uma série de portarias ministeriais que, de um modo ou de outro, fixavam normas e condições para o funcionamento das escolas. Além disso, o mesmo regulamento, quando fixou as atribuições da Diretoria do Ensino Industrial, enumerou o seguinte: estudo e *fixação de diretrizes* relativas a problemas do ensino industrial; *determinação* dos conhecimentos gerais e específicos que devam entrar na formação profissional; determinação da *metodologia* própria do ensino industrial; e *organização* dos serviços escolares de orientação educacional e profissional. Deste modo, a área disponível para a legislação estadual e municipal tornou-se residual. Além disso, o poder de equiparação e reconhecimento (controle antecipado) e registro de diplomas (controle posterior) continuava assumido pelo Ministério da Educação.

Na entanto, dois anos após, em 1961, a Lei de Diretrizes e Bases da Educação Nacional modificou completamente o quadro formal de competência apresentado até aqui. O Conselho Federal de Educação indicaria até cinco disciplinas obrigatórias para os sistemas (estaduais) de ensino médio. No mais, os conselhos estaduais de educação teriam ampla liberdade: completariam o número de disciplinas, relacionariam as disciplinas optativas para escolha dos estabelecimentos, autorizariam o funcionamento, reconheceriam os estabelecimentos de ensino e fariam sua inspeção. Quanto ao ensino técnico de nível médio, os conselhos estaduais poderiam até regulamentar cursos não especificados na Lei de Diretrizes e Bases. Assim, a competência do MEC ficaria reduzida à fixação das disciplinas comuns a todo o ensino médio e ao registro dos diplomas. Quanto a este controle, perderia muito da sua eficácia já que o reconhecimento das escolas seria apenas comunicado ao MEC.

Entretanto, não foi isso o que aconteceu. Os conselhos estaduais foram omissos em relação ao ensino técnico industrial e o poder de controle posterior do MEC – o registro dos diplomas – passou a funcionar como um instrumento eficaz de organização do ensino industrial, nos moldes do regulamento de 1959. Ou seja, a Lei de Diretrizes e Bases da Educação Nacional não exerceu nenhuma influência significativa no ensino técnico industrial, a não ser na questão da eliminação da restrição de validade do diploma para o ingresso em cursos superiores não relacionados com o curso técnico do candidato.

O que se verifica é que o poder de controle continuou com o Ministério da Educação e foi até aumentado. No que se refere à organização curricular, aquele mecanismo de ajustamento vigente no período 1942-1959 foi quebrado passando-se a uma direção explícita. A fonte desse poder (o registro dos diplomas) foi desnudada e parece que a perda do poder de autorização de funcionamento, reconhecimento e supervisão das escolas em nada alterou sua capacidade de controle.

O uso do poder de autorização do funcionamento de escolas técnicas e aprovação de currículos estava baseado no Artigo n.101 da Lei de Diretrizes e Bases da Educação Nacional. Ele dizia que o MEC decidiria as questões decorrentes da transição entre o regime escolar anterior à lei e os novos padrões. Estabelecia, também, que o Conselho Federal de Educação deveria ser ouvido nessas decisões. No entanto, pela própria redação de muitas dessas portarias, parece que isso não aconteceu, o que sugere a localização do poder normativo em matéria pedagógica na parte executiva do MEC, principalmente na Diretoria do Ensino Industrial.

A evolução do sistema de ensino técnico industrial, em termos de dependência pedagógica, foi no sentido oposto ao do aparelho educacional como um todo, onde os estados e os estabelecimentos de ensino gozaram de autonomia crescente a partir do fim do Estado Novo (em 1945), intensificada a partir da promulgação da Lei de Diretrizes e Bases da Educação Nacional (em 1961). Apesar da legislação descentralizadora do ensino em geral, o ensino técnico industrial desenvolveu-se sob um marcante processo centralizador.

A comparação dos dados da Tabela 3.8 com os da Tabela 3.9 permite ver que o número de alunos que fizeram cursos de 2º grau com algum tipo de habilitação técnica cresceu de cerca de 38 mil, em 1969, para cerca de 252 mil, em 1995, ou seja, o efetivo discente foi multiplicado por quase sete vezes nesse período de 26 anos. O número de habilitações também aumentou: das 26 oferecidas ao início desse período, chegou-se a 67 ao seu fim. As habilitações mais freqüentadas foram edificações (especialmente nas redes federal e nas estaduais), eletrônica (especialmente nas redes estaduais e nas privadas), eletrotécnica (especialmente nas redes federal e nas estaduais), mecânica (especialmente nas redes estaduais) e química (especialmente nas redes estaduais e privadas).

O entusiasmo diante do aumento do número de alunos e da variedade de especialidades deve ser atenuado pelo fato de que constam desse elenco habilitações parciais, que constituem apenas desdobramentos das habilitações plenas, além de incluírem, também, as chamadas habilitações básicas, de remoto proveito técnico.[6]

Tabela 3.8 – Distribuição das matrículas no Ensino Técnico Industrial no Brasil segundo especialidades e dependência administrativa, em 1969

Especialidades	Rede federal	Redes estaduais	Rede Senai	Escolas isoladas	Total
Química	843	144	—	6.077	7.064
Mecânica	3.993	1.000	—	1.088	6.081
Eletromecânica	657	177	—	443	1.277
Eletrotécnica	3.641	1.040	—	1.224	5.905
Eletrônica	1.387	333	—	3.465	5.185
Edificações	3.040	477	—	40	3.557
Estradas	1.822	135	—	78	2.035
Mineração e Metalurgia	523	—	—	463	986
Agrimensura	723	339	—	954	2.016
Desenho de Máquinas	37	116	—	385	538
Têxtil	—	—	746	—	746
Curtimento	—	—	124	—	124
Cerâmica	—	—	55	—	55
Des. móveis/Arquitetura	407	—	—	1	408
Decoração	281	54	—	—	335
Telecomunicações	—	—	—	154	154
Construção Naval	33	93	—	—	126
Refrigeração	—	—	—	92	92
Manutenção de aeronaves	—	—	—	72	72
Prótese	—	117	—	47	164
Meteorologia	49	18	—	—	67
Economia Doméstica	—	202	—	225	427
Dietética e Alimentação	—	121	—	40	161
Artes Aplicadas	—	103	—	—	103
Saneamento	105	—	—	—	105
Laboratório	76	—	—	—	76
Total	17.617	4.469	925	14.848	37.869

Fonte: Costa (1971)

Nota: Não foram incluídas 573 matrículas em "curso fundamental" sem especialização.

---

6 No capítulo 5 veremos o que significaram as habilitações básicas no processo de mudança do currículo do ensino profissionalizante no 2º grau.

Tabela 3.9 – Número de alunos nos cursos profissionais de nível médio segundo habilitação do setor secundário e dependência administrativa da escola, Brasil – 1995

Habilitação	Nº de alunos nas escolas				
	Federais	Estaduais	Municipais	Privadas	Total
Técnico em acabamento têxtil	—	—	—	210	210
Técnico em açúcar e álcool	—	927	—	34	961
Técnico em alimentos	1.748	989	93	216	3.046
Técnico em bioquímica	—	484	—	—	484
Técnico em calçados	—	—	—	257	257
Técnico em cartografia	—	—	—	23	23
Técnico em celulose e papel	—	256	—	—	256
Técnico em artes gráficas	—	—	—	541	541
Técnico em cerâmica	—	99	—	365	464
Técnico em conservação de navios	—	1.048	146	—	1.194
Técnico em curtimento	—	89	—	178	267
Técnico em desenho de arquitetura	—	846	—	61	907
Técnico em desenho de construção civil	364	892	—	90	1.346
Técnico em desenho industrial	1.171	—	—	76	1.247
Técnico em edificações	12.050	12.718	816	1.563	27.147
Técnico em eletromecânica	1.719	2.144	202	924	4.989
Técnico em eletrônica	8.231	18.130	858	18.791	46.010
Técnico em eletrotécnica	11.353	18.767	409	3.820	34.349
Técnico em enologia	101	—	—	—	101
Técnico em estradas	2.440	288	—	—	2.728
Técnico em geologia	347	—	52	—	399
Técnico em hidrologia	—	139	—	—	139
Técnico em instrumentação	642	179	—	186	1.007
Técnico em leite e derivados	—	118	—	—	118
Técnico em manutenção de aeronaves	—	76	—	36	112
Técnico em máquinas navais	—	359	—	—	359
Técnico em mecânica	9.354	23.837	597	6.625	40.413
Técnico em mecânica de precisão	—	—	32	762	794
Técnico em metalurgia	1.371	605	95	1.375	3.446
Técnico em meteorologia	86	—	—	22	108
Técnico em mineração	1.132	221	174	154	1.681
Técnico em móveis e esquadrias	—	193	—	115	308
Técnico em petroquímica	—	586	—	8	594
Técnico em plástico	—	—	—	453	453
Técnico em prótese	33	322	—	99	454

(Continuação)

Habilitação	Nº de alunos nas escolas				
	Federais	Estaduais	Municipais	Privadas	Total
Técnico em química	4.811	7.115	1.830	7.118	20.874
Téc. em refrigeração e ar condicionado	1.291	—	—	—	1.291
Técnico em saneamento	2.690	592	—	—	3.282
Técnico em tecelagem	—	101	—	—	101
Técnico em telecomunicação	3.279	410	—	128	3.817
Técnico em têxtil	—	182	—	542	724
Outras hab. plenas do setor secundário	925	12.586	324	1.764	15.599
Auxiliar de escritório téc. de edificações	—	279	—	239	518
Auxiliar de inspeção de alimentos	—	126	—	—	126
Auxiliar de laboratório de análises químicas	—	2.806	727	2.709	6.242
Auxiliar de laboratório de cerâmica	—	—	—	85	85
Auxiliar de laboratório têxtil fibra e tecidos	—	43	—	—	43
Auxiliar técnico de eletricidade	—	1.683	—	54	1.737
Auxiliar técnico de eletromecânica	—	128	—	—	128
auxiliar técnico de eletrônica	—	40	—	2.320	2.360
Auxiliar técnico de eletrotécnica	—	164	—	154	318
Auxiliar técnico de instrumentação	—	—	—	80	80
Auxiliar técnico de mecânica	—	1.859	—	546	2.405
Desenhista de arquitetura	—	3.011	137	308	3.456
Desenhista de estradas	—	86	—	—	86
Desenhista de estruturas	—	—	—	1	1
Desenhista de ferramentas e dispositivos	—	—	—	4	4
Desenhista de instalações elétricas	—	26	—	—	26
Desenhista de máquinas elétricas	37	—	—	—	37
Desenhista de mecânica	42	2.432	203	447	3.124
Laboratorista de mineralogia	32	—	—	—	32
Laboratorista de saneamento	—	117	—	—	117
Outras hab. parciais do setor secundário	258	584	45	200	1.087
Habilitação básica em construção civil	—	9	116	—	125
Habilitação básica em eletricidade	—	13	—	33	46

(Continuação)

Habilitação	Nº de alunos nas escolas				
	Federais	Estaduais	Municipais	Privadas	Total
Habilitação básica em mecânica	—	162	—	—	162
Habilitação básica em química	—	275	129	1.520	1.924
Outras hab. básicas do setor secundário	90	3.171	784	1.096	5.141
Total	65.597	122.312	7.769	56.332	252.010

Fonte: MEC/INEP/SEEC, 1997, dados não publicados.

Mesmo assim, avulta a importância da rede federal das escolas técnicas, pela oferta das habilitações mais propriamente técnicas e pela dimensão do alunado que, em 1995, abrangia um quarto do total. Destaca-se, também, o efetivo discente das redes estaduais, com praticamente a metade do total. Vale mencionar que metade dos alunos das redes estaduais estava concentrada na rede estadual paulista.[7]

Os cursos técnicos da rede federal eram oferecidos por cinco Centros Federais de Educação Tecnológica (Rio de Janeiro, Minas Gerais, Paraná, Bahia e Maranhão), além de 19 escolas técnicas:

- Escola Técnica Federal de Alagoas
- Escola Técnica Federal do Amazonas
- Escola Técnica Federal de Campos (RJ)
- Escola Técnica Federal do Ceará
- Escola Técnica Federal do Espírito Santo
- Escola Técnica Federal de Goiás
- Escola Técnica Federal de Mato Grosso
- Escola Técnica Federal de Ouro Preto (MG)
- Escola Técnica Federal do Pará
- Escola Técnica Federal da Paraíba
- Escola Técnica Federal de Pelotas (RS)
- Escola Técnica Federal de Pernambuco
- Escola Técnica Federal do Piauí
- Escola Técnica Federal de Química (RJ)
- Escola Técnica Federal do Rio Grande do Norte
- Escola Técnica Federal de Roraima
- Escola Técnica Federal de Santa Catarina
- Escola Técnica Federal de São Paulo
- Escola Técnica Federal de Sergipe

---

7 Essa rede tinha matriculados 52.678 alunos cursando habilitações do setor secundário, equivalendo a um quinto de todo o alunado do 2º grau do país em condições comparáveis.

Em 1986, essas escolas foram instadas a instalarem as unidades de ensino descentralizadas no interior, de modo que essa rede foi estendida para as seguintes cidades:

- Altamira (PA)
- Araxá (MG)
- Barreiras (BA)
- Cajazeiras (PB)
- Campo Mourão (PR)
- Cedro (CE)
- Colatina (ES)
- Cornélio Procópio (PR)
- Cubatão (SP)
- Divinópolis (MG)
- Eunápolis (BA)
- Floriano (PI)
- Imperatriz (MA)
- Jaraguá do Sul (SC)
- Jataí (GO)
- Juazeiro do Norte (CE)
- Lagarto (SE)
- Leopoldina (MG)
- Macaé (RJ)
- Manaus (AM)
- Marabá (PA)
- Marechal Deodoro (AL)
- Medianeira (PR)
- Mossoró (RN)
- Nilópolis (RJ)
- Nova Iguaçu (RJ)
- Palmeira dos Índios (AL)
- Pato Branco (PR)
- Pesqueira (PE)
- Petrolina (PE)
- Ponta Grossa (PR)
- São José (SC)
- Sapucaia do Sul (RS)
- Tucuruí (PA)
- Valença (BA)
- Vitória da Conquista (BA)

No âmbito privado, avulta a rede Senai, de que tratei no capítulo anterior, com suas escolas próprias e conveniadas. Com efeito, o número de seus alunos correspondia a 41% de todas as matrículas em escolas privadas do país que ofereciam, em 1995, habilitações técnicas industriais.

A função propedêutica

Quando foi promulgada a "lei" orgânica do ensino industrial (1942), a idéia que se fazia do ensino profissional era de sua destinação às "classes baixas" ou às "classes menos favorecidas", na expressão da Constituição de 1937. Mas, embora essa destinação expressasse o que acontecia no 1º ciclo do ensino industrial, não era verdade que os alunos dos cursos técnicos (2º ciclo) tivessem a mesma origem ou idêntica destinação social.

Na arquitetura educacional do Estado Novo, o ensino técnico estava posicionado imediatamente após o 1º ciclo, supondo-se que os egressos deste se candidatassem àquele. Ademais, não havia nenhum obstáculo para que os concluintes do ginásio entrassem na escola técnica, embora a recíproca não fosse permitida.

As coisas se passaram de modo diferente do esperado em relação à via principal de recrutamento dos alunos dos cursos técnicos. Os currículos dos cursos de ambos os ciclos do ensino industrial eram qualitativamente bem diferentes, o 2º ciclo não constituindo um aprofundamento do 1º. Esse tipo de continuidade só era encontrada no secundário, em que o colégio ("clássico" ou "científico") constituía o prosseguimento do ginásio. Essa descontinuidade não era fruto de um erro. Era algo que tinha a ver com a história mesma da educação profissional.

O 1º ciclo do ensino industrial – o curso básico industrial, como foi chamado inicialmente – resultou da promoção ao nível pós-primário dos cursos de formação de artífices ou operários, herdeiros das instituições que abrigavam órfãos e miseráveis para submetê-los à aprendizagem de ofícios.

Enquanto os egressos do 1º ciclo estariam destinados a trabalhar em oficina, diretamente ligados à produção, os técnicos propriamente ditos atuariam em laboratórios, em escritórios de projetos e na direção da produção.

Como mostraram Atsuko Haga et al. (in Dias, 1967), com dados dos anos 60, os alunos dos cursos técnicos industriais do Estado de São Paulo eram provenientes em sua maioria (75,5%) do ginásio secundário, e muito poucos (2,8%) do ginásio industrial que, este sim, teria uma clientela de nível socioeconômico mais baixo. Entretanto, Gouveia & Havighurst (1969) mostraram que nos estados do Rio Grande do Sul e de Pernambuco a origem social dos alunos dos cursos técnicos industriais era mais acentuadamente operária que em São Paulo.

A função propedêutica dos cursos técnicos industriais (como, também, dos outros ramos profissionais do ensino médio) foi significativa desde os anos 40. Inicialmente, como já disse, a candidatura ao ensino superior estava restrita pela "lei" orgânica, que limitava a inscrição apenas nos exames vestibulares aos cursos "diretamente vinculados".

Mas, tão logo as barreiras foram sendo derrubadas, os egressos das escolas técnicas industriais buscaram cursos superiores em maior número e com alvos mais variados. Alguns estudos revelam dados muito interessantes a respeito disso. Uma pesquisa realizada em 1968 estimou em 33,2% a proporção de egressos das escolas técnicas industriais, formados no período 1962-1966, que se haviam matriculado em cursos superiores. Dentre os de algumas especialidades, a proporção era ainda maior: 52% dos concluintes dos curso de eletrônica e 41,5% dos de minas e metalurgia estudavam em algum curso superior, relacionado ou não com o que haviam seguido no 2º grau (Costa, 1968).

As expectativas dos estudantes das escolas técnicas eram ainda mais reveladoras dessa função propedêutica. Numa pesquisa realizada em 1963 encontrou-se que 68,5% dos alunos das escolas técnicas industriais situadas no Estado de São Paulo pretendiam continuar seus estudos após o término do curso (Dias, 1967). O objetivo do diploma de técnico ficava claro a partir dos dados dessas pesquisas: propiciar um emprego remunerado que apoiasse as tentativas de ingressar num curso superior e, posteriormente, manter os estudos. No caso do fracasso nos vestibulares, uma carreira profissional já estava sendo seguida.[8]

A pesquisa coordenada por José Augusto Dias (1967), que permanece a mais completa até hoje realizada com alunos do ensino médio, mostrou que, no Estado de São Paulo, a maioria dos alunos do 2º ciclo dos ramos profissionais haviam cursado o 1º ciclo do secundário, ao invés do ramo *próprio*. A reorientação dos alunos era aí ainda mais flagrante do que nos demais ramos. O 1º ciclo do industrial era ponto final na trajetória escolar. Seus alunos, quando concluíam o curso (a evasão era altíssima) dirigiam-se diretamente ao mercado de trabalho. Assim, o 2º ciclo do ensino industrial, isto é, as escolas técnicas industriais, abasteciam-se com ginasianos, origem de 75,5% do seu efetivo, ao passo que apenas 2,8% haviam feito o 1º ciclo no mesmo ramo.

A pesquisa mostrou, também, que a origem socioeconômica dos alunos do 2º ciclo, tanto do ramo secundário quanto do ramo industrial, era muito semelhante, ao contrário do que acontecia no 1º ciclo, em que a origem modesta dos alunos do industrial contrastava com a mais elevada dos que freqüentavam o ginásio.[9]

---

8 Acrescente-se a isso, no caso dos rapazes, o fato de os concluintes dos cursos técnicos industriais ficarem dispensados do serviço militar.

9 Esses dados foram encontrados a partir da aplicação da escala de prestígio educacional de Hutchinson. Em seu estudo de caso da Escola Técnica Federal do Espírito Santo, realizada nos anos 90, D'Avila (1996) argumentou em sentido contrário, com base em dados de renda familiar: no período 1988-1991, entre 36% e 50% dos alunos do período diurno provinham de famílias com renda inferior a sete salários mínimos. Lamentavelmente, não dispomos de

Embora os cursos técnicos sempre tivessem uma função propedêutica, que ficou mais forte a partir dos anos 50, justamente quando as escolas técnicas expandiram suas matrículas, a política educacional pretendia estimular a adaptação da mão-de-obra de nível médio às demandas do setor produtivo. Numerosos textos publicados desde os anos 50 insistiram na necessidade de se aumentar a oferta de profissionais de nível médio. Na indústria, diziam que a média internacional era de três técnicos para cada engenheiro, ao passo que, no Brasil, a relação se invertia. Para cada técnico, formado ou não em escola, havia seis engenheiros (Brejon, 1968). No setor de serviços, como na área de saúde, a *carência* de profissionais de nível médio, qualificados em cursos técnicos, seria ainda mais dramática.

Se os dados de pesquisas dos anos 60 evidenciam a função propedêutica do ensino técnico industrial, as expectativas dos alunos de que ela se realizasse eram ainda mais fortes.

Atsuko Haga et al. mostraram (in Dias, 1967) que 68,5% dos alunos do ensino técnico industrial do Estado de São Paulo pretendiam continuar seus estudos após o término do curso. A pesquisa de Gouveia & Havighurst, já mencionada, mostra que os alunos de cursos técnicos gaúchos e pernambucanos apresentaram atitudes convergentes com seus colegas paulistas.

Um indicador interessante do ajustamento das expectativas dos alunos e das escolas, ao menos as privadas, é o anúncio de uma delas, publicado em jornal do Rio de Janeiro, registrado durante o mês de fevereiro de 1972, com dimensões chamativas. Ele apresentava as vantagens do curso técnico industrial, nas especialidades oferecidas pela escola. A primeira era a dispensa do serviço militar, em decorrência de a escola ter sido declarada de "interesse da segurança nacional", para os fins da lei do serviço militar. A segunda vantagem mostrava-se mais importante do que a primeira, pois vinha em letras de tipo maior, bem destacadas, em caixa alta: "aprovamos 98% dos nossos alunos que fizeram vestibulares, sem nenhum cursinho".

A justaposição nas atitudes dos alunos, de orientações para o trabalho e para a continuação dos estudos (do tipo "arranjar emprego para continuar os estudos") passa a ter sentido na situação de transformações da educação de nível superior como instrumento, em primeiro lugar, de confirmação de posições sociais já alcançadas pelo grupo familiar e, em segundo, de requisito de ascensão social, quando as oportunidades de fazê-lo por outros meios tornaram-se mais estreitas. Nesse caso, o aumento esperado da competição pelo ingresso nos cursos superiores geraria uma defesa, a aquisição de uma possi-

---

dados para os compararmos com os alunos capixabas do ensino médio geral, conforme o esquema da pesquisa paulista dos anos 60.

bilidade de obter salário e/ou melhor preparo em algumas disciplinas-chave para o ingresso em cursos superiores.

Veremos, em seguida, como as condições do mercado de trabalho e seu controle pelos grupos corporativos atuaram para a reorientação da trajetória escolar e profissional dos concluintes das escolas técnicas industriais, reforçando aquelas expectativas.

O certo é que os jovens que concluíram os cursos técnicos não encontravam oportunidades de emprego compatível com sua formação, em termos de número de postos de trabalho, de remuneração e de prestígio. A razão disso está no controle de segmentos inteiros do mercado de trabalho pelas corporações profissionais de detentores de diplomas de nível superior.

Esse controle pode ser institucionalizado ou não. No primeiro caso, temos, por exemplo, os Conselhos Federal e Regionais de Engenharia e Arquitetura, que, desde os anos 40, traçam as fronteiras que dividem o trabalho reservado ao possuidor de diploma de nível superior daquele permitido ao possuidor de diploma de técnico. Com base em um poder estatal – o CFEA é um órgão do Estado –, a fronteira tem sido traçada de modo a limitar bastante a fatia do mercado de trabalho deixada ao técnico, reservando aos engenheiros e arquitetos a fatia maior e mais atraente.

A reserva de mercado pode ser feita, também, de modo informal, no interior das empresas empregadoras ou dos órgãos públicos. A definição dos planos de cargos é feita aí a partir de cima, vale dizer, pelos diplomados em cursos superiores, de modo que o resultado acaba sendo semelhante ao do anteriormente mencionado, senão mais drástico.

Nos dois casos, o corporativismo dos profissionais de nível superior torna nada atraente o mercado para os egressos das escolas técnicas: os profissionais de nível superior é que ocuparão os postos de trabalho que poderiam ser preenchidos com os formados nas escolas técnicas. Só que os nomes dos cargos não deixam as marcas dessa mutilação.[10]

Um fator de reforço à procura de cursos superiores pelos concluintes de cursos técnicos industriais é a busca pelos jovens oriundos de setores sociais "naturalmente" vocacionados para a universidade. São jovens provenientes dos setores de mais alta renda na classe média, que buscam um curso gratuito de 2º grau de boa qualidade. Encontram isso nas escolas técnicas, nos colégios de aplicação das universidades e até nos colégios militares. Essa procura

---

10 Entrevistas que fiz na área médica, especialmente na hospitalar, mostraram que esse "deslocamento" de postos técnicos pelos médicos é escandaloso. Este é um caso em que a força da corporação médica e a eficácia das escolas de medicina, enquanto agências formadoras, dão aos médicos uma tal hegemonia na área de saúde que até mesmo a pergunta sobre quais atribuições hoje nas mãos de médicos poderiam ser transferidas às enfermeiras e outros técnicos de nível médio é considerada uma indagação impertinente.

se intensificou a partir dos anos 70, quando prevaleceu a política de controle do setor de educação do Estado (tanto em nível federal quanto estadual e municipal) pelos empresários de ensino.

Desde então, os donos de escola e seus prepostos ocuparam o ministério e as secretarias de educação, assim como os conselhos federal e estaduais. Com base nesse aparato de poder do Estado, legislavam em causa própria, chegando a determinar as condições de expansão das redes públicas de ensino, além de criarem toda sorte de incentivos para a multiplicação de seu capital.

A mais dramática conseqüência da privatização da administração do ensino público foi que se produziu uma deliberada e bem orquestrada deterioração do ensino de 1º e 2º graus nas escolas públicas, o que levou quem podia pagar para as escolas privadas de melhor qualidade. Quem não podia pagar, tinha de se contentar com o ensino público deteriorado ou com o simulacro de qualidade nas escolas privadas de segunda categoria, que eram, aliás, mais numerosas do que aquelas.

Alternativa rara para o ensino público e gratuito de boa qualidade estava naquelas exceções mencionadas acima: escolas técnicas, colégios de aplicação das universidades e colégios militares. Estes estabelecimentos conseguiram se defender da deterioração geral do ensino público de 1º e 2º graus. Os colégios de aplicação das universidades e os colégios militares foram defendidos pelas respectivas instituições, postos a salvo da intervenção dos gerentes privatistas dos negócios públicos. Apesar das tentativas de demolição representadas pelas ameaças de transferência para as redes estaduais, da dissolução pelos equívocos da política da profissionalização universal e compulsória, as escolas técnicas da rede federal também se mantiveram a salvo.

As razões de sua sobrevivência são ainda pouco conhecidas, mas suponho que elas podem ser encontradas, embora não exclusivamente, na presença de um *ethos*, uma mentalidade forjada ao longo dos anos e orientada para a valorização do ensino técnico. Em poucos segmentos da educação brasileira encontrei professores dotados de tamanho orgulho de pertencimento a um tipo de escola; ciosos da competência acumulada; cientes das novidades em seu campo de conhecimento e conhecedores das condições de mercado que esperavam por seus alunos.[11]

O desempenho e o prestígio do ensino técnico, notadamente o do ensino técnico industrial – no que a rede federal sempre teve grande responsabilidade – atraíram freqüentemente os simulacros, inclusive a demagogia. Foi o que aconteceu no governo do presidente José Sarney (1985-1990).

---

11 D'Avila (1996) fala de um "clima" específico, existente nas escolas técnicas, responsável por sua qualidade de ensino.

Em fevereiro de 1986, o segundo ministro da Educação do governo Sarney, senador Jorge Bornhausen, deflagrou o Programa de Expansão e Melhoria do Ensino Técnico – Protec, que vinha sendo delineado desde a gestão de seu antecessor, Marco Maciel. Mais do que um programa, ele consistiu na ambiciosa meta de instalar, especialmente em cidades do interior do país, duzentas escolas profissionais de 1º e 2º graus. Essa meta tão ambiciosa foi estabelecida sem base objetiva alguma que indicasse a necessidade de duas centenas de novas escolas técnicas em cidades do interior. Mas isso não a privava de objetivos político-eleitorais.

A pretensão era estabelecer uma contrapartida à política educacional do governador Leonel Brizola, do Estado do Rio de Janeiro (1983-1987), que prometia construir 500 grandes prédios para escolas de 1º grau para ensino em tempo integral – os Cieps. Embora menos numerosas, as duzentas escolas técnicas seriam mais valiosas (mais caras), teriam necessidade de mais pessoal para ser nomeado, poderiam ser inauguradas em todos os estados da Federação em cerimônias mais aparatosas, além de encontrarem respaldo no senso comum, de que o ensino profissional é um bom antídoto contra a delinqüência e um caminho seguro para o progresso individual e social. Talvez por isso, os ministros não receberam objeção alguma dos técnicos do MEC nem dos membros do Conselho Federal de Educação.

Os objetivos proclamados para o Protec retomavam antigos estereótipos a respeito das virtudes do ensino profissional: ajustar a oferta de pessoal qualificado às exigências de um mercado de trabalho em processo de expansão; garantir novas alternativas de formação profissional, evitando estrangulamentos no acesso ao ensino superior; interiorizar as oportunidades de qualificação profissional, que estariam muito concentradas nas capitais.

A despeito da propaganda oficial, na realidade não se previa construir duzentas novas escolas técnicas, mas, sim, firmar duzentos convênios, que, além de novos estabelecimentos de ensino, viriam a beneficiar escolas já existentes. Além disso, não se tratava somente do ensino técnico, em termos estritos, isto é, o oferecido em nível de 2º grau, para formar profissionais de nível médio. A maioria dos convênios visava ao 1º grau, cujo ensino profissional não tinha nada de técnico. Os quase dois milhões de pedidos de escolas profissionais que chegavam ao MEC, de prefeitos, vereadores, deputados e senadores (ao menos era esse o número divulgado) eram utilizados como "prova" de que existia uma grande necessidade desse tipo de ensino, portanto a política educacional estaria no caminho certo.

Dentre as modalidades de atuação do Protec, estava a construção e equipamento pelo MEC de escolas agrotécnicas e industriais de 2º grau, a serem administradas, supervisionadas e mantidas pelas instituições existentes, em convênio com as administrações municipais. Cada prefeitura participante do programa doaria o terreno e ofereceria a infra-estrutura. Ao fim de 1988 noticiava-se estarem em implantação 46 escolas, sendo 13 agrotécnicas e 33 industriais, totalizando a oferta de 39.240 novas vagas.

Somando-se as 72 escolas agrotécnicas de 1º grau com as 46 escolas industriais e agrotécnicas de 2º grau, "filiais" das existentes no sistema federal, com os 82 convênios de ampliação, chega-se ao número 200, do qual 118 seriam novas escolas e o restante, ampliações. No total, a previsão era que a capacidade das escolas construídas e ampliadas ultrapassaria 66 mil novas vagas.

Mas, ao fim do governo Sarney, em março de 1989, pouco restou daquelas metas tão ambiciosas, mesmo com as redefinições que se fizeram. Apenas dezesseis novas escolas haviam sido realmente construídas, numa redução da meta anunciada proporcional à dos Cieps do Estado do Rio de Janeiro, competidores e estímulo do Protec do nível federal.

As pequenas realizações do governo Sarney no âmbito do ensino profissional, descontadas as promessas grandiloqüentes, não chegaram a compensar a extinção da Fundação Centro Nacional de Aperfeiçoamento de Pessoal para Formação Profissional (Cenafor), com a desculpa de redução de despesas (Decreto n.93.613, de 21 de novembro de 1986).

O Cenafor foi criado em 1969, com sede em São Paulo, e desenvolvia, desde então, ações de capacitação de recursos humanos para atuar no ensino técnico industrial e agrícola, como atualização pedagógica de professores, orientadores e supervisores; atualização em conteúdos específicos; formação docente para professores não habilitados, atuando diretamente com as escolas técnicas federais, em convênio com as secretarias estaduais de educação e com entidades de formação profissional como o Senai, o Senac e o Senar. O Cenafor desenvolveu, também, pesquisas sobre questões pertinentes ao ensino profissional, como, por exemplo, a das causas das altas taxas de reprovação nos exames de suplência (profissionalizante). Além disso, a entidade desenvolveu importantes atividades de documentação e informação na área do ensino profissional, assim como de intercâmbio com órgãos internacionais.

4
Ensino industrial, secundário e profissionalizante

Assumido um novo projeto industrialista de desenvolvimento para o Brasil pelo Estado Novo (1937-1945), duas estratégias se colocaram para a formação de trabalho que seria demandada pela sua realização.

A primeira estratégia consistia na defesa da formação dos operários em escolas, procurando-se reproduzir nela o ambiente fabril, como se tentava fazer desde as antigas escolas de aprendizes artífices criadas em 1909. A segunda estratégia opunha-se à primeira, na medida em que procurava deslocar a escola profissional para dentro do ambiente fabril, definindo como destinatários preferenciais os menores que já trabalhavam na indústria.

A "lei" orgânica do ensino industrial (Decreto-lei n.4.073, de 30 de janeiro de 1942) resultou de uma composição de duas estratégias, pois mantinha o curso básico industrial fora da produção, como a escola profissional por excelência, ao mesmo tempo em que admitia a existência paralela da aprendizagem industrial para os operários menores de idade. O Serviço Nacional de Aprendizagem dos Industriários (depois, Industrial) – Senai veio a ser o órgão das indústrias, por elas mantido e controlado, em associação com o Estado, voltado para a manutenção de escolas de aprendizagem. Essa instituição conseguiu conquistar uma ampla faixa de manobra na medida em que se utilizava ora do Ministério da Educação ora do Ministério do Trabalho como vínculo com o Estado. Jogando com a descoordenação ministerial e, até mesmo, com rivalidades entre as suas burocracias, o Senai criou condições para a afirmação da sua autonomia, embora se mantivesse dentro dos marcos estabelecidos pela legislação, particularmente a legislação educacional.

O sucesso das escolas de aprendizagem do Senai, pela qualidade do seu produto, demonstrou logo a inviabilidade dos cursos básicos industriais. A consciência dessa inviabilidade resultou na progressiva eliminação das escolas industriais[1] cujo lugar foi ocupado pelas escolas de aprendizagem do Senai, já, então, em posição hegemônica.

Além da mudança da posição relativa da aprendizagem, vou apresentar, neste capítulo, a evolução do relacionamento entre ensino secundário e industrial, tipificado em quatro momentos principais, em seqüência não necessariamente cronológica. Primeiramente, é preciso dizer que o relacionamento do Senai com o ensino regular foi feito pela sua articulação com a escola industrial; posteriormente ele se deslocou para o ensino médio, 1º ciclo, de conteúdo não necessariamente profissional.

A disputa da hegemonia

Nos 19 anos que se seguiram à promulgação da "lei" orgânica, o número de escolas que ofereciam cursos básicos industriais mais do que triplicou; as matrículas, entretanto, não chegaram a dobrar (Tabela 4-1).

Tabela 4.1 – Número de cursos básicos industriais e efetivo discente – Brasil, 1942 e 1961

Discriminação	Número de cursos	Número de alunos
1942	97	10.791
1961	339	20.300

Fonte: MEC/SEEC, Sinopses Estatísticas do Ensino Industrial, 1942 e 1961.

Esses dados indicam que a expansão se fez por meio de unidades escolares de pequeno porte, o que deve ter produzido dois tipos de resultados combinados: o elevado custo médio por aluno e o oferecimento de cursos restritos, em razão da impossibilidade de ampliação das oficinas.

A expansão do ensino industrial resultou de um esforço do setor público: das 339 escolas existentes, em 1961, 310 eram públicas e apenas 29 privadas.

---

1 À medida que as escolas industriais tiveram sua inviabilidade demonstrada, elas se transformaram em escolas técnicas, no sentido estrito. As escolas que possuíam cursos técnicos, desde o início (1943), foram desativando os cursos industriais (1º ciclo do ramo industrial do ensino médio).

Dentre aquelas, 162 eram mantidas pelo Governo Federal e 148 pelos governos estaduais, especialmente o do Estado de São Paulo, responsável por 108 delas. A concentração das indústrias brasileiras na região Centro-Sul, principalmente no Estado de São Paulo, determinou a localização aí de quase um terço das escolas destinadas à formação de operários qualificados. Ao contrário da concentração das escolas estaduais, o Governo Federal distribuía suas escolas por quase todas as unidades da Federação.

Mas, é duvidoso que essas escolas industriais tivessem contribuído, de modo significativo, para a formação da força de trabalho necessária à indústria. São três os principais indicadores dessa dúvida.

A rigidez da "lei" orgânica do ensino industrial, que estabeleceu de antemão cursos, currículos e modos de funcionamento escolares padronizados para todos os cursos básicos industriais, impedia a adaptação do ensino às transformações da economia. Essa rigidez assumiu maior gravidade na década de 1950 quando setores inteiros da economia foram implantados (produção de automóveis, navios, vagões ferroviários, aparelhos eletrodomésticos etc.) e outros enormemente expandidos (como a produção e distribuição de energia elétrica, extração de minérios, siderurgia etc.). As novas ocupações surgidas com as transformações da economia dificilmente seriam desempenháveis pelos operários formados segundo currículos desenhados no início da década anterior, quando a política governamental de industrialização ainda estava nos seus primórdios.

Não bastasse a rigidez determinada pela lei, a teia burocrática impedia que as escolas industriais pudessem cumprir satisfatoriamente até mesmo o estabelecido. As mais simples providências administrativas exigiam portarias do ministro e/ou do secretário estadual de educação; os diretores das escolas federais eram nomeados pelo presidente da República e os das estaduais, pelos governadores. Os recursos financeiros eram alocados segundo itens de despesa bastante específicos, de difícil, senão impossível, transferência. Não era incomum a sobra de recursos para o pagamento de "serviços de terceiros" simultaneamente à falta de dinheiro para a compra de matéria-prima.[2]

Finalmente, o terceiro indicador, e certamente o mais importante, foram as elevadas taxas de evasão, que tornavam ainda mais caro e improdutivo o funcionamento dos cursos básicos industriais.

As taxas de evasão podem ser percebidas, indiretamente, pela proporção de concluintes sobre o total das matrículas. Durante a década de 1950, com a

---

2 Em 1959, as escolas da rede federal ganharam autonomia administrativa, didática e financeira. De pouco serviu a mudança para o ensino industrial de 1º ciclo, que já se transformava. No entanto, a autonomia foi extremamente importante para o 2º ciclo, que formava técnicos de nível médio.

matrícula anual média da ordem de 18.500 alunos por ano, sem variação importante, o número médio anual de concluintes era de 2.800 por ano, o que dá uma taxa da ordem de 15%. As reprovações eram, também, muito grandes, atingindo, em 1960, 80% dos alunos dos cursos básicos industriais (Fonseca, 1961, v.1, p.297). Diz esse autor a respeito do fenômeno:

> A maior causa da evasão escolar é econômica. Geralmente as famílias retiram os filhos das escolas quando eles já têm certos conhecimentos profissionais que os habilitam a trabalhar e, dessa maneira, a ajudar os orçamentos domésticos. (ibidem)

Para retomar esse problema, os administradores das escolas industriais solicitavam ao Governo Federal que permitisse o pagamento aos alunos pelos trabalhos realizados sob encomenda, a título de adestramento.[3] Argumentavam que, remunerando-se os alunos, sua evasão seria menor. Nesse ponto, mais uma vez, as dificuldades burocráticas impediram que a medida fosse tomada.

As demais causas da evasão, assim como da reprovação intensa consistiam, provavelmente, no insuficiente equipamento de ensino, no corpo docente improvisado e na carência de uma metodologia didática apropriada. Não se pode deixar de considerar, também, um fator que pode explicar boa parte desse fenômeno. Trata-se da persistência da concepção dessas escolas como destinadas aos "desvalidos" e delinqüentes, fazendo-as uma mistura de asilo e centro correcional. Os alunos que lá eram matriculados não tinham, assim, disposições favoráveis à aprendizagem, potencializando, desse modo, a insuficiência dos recursos humanos, materiais e organizacionais.

Se o fim da década de 1950 encontrou a escola industrial e a "lei" orgânica no ponto mais baixo do seu prestígio, não se pode dizer que a situação do Senai fosse isenta de problemas, por encontrar dificuldade em responder às demandas, de grandes dimensões e bastante diversificadas, geradas pelo novo surto de industrialização, no auge do processo de substituição de importações. Data dessa época o aparecimento das iniciativas tendentes à difusão do treinamento em serviço, da introdução do método TWI[4] e da regulamentação dos acordos de isenção, previdências que amadureceram na década seguinte.

---

3 Durante os anos 10 e 20, essa medida foi sucessivamente introduzida e retirada das escolas de aprendizes artífices mantidas pelo Governo Federal.

4 *Training Within Industry* equivale a treinamento rápido em serviço. Os principais cursos oferecidos nessa modalidade foram: desenvolvimento de programas de treinamento, liderança de reuniões, ensino correto de um trabalho, método no trabalho e técnica de acompanhamento.

Apesar dessas dificuldades, as escolas do Senai, quando comparadas às de ensino industrial, evidenciavam de modo incontestável a inviabilidade destas. A autonomia que lhes faltava, a adesão de alunos motivados (e remunerados), a possibilidade de organizar cursos conforme as demandas locais, o entrosamento com os empresários consumidores eram qualidades do Senai cuja carência, nas escolas industriais, mostrava a necessidade urgente de modificar os cursos básicos industriais, senão acabar com eles.

Essas alternativas já não eram heresias, como no tempo do Estado Novo. Funcionários do Ministérios da Educação, imbuídos da ideologia liberal e com experiência vivida no Senai eram chamados, cada vez mais freqüentemente, a participar de comissões de estudos, e mesmo a ocupar cargos de direção ministerial.

A secundarização do ensino industrial

Por mais forte que tivesse sido a demonstração "técnica" da inviabilidade das escolas industriais, correlativa à viabilidade das escolas de aprendizagem do Senai, houve um outro fator, este político-ideológico, que teve grande importância para a redefinição do papel das primeiras. Trata-se da volta dos educadores liberais aos centros de decisão do Estado em matérias educacionais.

Anísio Teixeira retomou seu antigo papel, reforçado, então, pela projeção internacional. A Associação Brasileira de Educação, também marginalizada durante o Estado Novo, passou a desempenhar, na Constituinte de 1946, papel análogo ao que teve na de 1934, conseguindo, desta vez, influir decisivamente nos trabalhos.

O segundo ministro da Educação do governo Dutra, Clemente Mariani, era liberal convicto e fundador da União Democrática Nacional. Após sua posse, os liberais voltaram aos centros de decisão em matéria de educação.[5]

O sistema educacional dirigido pelo Estado Novo não foi destruído, continuando em vigor todos os decretos, decretos-leis, portarias e outros instrumentos normativos. Mas, a reabertura do Congresso Nacional e as práticas eleitorais vigentes fizeram com que fossem elaboradas leis que, gradativamente, iam modificando aquele sistema. No âmbito estadual, principalmente, o prestígio dos parlamentares, e em decorrência, seu potencial para reeleição, mediam-se pelas "realizações", isto é, pelas leis por eles propostas e aprovadas,

---

5   Entretanto numerosos partidários e colaboradores do Estado Novo, mais ou menos convictos, continuaram a ocupar posições nos centros de decisão do Ministério da Educação e nas secretarias estaduais, assim como postos no Poder Legislativo e no Poder Judiciário. O mais importante deles foi Gustavo Capanema, deputado federal e senador por Minas Gerais.

beneficiando segmentos específicos da população. Por essa via, foram promulgadas numerosas leis criando ginásios em cidades de todo tamanho, passando o governo a ter de construí-los e colocá-los em funcionamento.[6]

Não se tratava apenas de expandir o sistema existente, mas, também, de eliminar restrições incompatíveis com a sociedade democrática que se pensava construir.

Nesse sentido, em 1950, uma portaria ministerial determinou que os concluintes dos cursos de aprendizagem do Senai, de três anos de duração, podiam se matricular nos cursos técnicos industriais, no 2º ciclo do ensino médio.[7] A medida foi definida como de grande alcance democrático, pois os artífices poderiam, então, não só se tornar técnicos como, depois disso, postular o ingresso no curso superior. Até então, os artífices formados pelo Senai, se pretendessem prosseguir seus estudos, deveriam ingressar num curso básico industrial, na série compatível com os estudos anteriores, aferidos por exames; concluído esse curso, poderiam candidatar-se ao curso técnico. Entretanto, a portaria foi revogada poucos meses depois da sua promulgação, sem ter resultado em benefícios concretos.[8] Estes, por sua vez, dificilmente seriam obtidos, já que o Senai não mantinha, na época, nenhum curso de aprendizagem com três anos de duração.

No mesmo ano, foi promulgada a primeira das "leis de equivalência".

A Lei n.1.076, de 31 de março de 1950, assegurou o direito de matrícula nos cursos clássico e científico (2º ciclo do ensino médio, ramo secundário) aos egressos dos cursos industrial, comercial ou agrícola do 1º ciclo do ensino médio, mas estabeleceu restrições, como a aprovação em exames das matérias do ginásio não estudadas naqueles cursos – eram os "exames de complementação". Esses exames seriam realizados em escolas federais, reconhecidas ou equiparadas. Os concluintes do 1º ciclo do ensino normal continuavam podendo se candidatar apenas ao 2º ciclo do mesmo ramo.

---

6 No período que se seguiu à redemocratização, o ensino médio se expandiu intensamente. De 1947 a 1955, a taxa anual média linear de crescimento das matrículas, nos dois ciclos, foi de 9,2%. Estabelecia-se um pacto, entre os homens do poder e os eleitores, geralmente das classes trabalhadoras. Os políticos distribuíam benefícios, na forma de obras públicas, e os eleitores votavam nos seus "benfeitores". Para uma análise desse processo, na zona rural, consultar Leal (1975). Um dos benefícios mais rentáveis em termos eleitorais era a instalação de escolas. Beisiegel (1964) estudou esse processo e verificou que a expansão do ensino médio, no Estado de São Paulo, foi em grande parte determinada por ele.

7 Portaria n.15, do Ministério da Educação, de 31 de janeiro de 1950.

8 Não consegui descobrir documentos que apresentassem as razões da revogação, mas entrevistas com pessoas ligadas ao ensino industrial, na época, convergem em apontá-la como resultado da pressão dos administradores das escolas técnicas industriais, principalmente as da rede federal. Estes temiam a queda da qualidade do ensino, previsível com o "empobrecimento" cultural dos candidatos provenientes das escolas de aprendizagem.

O ensino profissional na irradiação do industrialismo

A lei foi além, e determinou a equivalência do certificado de conclusão dos cursos técnicos comerciais ao 2º ciclo do secundário. Os portadores daquele certificado que, até então, somente podiam se candidatar aos cursos superiores tidos como diretamente relacionados ao curso técnico de comércio, passaram a poder se inscrever nos exames vestibulares de quaisquer cursos superiores.

Três anos depois, a Lei n.1.821, de 12 de março de 1953, veio ampliar as equivalências. O ingresso no 2º ciclo do ensino secundário foi facultado, também, aos concluintes do 1º ciclo do ensino normal, assim como aos egressos dos cursos de formação de oficiais das polícias militares dos estados e do Distrito Federal. A mesma lei possibilitou a inscrição nos exames vestibulares dos concluintes de quaisquer cursos vestibulares aos concluintes do 2º ciclo dos cursos industrial, agrícola e normal, assim como aos egressos dos seminários religiosos "idôneos". Embora ainda mantivesse restrições à transferência de estudantes entre os ramos e os ciclos do grau médio e entre estes e o superior,[9] a lei apontava como desejável a equivalência irrestrita, ao determinar que o Ministério da Educação devesse

> proceder aos estudos necessários para estabelecer geral regime de equivalência entre os diversos cursos de grau médio a fim de possibilitar maior liberdade de movimento de um para outro ramo desse ensino e de facilitar a continuação de seus estudos em grau superior.

Os dispositivos dessa lei foram regulamentados pelo Decreto n.34.330, de 21 de outubro de 1953, mas de um modo tal que veio a restringir as facilidades enunciadas pela lei. Enquanto ela dizia que, satisfeitas as exigências de complementação do currículo, os egressos dos cursos profissionais poderiam prestar exames vestibulares para quaisquer cursos, o decreto estabeleceu os cursos superiores aos quais eles ficavam limitados em sua candidatura, na linha das "leis" orgânicas do período 1942-1946. Assim, os egressos dos cursos técnicos industriais poderiam se candidatar apenas aos cursos das escolas de engenharia, de química e de desenho, estes últimos das faculdades de filosofia, ciências e letras. Os técnicos industriais que tivessem concluído o curso pedagógico específico do ramo industrial poderiam se candidatar, também, à seção de pedagogia daquelas faculdades.

Apesar dessa restrição com relação ao disposto na lei, as condições estabelecidas pelo decreto ainda constituíam uma abertura diante do estipu-

---

9 A lei mantinha, como restrição à equivalência plena, que os pretendentes ao se transferirem para o secundário e ao prestarem exames vestibulares tivessem cursado as disciplinas deste ramo ou, então, prestado exame das que lhes faltassem para completar o elenco em questão.

lado pelas portarias 38/46 e 14/52, que determinavam a vinculação necessária entre as especialidades do curso técnico industrial e do curso de engenharia. Assim, o técnico em eletrônica, por exemplo, somente poderia se candidatar ao curso de eletrônica na escola de engenharia, nem mesmo ao de eletricidade.

A primeira "lei de equivalência" foi decisiva para a transformação dos cursos básicos industriais, de portadores de um conteúdo quase que exclusivamente profissional, para um conteúdo cada vez mais geral, abrindo, assim, caminho para a sua própria extinção ao fim da década de 1950. A restrição da equivalência, exigindo os "exames de complementação", induziu a pressão dos estudantes do 1º ciclo dos cursos profissionais para que estes incluíssem todas as disciplinas do ginásio, de modo a dispensá-los de prestar esses exames.

Antecipando-se ao desfecho dessas pressões, aliás difusas e inorgânicas, a secundarização do conteúdo do 1º ciclo do ensino industrial foi acionada pela própria burocracia educacional.

Em 1954, o Ministério da Educação promoveu a I Mesa Redonda Brasileira de Educação Industrial, realizada nas cidades de São Paulo, Belo Horizonte e Salvador, contando com a participação de profissionais do setor, nem todos pertencentes aos quadros de serviço público. A organização do ensino proposta pela "lei" orgânica do ensino industrial foi bastante criticada, ao mesmo tempo em que foram feitas proposições no sentido da sua alteração. As mais importantes dentre elas defendiam a autonomia administrativa e técnica das escolas industriais da rede federal, de modo que elas pudessem adequar seus cursos às necessidades da economia, com a flexibilidade necessária.[10]

As proposições dos participantes da mesa redonda tiveram grande repercussão no Ministério da Educação, tanto que, no ano seguinte, 1955, o ministro designou uma comissão para estudar as reformulações propostas. Seus trabalhos resultaram num anteprojeto de lei que, enviado ao Congresso, foi promulgado e sancionado como a Lei n.3.552, de 16 de fevereiro de 1959. No mesmo ano, o Decreto n.47.038, de 16 de outubro, regulamentava seus dispositivos.

Tanto a lei quanto o decreto mencionados dirigem-se às escolas da rede federal, permitindo que as escolas mantidas por estados, municípios e particulares se regulassem segundo a "'lei" orgânica, de 1942, e as normas estaduais

---

10 A "lei" orgânica previa um número limitado de cursos em cada uma delas, com um único currículo, prefixado. Os participantes da mesa-redonda propunham não só que as escolas pudessem adicionar cursos aos já previstos, como, também, que cursos de mesma especialidade pudessem ter currículos diferentes, conforme as necessidades de diferentes regiões, no mesmo tempo, e da mesma região, em tempos diferentes.

e municipais. A "adaptação" ao novo regulamento tinha um apelo irresistível: os diplomas só poderiam ser registrados no Ministério da Educação se as escolas que os emitissem estivessem enquadradas nas novas normas. Por esta razão, vou tratar dessa lei e desse regulamento como se dirigindo a todas as escolas industriais, independentemente de pertinência à rede federal.[11]

No que se refere ao curso básico industrial, verificou-se uma alteração completa de objetivos. De "destinado ao ensino, de modo completo, de um ofício cujo exercício requeira a mais longa formação profissional", conforme a "lei" orgânica, passou a ser um "curso com as características de curso secundário do primeiro ciclo e com orientação técnica", conforme o regulamento. Deixou de ser um curso com várias especialidades, de acordo com o número de ofícios delas carentes, para se tornar um único curso não-especializado, com os seguintes objetivos, com relação ao educando:

> a) ampliar fundamentos de cultura; b) explorar aptidões e desenvolver capacidades; c) orientar, com a colaboração da família, na escolha de oportunidades de trabalho ou de estudos ulteriores; d) proporcionar conhecimento e iniciação em atividades produtivas, revelando, objetivamente, o papel da ciência e da tecnologia no mundo contemporâneo.

Enquanto a "lei" orgânica determinava que o curso básico formasse, primeiramente, profissionais (artífices) e, secundariamente, candidatos ao curso técnico, o regulamento deslocou a formação profissional para o 2º ciclo, mantendo os cursos de aprendizagem com essa função específica. Com isso, deixariam de existir as superposições de função dos dois cursos, segundo a "lei" orgânica. Os principais pontos que passaram a marcar suas diferenças eram os seguintes:

a) o curso industrial era de cultura geral; as práticas de oficina tinham o objetivo de servir de suporte à cultura geral e, também, de permitir futuras opções profissionais; o curso de aprendizagem era profissional, objetivando a formação de artífices;

b) o curso industrial era dominantemente propedêutico ao segundo ciclo, fosse ao curso secundário, fosse ao técnico industrial; o curso de aprendiza-

---

11 Uma das novas determinações, entretanto, dirigiu-se apenas às escolas técnicas federais: a direção de cada uma delas pelo conselho de representantes, constituído por delegados do Ministério da Educação, professores, empresários e outros, dispondo de ampla autonomia administrativa, financeira e didático-pedagógica. O diretor da escola passou a ser escolhido pelo conselho de representantes que era também a primeira instância fiscalizadora. No entanto, em razão do novo conteúdo geral do curso básico industrial, esse ganho de autonomia beneficiou apenas os cursos técnicos. Naquele caso, porém, o efeito do conselho de representantes foi sua extinção, por "falta de função".

gem era terminal; seu valor propedêutico era dificultado pelos exames de verificação da "capacidade do aluno" de modo a classificá-lo na série adequada do curso industrial;[12]

c) no curso industrial as práticas de oficinas eram politécnicas, enquanto no curso de aprendizagem eram monotécnicas; neste, as práticas eram desenvolvidas em termos metódicos, ao passo que, no primeiro, não havia exigência de que fossem exclusivamente deste tipo. No mais, tanto a lei quanto o regulamento confirmaram os dispositivos anteriores relativos à aprendizagem.

De um modo geral, os documentos legais de 1959 fizeram com que o curso industrial básico perdesse o seu caráter profissional e o curso de aprendizagem fosse reconhecido como o único adequado à formação de operários qualificados, perdendo a posição subordinada que lhe dava a "lei" orgânica.

Essas mudanças básicas corresponderam à vitória dos interesses dos membros da comissão de 1955, que estudou as proposições da mesa redonda do ano anterior. Ela era constituída por dois tipos principais de pessoas: membros do Senai e educadores liberais.[13] Os dois tipos atingiram seus alvos. Os membros do Senai conseguiram firmar a hegemonia da instituição na formação de operários qualificados, tarefa facilitada pelo descrédito das escolas industriais, como disse anteriormente. Os educadores liberais fizeram ressurgir antigas proposições de John Dewey[14] de que as escolas profissionais, quando estão separadas das escolas puramente propedêuticas, constituem um mecanismo de discriminação social.

Essa posição liberal, expressa na legislação de 1959, constitui a reedição das medidas tomadas por Anísio Teixeira em 1932, quando era secretário de educação do Distrito Federal, e Joaquim Faria Góes Filho, seu diretor do ensino secundário e profissional. Nesse ano, o Decreto (DF) n.3.763, do prefeito do Distrito Federal, determinou que as escolas profissionais (de nível pós-primário) deixassem de ter como objetivo a formação de artífices e se preocupassem em utilizar as práticas de oficina como atividades destinadas à educação geral e à sondagem de vocações. As escolas profissionais passavam a ter no seu currículo todas as disciplinas do ensino secundário, adicionan-

---

12 Na prática, essa transferência era bastante dificultada pelo mais baixo nível de conhecimentos gerais dos alunos do curso de aprendizagem. Para se ter uma idéia, o curso primário completo era condição necessária para o ingresso no curso industrial, o que não acontecia com o de aprendizagem, onde as escolas determinavam os conhecimentos mínimos indispensáveis, conforme as especialidades e as condições dos candidatos.

13 Às vezes os dois tipos se confundiam na mesma pessoa, como no caso de Joaquim Faria Góes Filho, diretor do Departamento Nacional do Senai e antigo colaborador de Anísio Teixeira (também presente).

14 A identidade das posições, apesar de mais de duas décadas de intervalo, deveu-se, em grande parte, à influência daqueles educadores, nas duas situações comentadas.

do-se a elas as atividades especiais de oficinas. Era o início da ambiciosa, mas curta, experiência das escolas técnicas secundárias.

A razão alegada para a mudança de conteúdo do curso industrial, em 1959, convergia com uma das apresentadas em 1932: o controle à precocidade da escolha profissional. Antes do novo regulamento, os alunos do curso industrial poderiam concluí-lo com 15 anos, idade considerada precoce para manifestar a vocação e, com maior razão, para o aprendizado de um ofício. Assim, transformando-se o conteúdo próprio desse curso, de profissional para sondagem vocacional, pensavam os liberais estarem cumprindo um requisito básico da moderna psicopedagogia. Entretanto, esse argumento não poderia elidir outra importante motivação: extinguir o curso industrial básico, cuja ineficácia era evidente, e reconhecer a hegemonia do Senai como agência de preparação de operários qualificados.[15]

O processo de transformação das escolas industriais deu um novo salto quando foi nomeada uma comissão, no âmbito do Ministério da Educação, para "apresentar diretrizes e medidas gerais que servissem de base ao planejamento do preparo de mão-de-obra para a indústria e o artesanato". A comissão, à semelhança da que elaborou o anteprojeto da Lei n.3.552/59, era composta de educadores liberais e administradores do Senai, alguns deles os mesmos em ambas as comissões.

As recomendações dessa comissão foram materializadas no Decreto n.50.492, de 25 de abril de 1961, e consistiam na complementação do regulamento do ensino industrial, objeto da legislação de dois anos antes, já comentada.

O decreto trouxe, como principais inovações, a mudança do nome do curso básico industrial para *ginásio industrial*; a especificação do número de horas dedicadas à prática de oficina (6 a 12) no total do tempo semanal de atividades educativas (33 a 44 horas); previa, também, a possibilidade de os estabelecimentos de ensino secundário transformarem os seus cursos em ginásios industriais.[16]

O Estado de São Paulo aproveitou as sugestões desse decreto e transformou nove de seus estabelecimentos de ensino em *ginásios vocacionais*, se-

---

15 Se aquele argumento fosse válido, por si só, seria de se esperar que os membros da comissão que elaborou o anteprojeto da Lei n.3.552/59, por força de coerência, julgassem precoces, para efeitos de escolha profissional e aprendizado de um ofício, os alunos das escolas do Senai. Também estes, se nelas ingressassem aos 14 anos, teriam concluído sua formação aos 15 ou aos 16.

16 A mudança do nome do curso industrial, passando a se chamar também ginásio, como o curso secundário, era muito discutida desde 1959. Nessa época, pretendia-se que o projeto de Lei de Diretrizes e Bases da Educação Nacional, em discussão no Congresso, unificasse os nomes dos cursos do ensino médio, de modo a diminuir o preconceito popular para com o ensino profissional. Para uma crítica a essa posição ver Brejon (1960).

gundo o modelo estabelecido.[17] Esses ginásios serviram de paradigma para experiências futuras no próprio estado e no resto do país.[18]

Visando a obtenção de recursos para a expansão dos ginásios industriais, o MEC firmou um convênio com a Usaid, em 15 de junho de 1961 (70 mil dólares e contrapartida brasileira de 40 milhões de cruzeiros), recursos esses que seriam administrados pela Comissão Brasileiro-Americana de Ensino Industrial.

As artes industriais no ensino secundário

Mesmo com a volta de Anísio Teixeira ao centro de decisões do campo educacional, as escolas técnicas secundárias permaneceram como uma experiência sem continuidade. No entanto, pelo menos um de seus elementos foi evocado na administração de Teixeira na Secretaria da Educação do Estado da Bahia: a ligação da educação geral para todos os alunos com atividades manuais, também para todos. Mas, em vez de ser o ensino secundário esse alvo, como no Distrito Federal dos anos 30, na Bahia essa ligação teve lugar no primário.

O plano de educação de Anísio Teixeira começou a ser implantado com a inauguração em Salvador do Centro Educacional Carneiro Ribeiro, em 1950. Ele era constituído de quatro escolas-classe para mil alunos cada uma, em dois turnos de 500, e uma *escola parque*. Esta dispunha de pavilhão para atividades sociais, teatro e biblioteca para os 4 mil alunos (dois turnos de 2 mil cada), além de prédio de restaurante e administração. Inicialmente, foram ativadas as quatro séries do ensino primário, e, posteriormente, uma 5ª e uma 6ª, na perspectiva da extensão da escolaridade obrigatória, defendida por Anísio Teixeira.

Os alunos permaneciam no Centro por nove horas diárias, incluindo uma para almoço. Nas 8 horas de atividades, os alunos se envolviam com o desenho, a pintura, o bordado, o corte e a costura, a tecelagem, a alfaiataria, o trabalho em couro, o trabalho em ferro, a cerâmica e a cartonagem. A cada dois meses eles tinham contato com uma dessas técnicas, embora a finalidade não fosse a formação profissional.

O levantamento realizado por Elza Marie Petruceli Carayon (1987) mostrou que a primeira iniciativa de introduzir elementos vocacionais no currícu-

---

17 Decreto (SP) n.38.643, de 27 de junho de 1961.
18 Outra experiência paulista foi a dos *ginásios únicos pluricurriculares*, que abriram caminho para os ginásios polivalentes, agora uma iniciativa federal. Ver a Resolução n.7, do Conselho Estadual de Educação, de 23 de dezembro de 1963.

lo do ensino secundário partiu de dentro do próprio Ministério da Educação. Isso aconteceu em 1953, quando Armando Hildebrand (que havia atuado na Diretoria do Ensino Industrial desde os anos 40) assumiu a direção do Departamento do Ensino Secundário. Partiu dele a idéia de criação da Campanha de Aperfeiçoamento e Difusão do Ensino Secundário (Cades).[19] Para cumprir com seu objetivo de ampliar o acesso ao ensino secundário, a campanha visava, principalmente, a qualificação acelerada de professores. A mudança do currículo do ensino secundário, a fim de preparar o jovem para a vida e o trabalho, não só para o ensino superior, estava entre os objetivos da Cades e da DES, para o que se pretendia incluir atividades práticas como artes industriais, agricultura, comércio e economia doméstica. A respeito disso, já no discurso de posse, dizia o diretor da DES haver

> em nossa escola secundária urgente necessidade de levar os jovens, sobretudo adolescentes de 12 a 15 anos, a fazerem coisas. Os trabalhos manuais, como hoje são feitos, encontram pequena ou nenhuma receptividade por parte dos alunos, dos pais e das autoridades escolares em virtude da ingenuidade dos exercícios feitos e dos diferentes processos de ensino empregados nestas atividades. São comuns cadernos de trabalhos manuais com as receitas dos trabalhos recebidos pelo aluno através do ditado. Impõe-se a criação de verdadeiras oficinas escolares nos estabelecimentos de ensino secundário. Oficinas com máquinas, ferramentas e material para confecção de trabalhos reais e de utilidade, trabalhos em metal, eletricidade, madeira, artes gráficas, atividades agrícolas e de criação nas pequenas comunidades do interior. Para as meninas, arte culinária, decoração de interior, economia doméstica, mas tudo de forma real e viva, aprendendo a fazer fazendo, em situações de realidade e, conseqüentemente, de forma significativa e de interesse para o aluno. (Hildebrand, apud Carayon, 1987, p.36-7)

Embora esse projeto não tenha se efetivado, ele se manteve como uma orientação valorizada pelos educadores e, cada vez mais, no âmbito da própria administração educacional. Em 1957 Anísio Teixeira assumiu a direção do Instituto Nacional de Estudos Pedagógicos, do Ministério da Educação. A partir dessa posição estratégica na burocracia educacional, ele elaborou um projeto de difusão da educação complementar, inspirado na experiência do Centro Educacional Carneiro Ribeiro, em Salvador.

O objetivo era propiciar a extensão da escolaridade obrigatória em mais duas séries, conciliando a educação geral com a preparação para o trabalho. O ponto de partida era o de que haveria um intervalo nocivo entre a idade em que o jovem terminaria a escola primária (idealmente com 10 ou 11 anos) e o começo do trabalho (legalmente permitido a partir dos 14 anos). Com

---

19 Criada pelo Decreto n.34.638, de 17 de novembro de 1953.

mais duas séries, o ensino primário ajudaria a preencher esse hiato, para o que propiciaria a iniciação para o trabalho.[20]

Para efetivar o projeto da educação complementar, o Inep ofereceu, com a colaboração da Diretoria do Ensino Industrial do MEC, cursos de artes industriais para a formação de professores no Rio de Janeiro, em Salvador e em São Paulo. Além disso, construiu algumas escolas-parque, conforme o modelo baiano, e ajudou financeiramente os sistemas estaduais do Rio Grande do Sul e do Rio Grande do Norte, que promoveram a instalação das duas séries adicionais ao ensino primário.

O Plano de Educação Complementar, elaborado pelo Inep, previa a existência de instalações especiais de modo que os estabelecimentos de ensino pudessem oferecer, em jornada escolar de 7 ou 8 horas, a iniciação em artes industriais, práticas comerciais, práticas agrícolas e a educação para o lar.[21]

Embora afinado, de um modo geral, com as idéias de Anísio Teixeira, Durmeval Trigueiro criticou duramente a educação complementar. Ela

> pretendia drenar o afluxo para o ensino médio de candidatos sem condições de nele fixar-se, e ditatorialmente, passou a atrair, sobretudo, os candidatos ao ensino médio; seria uma solução para as classes mais modestas, e há indícios de que esteja servindo aos que podem conservar os filhos na escola por mais tempo, como propedêutico para o exame de admissão; reduziria o dualismo entre a educação do povo e das elites, e é possível que venha a agravá-la; concorreria para suprir deficiências de um ensino primário empobrecido, e talvez esteja apenas prolongando essas deficiências, pois se trata de uma solução aumentativa e muito pouco qualitativa; fazia apelo ao dinamismo de novas atitudes e símbolos, mas se observa a impotência destes diante de realidades sedimentadas. (Trigueiro, 1968, p.426-7)

Na mesma III Conferência Nacional de Educação, onde Durmeval Trigueiro havia feito esse diagnóstico, a educação complementar recebeu outras críticas, inclusive a de que a oficina estava sendo considerada uma espécie de panacéia. Sua presença na escola não resultaria, necessariamente, que os alunos estavam sendo preparados para o trabalho.

Enquanto essas medidas parciais eram tomadas, reformando aqui e ali a estrutura educacional erigida no Estado Novo, o Congresso Nacional discutia, acaloradamente, os projetos de Lei de Diretrizes e Bases da Educação Nacio-

---

20 Estava implícito nesse projeto o alvo de Anísio Teixeira, que era a extensão da escolaridade obrigatória de quatro para oito anos, o que, para ele, deveria ser feita gradativamente, de acordo com as possibilidades concretas.

21 Chamo a atenção para o fato de que são essas as mesmas áreas do ensino profissionalizante do segundo segmento do ensino de 1º grau da Lei n.5.692/71, de que tratarei mais adiante.

nal. A Constituição de 1946, sob a influência direta dos educadores liberais, estipulava, como a de 1934, que o Congresso deveria aprovar uma lei que fixasse os principais parâmetros para a construção do sistema educacional do país.

Para a realização desse propósito, o ministro da Educação nomeou uma comissão de educadores, liderados por Anísio Teixeira, para que redigisse o anteprojeto a ser enviado ao Congresso, o que foi feito em 1948. Durante treze anos, de 1948 a 1961, o Congresso discutiu o anteprojeto do Ministério da Educação e outros que foram apresentados, pelos parlamentares, como substitutivos.[22]

Dentre as contribuições recebidas pela comissão de educadores do MEC, vou destacar a oferecida pelos membros da Comissão Brasileiro-Americana de Ensino Industrial (CBAI), Francisco Montojos, Toledo Piza e Armando Hildebrand.

Para eles, o 1º ciclo do ensino médio continuaria com quatro anos de duração, mas seria unificado, perdendo a divisão em ramos que herdara do Estado Novo. Os dois primeiros anos teriam disciplinas de cultura geral e trabalhos manuais, que os caracterizariam como pré-profissionais. Os trabalhos manuais constituiriam pelo menos um quarto da carga horária total. Em salas-ambiente especialmente projetadas, as tendências dos alunos seriam observadas, de modo que pudessem ser orientados quanto ao prosseguimento dos estudos e/ou a escolha profissional. Antes de tudo, os alunos teriam a oportunidade de adquirir conhecimentos e habilidades úteis, formar hábitos de ordem, asseio e atividade em equipe, além de uma predisposição positiva para com o trabalho manual. As quatro últimas séries teriam, além da cultura geral, disciplinas propriamente profissionais, que seriam escolhidas pelos alunos. Além dessa escola comum, foi sugerida a existência de uma escola especificamente profissional, mais curta, com três anos de duração, para a preparação de trabalhadores para os diversos setores da produção.

Quando, finalmente, a Lei de Diretrizes e Bases da Educação Nacional foi promulgada, em fins de 1961,[23] muitas das suas inovações já tinham sido realizadas, total ou parcialmente, por várias leis e decretos, em particular a equivalência dos ramos do ensino médio, para efeito propedêutico; e o conteúdo não-profissional do curso industrial, 1º ciclo. Toda a legislação existente até então sobre a aprendizagem industrial ficou reforçada: a organização

---

22 O anteprojeto original foi intensamente combatido por duas correntes principais; uma, liderada por Gustavo Capanema, ministro da educação do Estado Novo, que criticava a descentralização desagregadora; outra, liderada por Carlos Lacerda (curiosamente do mesmo partido do ministro patrocinador do anteprojeto original, a União Democrática Nacional) que se opunha ao suposto monopólio estatal do ensino.

23 Lei n.4.024, de 20 de dezembro de 1961.

das escolas de aprendizagem em cooperação de empresas (o Senai), sua destinação aos menores de 14 a 18 anos, empregados das empresas, e a duração dos cursos de uma a três séries anuais.[24]

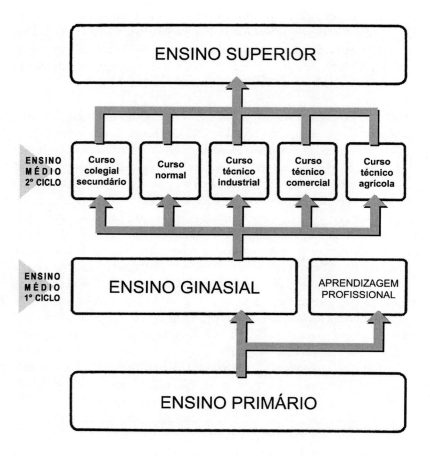

FIGURA 4.1 – Articulação tendencial entre os níveis de ensino segundo a Lei de Diretrizes e Bases da Educação Nacional (1961) e legislação correlata.

Apesar dessa relativa antecipação à Lei de Diretrizes e Bases, no que se refere à descaracterização profissional do ensino industrial, 1º ciclo, ela foi além, e deu um novo passo para identificá-lo ao curso secundário do mesmo

---

[24] Os cursos de aprendizagem ficaram submetidos, também, aos conselhos estaduais de educação no que dizia respeito ao conteúdo geral do ensino.

ciclo: "Entre as disciplinas e práticas educativas de caráter optativo no 1º e 2º ciclos, será incluída uma vocacional, dentro das necessidades locais".

Convergentemente, o projeto de Anísio Teixeira de promover a educação complementar foi contemplado pela LDB, ao prever a possibilidade de extensão da duração do ensino primário para até seis anos, "ampliando, nos dois últimos, os conhecimentos do aluno e iniciando-o em técnicas de artes aplicadas adequadas ao sexo e à idade".

A partir desse momento, além de o curso industrial ir paulatinamente tendendo a se identificar com o secundário, este, por sua vez, iniciou um deslocamento na direção daquele, com a introdução, no seu currículo, de uma disciplina vocacional.

A tendência era percebida como a desejável fusão dos ramos:

> Acreditamos que, seguindo o espírito da Lei, poderíamos marchar para um ginásio único, deixando-se a especialização dos diversos ramos para o segundo ciclo. Teríamos a unificação do primeiro ciclo da escola média num tronco comum, cuja finalidade seria, antes de tudo, dar educação geral para todos, e suficientemente flexível para oferecer opções que, sem especializar, pudessem introduzir o aluno em áreas vocacionais a serem prosseguidas no colégio diversificado e especializado. (Sucupira, 1963, p.48)

As razões apontadas para a desejabilidade da fusão dos ramos eram três. *Primeiro*, seria um imperativo de justiça social em uma sociedade democrática, pois haveria uma formação básica comum a todos. *Segundo*, seria retardada a especialização, deixada para o 2º ciclo, conforme os ditames da psicopedagogia. *Terceiro*, haveria uma desejável adequação às necessidades industriais, demandando trabalhadores altamente qualificados (de nível correspondente ao 2º ciclo) e outros sem qualificação especial (correspondentes aos níveis primário e 1º ciclo) (ibidem, p.48-9).

Na imensa maioria dos ginásios secundários já existentes, e nos que vieram a ser criados, subseqüentemente, essa disciplina vocacional consistia nos chamados "trabalhos manuais", atividades artesanais tão distantes da produção quanto impróprias para eventuais sondagens de aptidões. Entretanto, esse dispositivo da lei veio legitimar um plano que amadurecia, na Diretoria do Ensino Secundário do Ministério da Educação, defendendo a necessidade de se construir novos ginásios secundários que incorporassem a sondagem vocacional no seu currículo, dando-lhe um lugar destacado. A adaptação dos ginásios existentes seria bastante difícil, senão impossível, dada a tendência ao mero cumprimento de um dispositivo legal, para efeitos de fiscalização:

> Propósitos que se revelaram no sentido já não diremos de fusão mas de maior identificação dos ramos, ou simplesmente de sua mais fácil comunicação,

encontraram resistências e se anularam ou desvirtuaram. Surge, agora, com esse objetivo, o projeto dos ginásios modernos... (Amado, 1964, p.19)

Enquanto esse processo se desenvolvia no plano federal, no Estado de São Paulo foram criados os ginásios vocacionais, que convergiam, em vários aspectos, com as propostas que circulavam no MEC.[25]

Criados pela Lei (SP) n.6.052, de 3 de fevereiro de 1961, os ginásios vocacionais foram inspirados nos cursos vocacionais criados por Roberto Mange, diretor regional do Senai, em nível pós-primário.

A preocupação de Mange, ao tomar essa iniciativa, que, aliás, não constava dos objetivos específicos da instituição que dirigia, era combater o chamado "hiato nocivo", definido pelo término do curso primário e a idade de início do trabalho – entre os 12 e os 14 anos, por exemplo. Para evitar que esses jovens "se perdessem" na ociosidade e acabassem criando problemas no terreno econômico, profissional, familiar e até mesmo político, a solução aventada por ele foi ministrar um curso de um ano de duração, compreendendo conhecimentos gerais e trabalho manual, assim como orientação profissional, de modo que se pudesse conhecer os que tivessem aptidões para as atividades industriais, para as quais seriam encaminhados.

Os primeiros cursos vocacionais do Senai foram criados em 1945, sendo extintos em 1958, após a morte de Mange.

Ao início da década de 1960, a Comissão de Reforma do Ensino Industrial do Estado de São Paulo tinha como presidente um dos colaboradores de Mange, no Senai, que defendeu a expansão daquela experiência mediante a criação de ginásios vocacionais, no âmbito do ensino oficial. As características pedagógicas dos novos estabelecimentos de ensino seriam as seguintes:

a) os cursos vocacionais deveriam constituir a primeira etapa do ensino do grau médio, para alunos de 11 a 15 anos;

b) os cursos vocacionais deveriam abarcar o 1º ciclo do ensino secundário;

c) seu currículo deveria compreender o duplo objetivo de ministrar educação geral e "iniciação experimental" em diferentes tipos de tarefas exploratórias;

d) a jornada escolar seria de pelo menos seis horas diárias, para professores e alunos;

e) a experiência dos ginásios vocacionais deveria ser estendida a todos os ginásios da rede estadual.

A experiência teve início em 1962, com a criação de seis ginásios vocacionais, um na capital (a única unidade que oferecia, também, o 2º ciclo) e os outros no interior do estado.

---

25 Para a redação do tópico sobre os ginásios vocacionais, baseei-me em Nunes (1980a).

As inovações pedagógicas foram muitas e profundas. Além das situações-problema, que serviam para articular as distintas disciplinas, a consciência da realidade e a participação social eram enfatizadas para todos os alunos. A disciplina artes industriais, por exemplo, promovia a discussão do preparo e da situação da força de trabalho industrial, a observação dos processos de extração e transformação do minério etc.

Essas novidades pedagógicas atraíram para os ginásios vocacionais professores especialmente motivados e qualificados, assim como alunos dotados de alto rendimento educacional e provenientes de famílias de mais alta renda financeira. Daí a alcunha de elitistas, de que foram alvo, assim como a acusação de serem focos de subversão política. Eles acabaram sendo incorporados à rede estadual pela instituição do exame de admissão unificado, em 1967, que facilitava o acesso dos egressos do primário ao ginásio oficial. Para uns, essa constituía uma medida de democratização do ensino público, ao passo que, para outros, tratava-se de uma medida de extinção de uma experiência revolucionária no ensino, que ameaçava a política educacional dos governos autoritários.

Voltemos às iniciativas federais.

De 1961 a 1965, a Diretoria do Ensino Secundário, do Ministério da Educação, elaborou e implantou sucessivos projetos de ginásios denominados "modernos", "orientados para o trabalho" e "polivalentes". Se os nomes variavam, sua estrutura curricular era praticamente a mesma.

Nas duas primeiras séries, predominavam as disciplinas de caráter exclusivamente geral, ao lado das disciplinas vocacionais, destinadas a sondar aptidões: artes industriais ou técnicas agrícolas, conforme a economia da região onde o ginásio se localizasse.

Nas duas últimas séries, aumentava a carga horária destinada a disciplinas vocacionais. Devidamente orientados, os alunos escolheriam uma das seguintes áreas: artes industriais, técnicas agrícolas, técnicas comerciais, educação para o lar, ou o aprofundamento dos estudos gerais. Essas disciplinas vocacionais teriam o objetivo de continuar a sondagem vocacional, de modo mais aprofundado, a fim de basear a escolha de cursos profissionais ou gerais, no segundo grau, caso os alunos prosseguissem seus estudos; caso contrário, facilitariam seu rápido treinamento numa ocupação específica, já em serviço.

Ao lado da educação geral, as duas primeiras séries ofereceriam artes industriais ou técnicas agrícolas, conforme a predominância da produção na região onde cada escola se localizasse. Adicionalmente, os alunos receberiam aulas técnicas comerciais, de educação doméstica e de educação para o lar.

Como parte das artes industriais, os alunos trabalhariam com vários materiais, como madeira, cerâmica, artes gráficas, metal e eletricidade. Nas práticas agrícolas, a oficina rural abrangeria trabalhos com madeira, metal, eletricidade, couro, corda e práticas de campo. Estas poderiam incluir horticultura, floricultura, olericultura, zootécnica e agricultura propriamente dita. Nas práticas comerciais, os alunos enfrentariam situações de comércio, vendas, escritório e empresas. Em educação doméstica, o corte e a costura, a culinária, o artesanato e a puericultura.

Como disse um dos responsáveis pelos ginásios orientados para o trabalho, no então Estado da Guanabara, seu objetivo

> é o de formar cidadãos treináveis, tão necessários ao desenvolvimento socio-econômico que o país reclama. Preparar, não só jovens, que possam, em período rápido de treinamento na empresa, se agregar às forças produtoras – caso venham a abandonar o ginásio – como propiciar aos que puderem continuar seus estudos efetivas possibilidades de êxito, qualquer que seja a orientação profissional que venham a adotar. (Ferrão, apud Leite, 1972, p.34)

A necessidade do novo tipo de ginásio encontrava justificativa mais em termos político-ideológicos do que econômico-ocupacionais ou psicopedagógicos. Era comum encontrar-se, nos textos que procuravam legitimá-lo, o apelo à experiência norte-americana como fonte de inspiração. Nos Estados Unidos, vigeria, como postulado político, o conceito de que o caráter democrático da sociedade é função da sua capacidade de oferecer a todas as crianças, independentemente de origem social, iguais oportunidades para o desenvolvimento das suas potencialidades. Para isso, desenvolvia-se, nesse país, uma escola secundária única, mas diversificada segundo as diferentes opções vocacionais oferecidas.[26]

Nas palavras de Gildásio Amado, principal mentor do novo tipo de ensino,

> o ginásio polivalente atende melhor que os ginásios diferenciados aos princípios de justiça em educação, em sua dupla expressão de acesso ao maior número possível de adolescentes ao ensino de segundo grau e de adequação do ensino às peculiaridades pessoais; atende ao objetivo de maior comunicação entre as classes, fazendo da escola não um reflexo da estratificação, mas um instrumento de integração social; atende aos objetivos do progresso econômico, fazendo convergir para as ocupações a força jovem de trabalho, na medida de suas atividades pessoais e, portanto, garantindo o mais adequado aproveitamento da maior riqueza de um país, que são as potencialidades de sua juventude; atende, portanto, à pedagogia, ao desenvolvimento social, aos interesses da economia e, como síntese de todos os seus fins, ao ideal democrático de igualdade de direitos. (Amado, 1968, p.15-6)

---

26 A descrição dos ginásios orientados para o trabalho permite identificá-los aos ginásios industriais em seus propósitos de sondagem de aptidões. Em termos de estrutura curricular, entretanto, eles foram uma ampliação desses, já que ofereciam, também, "linhas de especialização" não-industriais, a saber: técnicas comerciais, técnicas agrícolas e educação para o lar.

Em que pese toda a iniciativa do Ministério da Educação, mediante sua Diretoria do Ensino Secundário, de promover a renovação do ensino médio pela divulgação da "filosofia" dos ginásios orientados para o trabalho, o sistema de ensino não apresentava respostas na mesma direção. A não ser a iniciativa paulista de instalação dos ginásios vocacionais e únicos pluricurriculares mais ou menos paralelamente às iniciativas federais, nenhum outro governo estadual correspondeu às expectativas federais de instalar os novos tipos de ginásio, apesar das adesões que recebiam em vários lugares. Por outro lado, o fato de o ensino secundário ser, na sua quase totalidade, pertencente aos sistemas estaduais de educação, impedia uma ação direta do Ministério da Educação. Compreenderam seus dirigentes que a única forma viável de influência era pela prestação de assistência técnica às secretarias estaduais de educação que manifestassem simpatia pelo novo tipo de ginásio.

Apesar disso, o Plano Trienal de Educação (1963-1965), do presidente João Goulart, previa a implantação de uma rede nacional de ginásios modernos, que ofereceriam uma educação para o trabalho para uma parcela dos alunos que houvessem concluído as duas séries do curso primário complementar.

O próprio Ministério da Educação não dispunha de técnicos em número suficiente (e da qualidade indispensável) para a prestação de assistência técnica. Resolveu, então, solicitar auxílio da Agência Norte-Americana para o Desenvolvimento Internacional (Usaid).[27] Em 1965, foi assinado um convênio entre o Ministério da Educação e a Usaid, pelo qual esta se comprometia a contratar, nos Estados Unidos, um certo número de técnicos para, junto a igual número de brasileiros, formarem a Equipe de Planejamento do Ensino Médio (Epem). Essa equipe prestaria, então, assistência técnica aos estados, na medida das solicitações.

Dois anos depois, estava pronto um plano para a construção de 276 ginásios orientados para o trabalho em quatro estados (Rio Grande do Sul, Bahia, Minas Gerais e Espírito Santo) e de um ginásio-modelo nas capitais de dezoito estados e no Distrito Federal. Em 1968, foi realizado outro convênio entre o Ministério da Educação e a Usaid prevendo a alocação de recursos exter-

---

27 Vimos como foi tomando corpo, pouco a pouco, desde os anos 50, no Brasil, a concepção de uma escola secundária não separada das escolas profissionais, no 1º ciclo do ensino médio. A inspiração dessa nova escola secundária na *high school* norte-americana foi apontada por vários autores, entre os quais Nunes (1980). Se a concepção brotou da iniciativa de protagonistas brasileiros, a sua implantação foi seguramente induzida, senão facilitada pelas agências norte-americanas de desenvolvimento e pelos protocolos internacionais que o governo brasileiro assinou, sob a égide dos EUA. Neste sentido, vale mencionar o Plano Decenal de Educação da Aliança para o Progresso (1961) e a Declaração de Santiago do Chile (1962), que tratavam de promover tanto a extensão da escolaridade obrigatória quanto a iniciação profissional para os concluintes do ensino primário.

nos para a realização do plano. Para suplementá-lo e supervisionar a sua execução, foi criado, no mesmo ano, o Programa de Expansão e Melhoria do Ensino (Premen) que se responsabilizaria, também, pelo treinamento e aperfeiçoamento de professores para as disciplinas vocacionais.

No próprio âmbito do Ministério da Educação havia, por essa época, iniciativas que, embora convergissem com as da Diretoria do Ensino Secundário, tendiam a generalizar o novo tipo de ginásio, como ginásio único, antes mesmo que se fizessem experiências e que se treinassem equipes de planejamento.

Em 1967, foi realizada em Salvador a III Conferência Nacional de Educação, sob a liderança do Instituto Nacional de Estudos Pedagógicos, cujo tema principal era a extensão da escolaridade obrigatória. Nesse mesmo ano, o Conselho Federal de Educação, com base nas recomendações da conferência, elaborou as diretrizes para o setor educacional que assumiam claramente o novo tipo de ginásio como o modelo do ensino médio. Essas diretrizes foram incorporadas pelo Programa Estratégico de Desenvolvimento 1966-1970, e diziam que

> A extinção gradativa do ensino técnico (sic) de primeiro ciclo e a coexistência apenas temporária de várias áreas técnicas, em cursos diferenciados, num mesmo estabelecimento, completam o arcabouço para o ginásio orientado para o trabalho. A tônica do novo sistema consiste em manter, nos currículos, as disciplinas tradicionais indispensáveis à formação intelectual e em incorporar matérias de caráter vocacional.[28]

Em suma, a reforma do ginásio fracassou duplamente. De um lado, o objetivo generoso de propiciar uma oportunidade de convivência de alunos oriundos de classes sociais diferentes não se concretizou pelo fato de que as novas escolas, dotadas de instalações especiais e de professores altamente qualificados, acabaram sendo ocupadas pelos alunos oriundos dos setores de mais alta renda das camadas médias. De outro lado, a iniciação para o trabalho e a sondagem de vocações não se adequavam às condições concretas do mercado de trabalho.

Com efeito, as artes industriais oferecidas nessas novas escolas não eram industriais, mas, sim, artesanais, que trabalhavam com materiais diversos (metal, madeira, cerâmica, couro etc.) utilizando-se de ferramentas simples. Diferentemente disso, o processo de trabalho, no Brasil como em todo o mundo, caminhava para a destruição do artesanato pela indústria mecanizada, automatizada, sem que o artesão tivesse possibilidade de sobrevivência enquanto força de trabalho, a não ser no artesanato de luxo.

---

28 Ministério do Planejamento e Coordenação Geral, *Programa Estratégico de Desenvolvimento*, 1968-1970, Rio de Janeiro, MPCG, 1969, v.I, p.35.

A educação para o lar reunia outro conjunto de estereótipos acerca da produção. Só que, agora, tratava-se da produção doméstica, de ensinar meninas – às vezes os meninos, que não levavam isso a sério – a preparar alimentos e roupas, a conservar a casa, a fazer orçamentos domésticos, tudo dentro do mais cândido quadro conservador "daquilo que se chama lar". Com muita razão, mães de alunos resistiam a esse tipo de educação para suas filhas, pois não as queriam qualificadas em "forno e fogão" para serem empregadas domésticas. Afinal, os sacrifícios que faziam era para que a escola ensinasse o que elas não sabiam, para que suas filhas não tivessem de permanecer na semi-servidão que o trabalho doméstico, no Brasil, implica.

Não bastasse essa inadequação social e pedagógica, esse tipo de escola falhou pelo tipo de aluno que pretendia atender. Em vez dos alunos oriundos das classes trabalhadoras, eles acabaram por atender a um contingente discente oriundo dos setores de mais alta renda das camadas médias, nas quais as concepções a respeito da educação eram mais propícias às inovações pretendidas. Ademais, o fato de essas escolas funcionarem em prédios novos, com instalações especialmente previstas e terem professores que fizeram cursos especiais, dotados de uma motivação rara, tornava-as notadamente atraentes para quem valorizava a dimensão propedêutica da escola, não sua formação para o trabalho.

O ensino profissionalizante

Além dos planos e das medidas anteriormente mencionados, que concebiam e instalavam um novo tipo de ginásio, dois pareceres do Conselho Federal de Educação, de 1969, recomendaram a revisão da Lei de Diretrizes e Bases da Educação Nacional, principalmente no que se referia aos ensinos primários e médio.[29] Em setembro daquele ano foi instituído, por decreto presidencial, um grupo de trabalho, no âmbito do Ministério da Educação, para "propor a reforma do ensino fundamental". As proposições desse grupo foram estendidas por um segundo grupo que chegou, em agosto de 1970, a apresentar um anteprojeto de lei.

Em agosto de 1971, depois de passar pelo Congresso Nacional, foi promulgada a Lei de Diretrizes e Bases do Ensino de 1º e 2º graus – Lei n.5.692, de 11 de agosto de 1971.

A nova lei de ensino previa que suas inovações seriam implantadas de modo gradual, na medida das disponibilidades de recursos humanos, materiais e didáticos dos sistemas de educação.

---

29 Pareceres n.466/69 e n.793/69.

As principais inovações previstas foram as seguintes:

a) Extensão da escolaridade obrigatória de quatro para oito séries, correspondendo à faixa etária de 7 a 14 anos. Os antigos ensinos primário e médio, 1º ciclo, seriam fundidos, compondo o chamado ensino fundamental ou de 1º grau. O ensino de 2º grau, correspondendo ao antigo ensino médio, 2º ciclo, continuaria com três anos de duração ou quatro, havendo estágio.

b) A escolaridade obrigatória seria inferior a oito anos quando houvesse falta de recursos do Estado para oferecer oportunidades educacionais e/ou necessidade dos alunos ingressarem mais cedo no mercado de trabalho.

c) O ensino de 1º grau, nas quatro primeiras séries, teria seu currículo composto exclusivamente de disciplinas de conteúdo geral; nas quatro últimas, o número de disciplinas vocacionais, destinadas à sondagem de aptidões e iniciação para o trabalho, seria tanto maior quanto mais elevada a série.[30] O ensino de 2º grau seria generalizadamente profissional, não admitindo ramos paralelos, mas cursos distintos, desdobrados a partir de um núcleo comum.[31]

d) A nova concepção do ensino supletivo abrangeria tanto a *suplência* de escolarização regular para os que não a concluíram em idade própria, como o *suprimento* de conhecimentos, técnicas e habilidades para os que seguiram o ensino regular no todo ou em parte.

O Conselho Federal de Educação especificou, pelo Parecer n.45/72, o conteúdo profissionalizante do ensino de 1º e 2º graus. A definição de iniciação para o trabalho era entendida como um conjunto de atividades desenvolvidas pelos educandos, no ensino de 1º grau, tanto na escola quanto na "comunidade", com o fim de orientá-los para o conhecimento dos diversos campos de trabalho existentes na localidade, na região e no país, os diversos sistemas de produção de serviços, a aplicação de materiais e de instrumentos, assim como a prática inicial na execução de tarefas que envolvam a criatividade, a utilidade, a organização, a experimentação de técnicas básicas e a avaliação da qualidade.

---

30 A lei previa que as quatro últimas séries do ensino de 1º grau funcionassem segundo o modelo dos ginásios orientados para o trabalho, extinguindo os ginásios industriais. Com isso, em vez da estratégia experimentalista, que a Diretoria do Ensino Secundário (agora Diretoria do Ensino Médio) vinha usando, a nova lei assumiu o modelo, generalizou-o e o impôs, embora aceitasse a implantação gradual.

31 A profissionalização do ensino médio teve uma história diferente da que reconstruí aqui. Ela resultou da política de contenção dos crescentes contingentes de jovens que, tendo concluído o ensino médio, demandavam ensino superior e constituíam uma ameaça ou, pelo menos, um desvio, para os planos de desenvolvimento elaborados pelo Estado. No próximo capítulo, ela será analisada em separado.

Parecer posterior, o de n.339/72, do mesmo conselho, atribuiu à iniciação profissional os seguintes objetivos:

a) Desenvolver no aluno o interesse pelos assuntos relacionados com o mercado de trabalho dos setores econômicos, processos de produção, ocupações e outros aspectos relativos à função desempenhada pelo homem no desenvolvimento econômico do país;

b) Desenvolver no aluno a capacidade de apreciar, selecionar, criticar e julgar os produtos que adquire ou os serviços que lhe são prestados como consumidor ou cliente;

c) Desenvolver no aluno o espírito de trabalho em grupo, de colaboração, bem como o reconhecimento da importância da função e da responsabilidade de cada membro da equipe para se alcançar êxito;

d) Desenvolver no aluno o sentimento de orgulho pelo trabalho útil e bem feito e a preocupação de empregar os momentos de lazer em atividades sadias.

e) Formar no aluno o hábito de planejar o trabalho e de realizá-lo de acordo com o planejado;

f) Preparar o aluno para a adequada utilização de equipamentos simples ou execução de serviços e proporcionar-lhe conhecimentos técnicos referentes a materiais e processos de trabalho nas tarefas a serem executadas na escola e durante a vida profissional futura;

g) Possibilitar ao aluno oportunidade de realizar diferentes atividades que lhe permitiriam evidenciar aptidões, vocações e interesses para melhor escolher sua profissão;

h) Possibilitar ao aluno o desenvolvimento físico e mental através da execução de trabalhos que permitam a ação muscular, a coordenação visual e motora, a utilização dos órgãos dos sentidos, o controle neuromuscular e a atividade do cérebro. O aluno também seria levado a compreender que atividades manuais e mentais constituem um todo único e harmônico, e a desprezar os preconceitos existentes contra o trabalho manual;

i) Servir de matéria auxiliar, na medida em que o contéudo das artes práticas e das matérias que podem concorrer para a iniciação para o trabalho se integrasse às demais matérias do currículo em áreas de estudo, e possibilitasse a concretização de projetos relativos às outras matérias, ilustrando-as e vitalizando-as.

Vou apresentar, agora, a posição dos cursos de aprendizagem dentro das concepções gerais da Lei n.5.692/71.

Ela delineou dois grandes aparelhos educacionais escolares: o do ensino regular e o do ensino supletivo. Cada um desses aparelhos possuía vários sistemas, articulados entre si. O aparelho de ensino regular compreendia, principalmente, os sistemas de ensino municipais e estaduais, de 1º e 2º graus, e o sistema federal de ensino superior. O aparelho do ensino supletivo abrangia sistemas como o Movimento Brasileiro de Alfabetização, o Projeto Minerva (educação pelo rádio), as televisões educativas, o Senai e o Senac, entre outros.

A divisão dos aparelhos de ensino em regular e supletivo não correspondia à divisão entre educação geral e educação profissional. O ensino regular tinha conteúdo geral e profissional, bem como o ensino supletivo.

No ensino regular, tanto o 1º quanto o 2º graus tinham, no seu currículo, um núcleo comum obrigatório para as escolas de todo o país e uma parte diversificada para atender às peculiaridades locais, os planos dos estabelecimentos de ensino e as diferenças individuais dos alunos.[32] No 1º grau, a parte diversificada do currículo seria destinada, predominantemente, à sondagem de aptidões e à iniciação profissional; no 2º, à habilitação profissional, formando profissionais de nível médio (técnicos e auxiliares técnicos). Nos dois graus, essa parte diversificada deveria ser fixada de acordo com as necessidades do mercado de trabalho, aferidas por levantamentos periódicos.

Todo o ensino regular de 1º grau estava dirigido para que os estudantes o terminassem com suas aptidões sondadas e, a partir daí e da compreensão das necessidades do mercado de trabalho, pudessem ingressar no 2º grau com uma opção de estudos técnicos claramente definida.

Entretanto, a lei admitia que essa norma, embora desejável, não seria atingível a curto prazo, em razão da carência de recursos materiais e humanos (do Estado) e das características individuais dos estudantes. Haveria duas maneiras de "adaptação" da norma à realidade. Uma delas seria a antecipação da iniciação profissional para as quatro primeiras séries do ensino de 1º grau, em vez das quatro últimas.[33] Não se sabia bem o que seria essa iniciação profissional, nesse momento do percurso escolar dos alunos, embora a crença dos formuladores da nova política educacional fosse a de que ela permitiria aos alunos pobres trabalharem, tão logo deixassem a escola. A outra maneira de "adaptação" seria pelo ensino supletivo, de que passo a tratar.

O ensino supletivo estava destinado aos maiores de 14 anos que, por algum motivo, não freqüentaram a escola regular na faixa etária dos 7 aos 14 anos, no todo ou em parte, e àqueles que, tendo completado o 1º grau, não cursaram ou não completaram o 2º. Os cursos do ensino supletivo compreendiam:

- ensino da leitura, de escrita e do cálculo;
- formação profissional;
- estudo intensivo de disciplinas do ensino regular;

---

32 O núcleo comum do currículo de 1º e 2º graus era fixado pelo Conselho Federal de Educação. Os conselhos estaduais acrescentariam outros componentes que integrariam a parte diversificada sem, contudo, esgotá-la, pois os estabelecimentos de ensino tinham liberdade para oferecer opções aos alunos que se somavam ao currículo fixado pelos conselhos.

33 Esta medida era reconhecida como "excepcional e transitória" pelos administradores educacionais: quando a pobreza terminasse, ela não teria mais razão de ser.

- estudos de aperfeiçoamento;
- atualização de conhecimentos.

Esses cursos deveriam ter estrutura, duração e regime escolar adequados às suas finalidades próprias e aos tipos específicos de alunos a que se destinavam.

Quando a lei se referia aos cursos de formação profissional do ensino supletivo, remetia-os para uma legislação específica, o que sugeria tratar-se do Senai (e do seu congênere do setor terciário, o Senac). Pode-se notar no texto da lei toda uma preocupação em manter intocadas a atividade e a legislação que regulava os cursos de aprendizagem de menores e o treinamento de operários adultos.

As atividades do Senai, no que se refere ao ensino supletivo, tinham duas modalidades, uma permanente e outra temporária.

As atividades permanentes eram as seguintes:

(i) Cursos de aprendizagem para menores de 14 e 15 anos de idade, empregados das empresas industriais; ou candidatos a emprego (curso de aprendizes de ofício e curso de aspirantes à indústria). Os aprendizes teriam completado o ensino de 1º grau, no ensino regular. Os cursos de aprendizagem, além da prática de oficina e dos conhecimentos tecnológicos, abrangeriam conhecimentos das matérias, desenho técnico e ciências, necessárias ao desempenho das ocupações para as quais os cursos formavam. A aprendizagem, nesse caso, seria um curso supletivo complementar ao de 1º grau;

(ii) Cursos intensivos de qualificação profissional para maiores de 18 anos que concluíram o ensino de 1º grau, sem formação profissional de 2º grau. Eram cursos supletivos complementares à escolaridade regular obtida no ensino regular de 1º grau.

As atividades temporárias eram as seguintes:

(i) Cursos de aprendizagem para menores de 14 a 18 anos de idade que tivessem concluído apenas as quatro primeiras séries do ensino regular de 1º grau. Além das disciplinas, práticas e atividades necessárias à formação profissional, estes cursos incluíam disciplinas do núcleo comum das quatro últimas séries do 1º grau. Assim, os concluintes destes cursos estariam habilitados a prosseguir seus estudos no 2º grau;

(ii) Cursos intensivos de qualificação profissional para jovens de 15 a 18 anos, alfabetizados mas sem terem concluído as quatro primeiras séries do ensino regular de 1º grau. Esses cursos compreendiam apenas as práticas relativas às ocupações a que se destinavam e não incluíam disciplinas de caráter geral.

Os dois últimos tipos de cursos temporários predominavam nos centros de formação profissional do Senai desde os anos 60. Entretanto, os diferentes dispositivos da Lei n.5.692/71 não permitiam enquadrar diversas atividades do Senai, como o treinamento de supervisores e, o mais importante, o treinamento em serviço nas empresas que tinham ou não acordos de isenção; nem nos projetos especiais, como o Projeto Construção e o Projeto Rodovia. Acredito que isto se devia a duas razões principais: uma concepção tipicamente escolástica da formação profissional; e uma necessidade de encobrir a realidade das causas do insucesso de grandes parcelas da população no ensino regular sob um esquema que concebe a espinha dorsal da educação escolar, o ensino regular, como uma escada que conduz, sem embaraços, ao ensino profissionalizante no 2º grau.

O caso mais dramático desse encobrimento era chamar de "terminal" o ensino profissional, logo nas primeiras séries do 1º grau, reconhecido como danoso para os alunos, individualmente, para a economia do país e para a ampliação das oportunidades sociais – uma "disposição transitória" a ser resolvida de um modo não previsto e, talvez, até imprevisível.

O desenvolvimento dos temas dos itens anteriores permite a constatação de que o sistema Senai, concebido, no contexto da "lei" orgânica do ensino industrial, como um apêndice, passou, depois de menos de duas décadas, a uma posição hegemônica no que se refere à formação de operários qualificados. Demonstrando, pelo seu próprio funcionamento, a inviabilidade das escolas industriais, produziu duas conseqüências da maior importância. *Primeiro*, reforçou a orientação dos educadores liberais a fim de transformar o currículo da escola industrial, tendendo a fundi-la com a escola secundária. *Segundo*, passou a ocupar exatamente o mesmo papel previsto pela "lei" orgânica para a escola industrial, com as vantagens operativas já mencionadas da flexibilidade curricular e da relativa autonomia diante da pesada máquina burocrática do Estado.

A Lei n.5.692/71, do ensino de 1º e 2º graus, representou em grande parte o coroamento desse processo de fusão dos ramos secundário e profissional do ensino médio, 1º ciclo. Entretanto, no que se refere às atividades do Senai, propriamente ditas, a lei teve a preocupação clara de resguardá-las de qualquer alteração, restringindo-se a mudar os quadros conceituais e organizacionais mais amplos.

O projeto de construção de novos ginásios, dotados de oficinas, salas-ambiente e hortas, revelou-se irrealista. Apesar de terem sido construídas novas escolas com essas características, nas quais atuavam professores e especialistas habilitados para desenvolverem a sondagem vocacional e a iniciação para o trabalho, a maioria dos alunos de 1º grau não recebeu sequer uma amostra do ensino profissionalizante.

Além da inexistência de recursos materiais e humanos para adaptar as escolas existentes às novas concepções, os governos estaduais e municipais (a quem cabia o oferecimento do ensino público de 1º grau) optaram por um enfoque sobretudo quantitativista da reforma. Em conseqüência, priorizaram, realisticamente, a extensão da escolaridade obrigatória levando em conta apenas as matérias do núcleo comum do currículo – comunicação e expressão, estudos sociais e ciências. Com efeito, para se completar a seriação da nova escola de 1º grau (oito séries), foi preciso estender "para cima" a seriação das antigas escolas primárias e "para baixo" a dos antigos ginásios.

De todo modo, a iniciação para o trabalho prevista para o segundo segmento do ensino de 1º grau não garantia qualificação nem expedia certificado profissional(izante). Assim, deixando de ser oferecida ou nem mesmo chegando a existir efetivamente no currículo, seu abandono formal não foi sequer percebido como uma mudança na política educacional.

Ao contrário do ensino profissonalizante no 2º grau, para o qual foi necessária uma "reforma da reforma", no 1º grau o impulso de ligação entre a cultura geral e os trabalhos manuais, vindo dos anos 30 e reforçado nos 50 e nos 60, simplesmente se esgotou nos 80, justamente depois de ter sido institucionalizado, generalizado e imposto pela política educacional dos governos autoritários dos anos 70. Nessa época, os educadores liberais haviam sido novamente apeados do poder – Anísio Teixeira inclusive – ou, então, reformulado seu modo de pensar e de agir em matéria de educação.

5
O ensino prossionalizante no 2º grau e o tecnológico

A mais ambiciosa medida de política educacional de toda a história do Brasil foi, sem dúvida, a profissionalização universal e compulsória no ensino de 2º grau. Ela representou, certamente, o maior fracasso.[1]

Expressa na Lei n.5.692, de 11 de agosto de 1971, essa política consistiu na fusão dos ramos do 2º ciclo do ensino médio, na nomenclatura da LDB-61. Assim, o ensino secundário, o ensino normal, o ensino técnico industrial, o ensino técnico comercial e o ensino agrotécnico passaram a constituir um ramo único, com todas as escolas oferecendo cursos profissionais – então chamados de *profissionalizantes* – destinados a formar técnicos e auxiliares técnicos para todas as atividades econômicas. Os cursos exclusivamente propedêuticos, como o antigo colegial (clássico + científico) não teriam mais lugar nesse grau de ensino.

Essa fusão dos ramos do 2º ciclo do ensino médio (LDB-61) teve uma lógica distinta da fusão dos ramos no 1º ciclo. Neste, como vimos no capítulo anterior, o resultado foi o esvaziamento do conteúdo profissional, em proveito da educação geral e propedêutica, ressalvando-se a sondagem vocacional e a iniciação para o trabalho. A lenta e progressiva ação recíproca entre o ensino secundário e os ramos profissionais, no 1º ciclo, culminou na concepção do segundo segmento do ensino de 1º grau da Lei n.5.692/71, mediante a direta e imediata incorporação dos resultados desse processo.

---

1 Para a redação deste capítulo, baseei-me em Cunha, 1975, 1976 e 1977.

Já no 2º ciclo, a Lei n.5.692/71 representou uma ruptura contra as tendências que se firmavam, tanto na política educacional quanto nas concepções predominantes entre os educadores e os administradores educacionais.

No que concerne à política educacional, os ramos técnicos estavam em expansão – novas escolas eram construídas e o número de alunos crescia. O ramo secundário (colegial = clássico + científico) também estava em crescimento, embora para ele não existissem os projetos de reforma que se multiplicavam para o ginásio. No entanto, os ramos profissionais do 2º ciclo assumiam uma função cada vez mais claramente propedêutica, desde que a LDB-61 retirou as restrições remanescentes.

No tocante às concepções pedagógicas, nada havia para o 2º ciclo comparável à prevalência da idéia de um ginásio orientado para o trabalho ou polivalente. Para que a profissionalização universal e compulsória prevalecesse, foi preciso que o Ministério da Educação recorresse aos instrumentos postos a sua disposição pela ditadura militar, entre os quais a supressão de uma conferência nacional de educação, aliás, a última da série convocada no regime autoritário.

Com efeito, a promulgação da Lei n.5.692/71 representou, no que se refere ao ensino de 2º grau, a vitória de uma corrente de pensamento que propugnava, dentro do MEC, pela profissionalização universal e compulsória do ensino médio, numa especialização estrita dos estudantes conforme as ocupações existentes no mercado. A corrente derrotada era, entretanto, mais numerosa, pelo que se pode deduzir dos anais da IV Conferência Nacional de Educação, de junho de 1969, e do seminário preparatório (de fevereiro de 1970) à V Conferência, que acabou por não se realizar. Tanto o Documento Inicial desse seminário, elaborado pelo economista Ignácio Rangel, quanto as recomendações da IV Conferência convergiam na condenação à especialização precoce na formação profissional (por razões econômicas e sociais), no reconhecimento como positiva da função propedêutica do ensino médio, na necessidade de se atualizar o conceito de educação geral centrada na ciência e na tecnologia, assim como na proclamação da desejabilidade da formação profissional mediante associação de escola e trabalho.

Para a corrente de pensamento que se impôs, o ensino técnico industrial foi o modelo implícito do novo ensino médio profissionalizante.

Isso se deveu ao grande prestígio que as escolas industriais angariaram, especialmente as da rede federal, tanto pela qualidade do ensino profissional nela ministrado, quanto, paradoxalmente, pela função propedêutica que desempenhavam. Como veremos, essa função era a que se pretendia atenuar no colegial secundário, mas eram os estudantes de cursos superiores, oriundos das escolas técnicas industriais, que se destacavam dentre os demais.

Esse prestígio possivelmente teve duas conseqüências. A primeira foi a importância dos administradores educacionais do sistema de ensino técnico

O ensino profissional na irradiação do industrialismo

industrial na nova organização administrativa do ensino médio.[2] A maioria do pessoal que decidia, em 1972, no Departamento de Ensino Médio do MEC, pertencia à antiga Divisão de Ensino Industrial, no caso, o diretor (o mesmo em ambos os órgãos) e os assessores técnicos. A segunda conseqüência (que, de um certo modo o é, também da primeira), foi a importância que a prática do ensino técnico industrial teve para a definição do novo ensino de 2º grau profissionalizante.

Os currículos mínimos do ensino médio foram elaborados pela Universidade do Trabalho de Minas Gerais (Utramig), onde funcionava um dos centros de educação técnica do ensino industrial. Essa instituição foi transformada, a partir de 1971, em laboratório de currículos do Departamento de Ensino Médio. Dentre as 52 habilitações que corresponderam às especialidades técnicas de nível médio, cujos currículos foram elaborados pela Utramig, 32 eram do setor industrial, o que mostra uma tendência dessa instituição em dar mais ênfase ao setor de sua atividade principal. Essa mesma tendência existiu na reforma do ensino no Estado de São Paulo (21 cursos industriais num total de 38).

Além disso, a divulgação dos cursos profissionalizantes de 2º grau foi feita de forma tal que aqueles ligados ao setor industrial eram os mais enfatizados.

Quando os administradores educacionais projetaram o novo ensino de 2º grau sabiam que esbarrariam em resistências. Elas seriam decorrentes da desvalorização pelas famílias de classe média dos cursos profissionais, associados à formação de operários.

Em vista disso, empreendeu-se uma campanha de valorização do ensino profissionalizante pela valorização do trabalho do técnico, visando a diminuição das diferenças dos valores que eram atribuídos a este e ao ensino superior (e às profissões para as quais preparava). O início da campanha materializou-se com a edição do *Caderno de Profissões* por uma empresa jornalística do Rio de Janeiro, financiada por ela e por uma empresa distribuidora de produtos de petróleo. Esse texto compreendia um conjunto de comentários sobre as profissões de nível médio (cursos existentes, oportunidades ocupacionais, salários e outros) e distribuído gratuitamente aos estudantes naquele estado.

Entrevistas de administradores educacionais, no *Caderno de Profissões* e em periódicos, diziam existirem boas oportunidades ocupacionais para técnicos, já que "alguns ganhavam até mais do que um engenheiro".

---

2 A Lei n.5.692/71 adotou a nomenclatura 1º grau, 2º grau e ensino superior. A organização do MEC, todavia, se dividia em Departamento de Ensino Fundamental, Departamento de Ensino Médio e Departamento de Assuntos Universitários. A Constituição de 1988 e a LDB-96 restabeleceram a correspondência dos dois primeiros níveis com base na nomenclatura do ministério.

Os administradores educacionais não assumiriam a crença da existência de amplas oportunidades ocupacionais para técnicos, sabendo ser isso uma crença, se não houvesse uma outra razão, subjacente, que os levasse a isso. Estudando o processo de elaboração da lei em questão, é possível explicitar essa razão subjacente.

O contexto de elaboração da política de profissionalização do ensino de 2º grau teve início com as mudanças políticas de 1964. O novo esquema de poder instalado contou com amplo apoio das camadas médias urbanas e adotou, como medida imediata de favorecimento de sua base de sustentação, o aumento de vagas nos cursos superiores. As camadas médias estão fortemente representadas no contingente universitário, cujos componentes são justamente aqueles que, cada vez mais, dependem da educação de nível superior para ascender socialmente e até mesmo para permanecerem nos níveis já alcançados. Mas a política econômica adotada pelo Estado a partir de 1964 fez-se com o intuito de dificultar a existência de possibilidades não educacionais de ascensão para os indivíduos das camadas médias. Tornou-se cada vez mais dificultosa não só a existência, como também a abertura de novos estabelecimentos no comércio, na indústria e na prestação de serviços. Assim, a ascensão ficava dependente da ascensão nas burocracias públicas e privadas, para o que um diploma de nível superior tornava-se um requisito cada vez mais necessário, embora não suficiente.

Assim, enquanto a política educacional do Estado a partir de 1964, aumentando as vagas das universidades públicas, beneficiou as camadas médias, sua política econômica fez que a necessidade de cursos superiores crescesse ainda mais. Entretanto, o número de vagas cresceu menos que o demandado. Foi o crescimento do setor privado de ensino superior que "compensou" a diferença, embora não oferecesse cursos gratuitos.

Podemos verificar a importância desse processo pelas conseqüências: a crise de 1968. Durante o primeiro semestre desse ano houve um grande número de intensas manifestações estudantis nas principais cidades brasileiras. As reivindicações mais freqüentes em todas as manifestações eram de "mais verbas" e de "mais vagas" para os cursos superiores. Os excedentes (candidatos a cursos superiores, não aproveitados) pretendiam o ingresso e os estudantes universitários (e professores) pediam mais verbas e revogação dos cortes de verbas havidos. As conseqüências políticas dessas reivindicações e das iniciativas repressivas foram muito grandes, a curto e a longo prazo.

O que interessa assinalar, nesse quadro, é que uma das providências tomadas pelo governo para assumir o controle da situação foi a constituição de um grupo de trabalho para elaborar um projeto de lei de reforma universitária. O grupo de trabalho expôs suas conclusões em um relatório em que será sumariado a seguir, naquilo que se refere direta ou indiretamente ao ensino médio (cf. Cunha, 1988).

O ensino profissional na irradiação do industrialismo

O grupo de trabalho estabeleceu, como princípio, que não seria justo o atendimento das reivindicações de mais recursos para o ensino superior, ilimitadamente, na medida em que isso prejudicasse o atendimento da demanda de ensino primário e médio. Deveria haver um crescimento equilibrado dos sistemas de ensino, nos seus vários níveis, atendendo a dois tipos de demandas: ensino primário e médio estendidos a praticamente toda a população escolarizável e ensino superior para aqueles que quisessem e pudessem.

Estabelecido esse princípio, o grupo de trabalho manifestou-se, implicitamente, contrário à expansão das matrículas nos cursos superiores, pelo menos na forma e na intensidade havidas até então. Os critérios que deveriam orientar a expansão do ensino superior, agora de uma forma e em uma intensidade controladas, deveriam levar em conta que essa expansão se fizesse de acordo com a crescente demanda "demográfica e social" pelo ensino nesse nível e a existência de oportunidades efetivas de emprego para os profissionais de nível superior. O atendimento dos dois critérios era tido como difícil. A conciliação seria dificultada pelo fato de a demanda de vagas apresentar-se maior do que a oferta esperada de oportunidades ocupacionais para os egressos dos cursos superiores.

Os fatores que o relatório apontou como causadores de dificuldades naquela conciliação mostram isso:

(i) reivindicação de vagas por jovens que nem sempre têm a qualificação intelectual necessária para o acompanhamento dos cursos;

(ii) ensino médio distorcido, pois se ele preparasse para o trabalho, diminuiria a demanda dos que se candidatam à universidade; além disso, um número excessivo de técnicos de nível médio procurava o ensino superior;

(iii) escassez de recursos públicos para o financiamento do ensino em geral e do ensino superior em particular; eticamente, haveria tanta prioridade no desenvolvimento do ensino primário e médio quanto do superior;

(iv) a procura de vagas em cada curso superior era maior ou menor do que as necessidades reais do mercado, exigindo ordenação da dimensão de matrículas/concluintes de cada curso de acordo com as oportunidades ocupacionais.

O exame desses pontos mostra que o grupo de trabalho apontou dois fatores não educacionais – limitação de recursos e limitação de oportunidades ocupacionais para egressos de cursos superiores –, que exigiriam uma reforma educacional. Ela compreenderia uma reforma universitária (que o grupo de trabalho propôs) e, também, uma reforma do ensino médio, (apenas sugerida) de modo que este, preparando para o trabalho, fizesse diminuir a demanda de vagas nas escolas superiores, logo de excedentes. Isto resolveria ou atenuaria, de imediato, três problemas: um, político, o do protesto por vagas/verbas; outro, social e talvez passível de expressão política, a frustração de profissionais de nível superior com dificuldades de conseguir emprego nos moldes esperados; e outro, ainda, de caráter financeiro, a diminuição (ou, pelo menos, atenuação do ritmo de crescimento) dos gastos públicos em ensino superior.

Um outro elo entre a lei da reforma universitária e a de profissionalização no ensino de 2º grau é a sua vinculação a uma doutrina pedagógica comum. Uma boa parte do conteúdo de ambas foi antecipado pelo estudo de uma comissão do CFE sobre a articulação do ensino médio com o ensino superior. Suas conclusões foram expostas na indicação 48/67, de onde saíram muitos dos conceitos e das formulações da reforma universitária e da reforma do ensino de 2º grau. Esse elo foi propiciado pela presença de três dos integrantes da comissão que elaborou essa doutrina nos grupos de trabalho que formularam as reformas educacionais em questão: Newton Sucupira participou dos três grupos; Valnir Chagas participou também do GT da reforma universitária; e José de Vasconcelos, também do GT da reforma do ensino de 1º e 2º graus.

Vejamos, agora, as justificativas manifestas para a reforma do ensino de 2º grau. Dois conceitos básicos eram evocados para se entender a profissionalização universal e compulsória: terminalidade e frustração.

A terminalidade seria a característica de um curso (o 2º grau, no caso) de dar aos seus egressos um benefício imediato que eles não colheriam se não o tivessem concluído. No caso, seria a possibilidade de conseguirem desempenhar ocupações mais vantajosas que outras, em *conseqüência* do curso. Com a Lei n.5.692/71, pretendia-se que o ensino de 2º grau tivesse a terminalidade como característica básica, manifestada pelo ensino profissional.

A frustração seria uma conseqüência nefasta do 2º ciclo do antigo ensino médio, ramo secundário, produzida justamente por causa da *ausência de terminalidade*: os estudantes sentiam-se frustrados pela falta de habilitação profissional, a menos que ingressassem em cursos superiores.

Assim, a justificativa manifesta da reforma se assentava na necessidade de se organizar o ensino de 2º grau de modo que ele tivesse terminalidade, isto é, que proporcionasse aos seus concluintes uma habilitação profissional. Essa necessidade derivaria do imperativo de se combater a frustração dos alunos, resultante do seu despreparo profissional ao fim do nível médio, o que os forçaria a procurar as escolas superiores como único meio de obter habilitação profissional.

O ensino médio profissionalizante no 2º grau (com terminalidade) encontraria sua razão de ser na necessidade de combater a frustração dos seus concluintes que não conseguissem ou não quisessem ingressar em cursos superiores. A citação abaixo, extraída do relatório do grupo de trabalho que elaborou o anteprojeto da Lei n.5.692/71, é clara neste ponto:

> A verdadeira terminalidade ao longo de toda a escolarização dos 7 aos 18 anos, encontra-se de fato no ensino de 2º grau, ministrado, como é, no período

etário em que as aptidões existem e tendem a estiolar-se quando não são cultivadas com oportunidade. Tal circunstância, aliada a um crescente amadurecimento geral do aluno, aproxima grandemente este grau superior, assim como é visível a contigüidade que tem o atual ginásio com a escola primária. Isto permitiu que planejássemos o ensino de 2º grau partindo de que todos, num país como o Brasil, devem chegar à idade adulta com algum preparo para o trabalho ou, pelo menos, com alguma opção de estudos claramente definida. Pondo mesmo de lado as implicações econômicas e sociais desta tomada de posição, cabe lembrar que a maior causa de frustração dos candidatos não admitidos no ensino superior reside na ausência de uma ocupação útil numa idade em que se tornam absorventes as preocupações com o futuro. Só tardiamente, quando não se inclui na exceção dos egressos de cursos técnicos, o jovem descobre que a escola não lhe deu sequer a tão apregoada cultura geral, e apenas o adestrou para um vestibular em que o êxito é função do número de vagas oferecidas à disputa. *Houvesse ele seguido concomitantemente algo de "prático", não se deteria nos umbrais da Universidade em busca de uma matrícula como saída de desespero.* No mínimo, quando não pretendesse engajar-se de uma vez no trabalho, encontraria neste o apoio financeiro e a estabilidade psicológica para novas tentativas.[3]

A passagem grifada deixa transparecer o diagnóstico do problema: os egressos do colegial secundário precisariam ingressar na universidade em razão da uma deficiência curricular (a ausência de formação profissional).

Ora, esse raciocínio, que pode ser verdadeiro para um ou outro indivíduo, é falso para o conjunto dos jovens egressos do colegial secundário. A procura dos cursos superiores, ao contrário do que se dizia, é determinada pela *presença neles* de valor, no caso o requisito de ascensão social, e não por alguma deficiência do ensino médio. O fato de o ensino técnico industrial desempenhar uma função propedêutica mostra isso: técnicos, isto é, concluintes do ensino médio com formação profissional buscavam cada vez mais intensamente os cursos superiores, como vimos no capítulo 3.

A canalização da frustração dos concluintes do curso médio tem sido imaginada como possível pelo encontro de trabalho imediatamente, pelo concluinte. A citação acima mostra isso pela perspectiva do candidato não aprovado nos exames vestibulares. No caso do seu empenho em fazer novas tentativas, ele teria "apoio financeiro e a estabilidade psicológica" necessários.

Entretanto, a *possibilidade* da canalização da frustração era dada pela crença na existência de uma demanda de técnicos de nível médio não atendida. No entanto, os próprios administradores educacionais não conheciam o volume de oportunidades ocupacionais disponíveis. Apenas acreditavam que

---

3 "Relatório do Grupo de Trabalho instituído pelo Decreto n.66.600, de 20 de maio de 1970". In: *Ensino de 1º e 2º Graus*. Rio de Janeiro: MEC/CFE, 1971, p.131 (grifos meus).

ele fosse grande, o suficiente para canalizar a frustração dos concluintes do ensino médio que não ingressassem nos cursos superiores – e tal crença lhes bastava. A citação abaixo, transcrita de uma entrevista do ministro da Educação Jarbas Passarinho, a respeito desse problema, evidencia isso.

> Entrevistador – Mas até o momento não se sabe quais as condições do mercado brasileiro em relação a técnicos de nível médio. Nem São Paulo, estado considerado mais apto para uma rápida implantação da reforma, tem esses dados.
>
> Entrevistado – De fato, estamos *jogando um pouco no escuro*. Quando eu estava no Ministério do Trabalho, o Departamento Nacional de Mão-de-Obra recebia e recebe até hoje dados de 1 milhão de empresas sobre primeiro emprego e fluxo da mão-de-obra. Imaginamos solicitar dados às empresas através do Ministério do Trabalho, comunicando sua carência.[4]

Além da dificuldade operacional para se conhecer objetivamente a demanda por profissionais de nível médio, nas diversas especialidades, um outro problema, se levado em conta, impediria aquele ingênuo otimismo dos administradores educacionais empenhados em justificar o novo ensino de 2º grau para o público.

Trata-se do processo em curso de deslocamento de profissionais de nível médio pelos formados em nível superior, tanto pelos processos espontâneos de elevação dos requisitos educacionais, quanto pelos processos institucionalizados de reserva de mercado para os profissionais de nível superior, como mostrei no capítulo 3, quando abordei a questão da regulamentação da profissão do técnico industrial.

Havia já freqüentes referências sobre a existência de profissionais de nível superior ocupando cargos que poderiam ser de pessoal de nível médio.[5] Sempre que apareciam referências nesse sentido, falava-se no desperdício que isso representava, já que o profissional de nível superior seria mais caro e mais útil em outras tarefas que não dispensavam formação profissional escolar mais intensa.

Esse tipo de deslocamento é freqüente no setor industrial. Na construção civil, por exemplo, ele tem se processado, principalmente, em tarefas como cálculo, direção de canteiro de obras, topografia e desenho.

Os dados a respeito da escassez de técnicos industriais não apoiavam as generalizações quanto às possibilidades profissionais dos técnicos e auxiliares técnicos que seriam formados no ensino profissionalizante de 2º grau. Havia indicações tanto da escassez intensa para certos setores da economia, para certas

---

4 Jarbas Passarinho, entrevista citada no artigo "Passarinho e o ensino em mudança", *Veja (São Paulo)*, p.56, 30 jun. 1971 (grifos meus).
5 Por exemplo, Mange (1944) e Góes Filho & Costa (1966b).

especialidades, como do contrário. O aumento da oferta de técnicos industriais poderia vir a forçar a baixa de salários, o que certamente faria diminuir a vantagem então existente para a formação desses profissionais. Além disso, não havia dados que permitissem a generalização dessa escassez para *todos* os profissionais de nível médio, como foi feito pelos administradores educacionais e pela campanha de valorização da reforma do ensino de 2º grau.

Mesmo "jogando um pouco no escuro", o projeto da lei foi elaborado por um grupo de trabalho constituído pelo MEC, após o que foi examinado e emendado pelo Conselho Federal de Educação. Retornando ao ministério, o projeto foi mais uma vez examinado e retificado. Enviado ao Congresso Nacional, ele recebeu no plenário da Câmara dos Deputados 357 emendas, mas foi posto a salvo por um eficiente mecanismo de filtragem, que aceitou apenas 32 delas.

Essa rapidez contrasta fortemente com os treze anos decorridos desde a apresentação do primeiro projeto de Lei de Diretrizes e Bases da Educação Nacional, em 1948, até sua promulgação em 1961, quando todos os interessados tomaram conhecimento e discutiram o assunto em organizações, educacionais ou não. Infelizmente, o longo tempo necessário à tramitação e promulgação da LDB-61 foi interpretado pela tecnocracia da ditadura militar como sinal de ineficiência, desorganização ou hesitação, males certamente não encontráveis no processo de elaboração da Lei n.5.692/71, pomposamente chamada de Lei de Diretrizes e Bases do Ensino de 1º e 2º Graus.

Depois de promulgada a lei, os professores foram "esclarecidos" a respeito da nova política educacional, enquanto o MEC e o CFE dedicavam-se à elaboração das normas específicas destinadas à implantação da reforma.

Detalhamento e implantação da reforma

O texto da Lei n.5.692/71 fornecia os parâmetros para a elaboração do currículo do ensino de 2º grau, ao determinar que, nele, a parte especial, isto é, a propriamente profissionalizante, deveria prevalecer sobre a educação geral, assim como o seu objetivo geral deveria ser o de propiciar a habilitação profissional de cada aluno.

Ainda no texto da lei pode ser encontrada a diretriz de que fossem utilizados plenamente os recursos humanos existentes, para o que foram aventadas três soluções:

- a reunião dos pequenos estabelecimentos em unidades mais amplas;
- a entrosagem e a intercomplementaridade dos estabelecimentos de ensino entre si ou com outras instituições sociais, a fim de aproveitarem a capacidade ociosa de uns para suprir as deficiências dos outros;

- a organização de centros interescolares que reunissem serviços e disciplinas ou áreas de estudo comuns a vários estabelecimentos de ensino.

Cada uma dessas soluções ou uma combinação delas visaria "eliminar a duplicação de meios para fins idênticos ou equivalentes", princípio taylorista já evocado na reforma do ensino superior (Cunha, 1988).

Cinco meses depois da promulgação da Lei n.5.692/71, o CFE aprovou o Parecer n.45/72, relatado por Valnir Chagas com base nos estudos da Utramig. Num longo texto, acompanhado por anexos explicativos, o parecer tece considerações eruditas a respeito da questão da nova filosofia da educação – "tecnologia *versus* humanismo" –, que estariam implícitas na nova concepção nos conceitos de educação geral e de formação especial.

Apesar de toda argumentação desenvolvida, a função contenedora (Cunha, 1977) do ensino profissionalizante foi retomada no parecer ao deixar claro que um aluno poderia abreviar a parte de formação especial do currículo, propiciada pelo regime de créditos, se quisesse ingressar mais cedo no mercado de trabalho. Mas, de jeito nenhum, ele poderia cursar mais rapidamente as disciplinas de educação geral para ingressar logo num curso superior.

As competências das diversas instâncias do poder, no que dizia respeito à definição do currículo do ensino de 2º grau, foram explicitadas da maneira como segue.

O Conselho Federal de Educação teria a competência de fixar o núcleo comum, assim como definir os objetivos e a amplitude das matérias e disciplinas. Além do mais, fixaria o mínimo de disciplinas de cada habilitação profissional ou de cada conjunto de habilitações afins. Finalmente, esse órgão colegiado aprovaria as habilitações profissionais propostas pelos estabelecimentos de ensino, que pretenderiam validade nacional para os certificados por eles expedidos.

Para cada sistema de ensino, o respectivo conselho estadual de educação teria a competência de relacionar as matérias dentre as quais cada estabelecimento poderia escolher as que constituiriam a parte diversificada do currículo. O CEE aprovaria, também, a inclusão nos currículos de cada estabelecimento de ensino de estudos não decorrentes de outras matérias; e aprovaria outras habilitações profissionais, com validade em âmbito exclusivamente estadual.

Cada estabelecimento de ensino teria a competência para escolher as disciplinas que integrariam a parte diversificada de seu currículo. Poderia, também, oferecer outras habilitações profissionais, para as quais não houvesse sido baixado conteúdo mínimo, desde que aprovadas pelo CEE.

A habilitação de técnico industrial exigiria o mínimo de 2.900 horas de atividades escolares, incluídas pelo menos 1.200 horas de conteúdo profissionalizante, com a necessária complementação do exercício profissio-

O ensino profissional na irradiação do industrialismo

nal orientado pela escola. Já as "outras habilitações", isto é, as que outorgariam o certificado de auxiliar técnico, teriam o mínimo de 2.200 horas, com pelo menos 300 horas de conteúdo profissionalizante.

O parecer relacionou 130 habilitações técnicas que poderiam ser oferecidas no ensino de 2º grau. Eram elas:

agropecuária
agricultura
pecuária
edificações
estradas
saneamento
agrimensura
mecânica
eletromecânica
eletrotécnica
eletrônica
telecomunicações
instrumentação
geologia
mineração
metalurgia
química
petroquímica
têxtil
fiação
tecelagem
malharia
acabamento têxtil
alimentos
leite e derivados
carne e derivados
assistente de administração
contabilidade
estatística
publicidade
secretariado
comercialização e mercadologia
cerâmica
curtimento
calçados
refrigeração e ar condicionado
artes gráficas
cervejas e refrigerantes
estruturas navais
pesca
manutenção de aeronaves
decoração

tradutor e intérprete
redator auxiliar
turismo
hotelaria
enfermagem
laboratórios médicos
prótese
ótica
economia doméstica
instumentista musical

Essas habilitações resultaram, em sua quase totalidade, da consolidação das especialidades dos cursos oferecidos pelas escolas técnicas, tanto as industriais como as comerciais e as agrotécnicas. A estas especialidades/habilitações foram acrescidas outras para a formação de auxiliares técnicos, que resultaram de seu desdobramento. Eram elas:

auxiliar de análise de solos
agente de defesa sanitária vegetal
agente de defesa sanitária animal
auxiliar de adubação
auxiliar de forragens e rações
classificador de produtos vegetais
desenhista de arquitetura
desenhista de estruturas
auxiliar de escritório técnico de edificações
desenhista de instalações hidráulicas
desenhista de estradas
laboratorista de solos e pavimentação
topógrafo de estradas
desenhista de agrimensura
topógrafo de agrimensura
cadastrador de agrimensura
laboratorista de saneamento
auxiliar sanitarista
cronometrista
desenhista mecânico
desenhista de ferramentas e dispositivos
desenhista de instalações elétricas
desenhista de máquinas elétricas
desenhista de circuitos eletrônicos
desenhista de circuitos de telecomunicações
auxiliar técnico de mecânica
auxiliar técnico de eletromecânica
auxiliar técnico de eletricidade
auxiliar técnico de eletrônica
auxiliar técnico de telecomunicações
auxiliar técnico de instrumentação

desenhista-cartógrafo de geologia
laboratorista de geologia
desenhista-cartógrafo de mineralogia
laboratorista de mineralogia
auxiliar técnico de instalação de minas
auxiliar técnico de metalurgia
auxiliar de laboratório de análise química
auxiliar de laboratório petroquímico
desenhista de padronagem
auxiliar de laboratório têxtil em fibras e tecidos
auxiliar de laboratório têxtil em química
auxiliar de inspeção de alimentos
auxiliar de inspeção de leite e derivados
auxiliar de inspeção de carne e derivados
auxiliar de escritório
auxiliar de contabilidade
auxiliar de processamento de dados
desenhista de publicidade
corretor de imóveis
corretor de mercado de capitais
promotor de vendas
despachante
corretor de seguros
corretor de mercadorias
auxiliar de laboratório de cerâmica
auxiliar de laboratório de curtimento
modelador de calçados
desenhista de instalações de refrigeração e ar condicionado
desenhista de artes gráficas
fotógrafo de artes gráficas
desenhista de estruturas navais
auxiliar de laboratório (pesca)
desenhista de móveis
desenhista de decoração
ornamentista de interiores
auxiliar de enfermagem
auxiliar de administração hospitalar
auxiliar de documentação médica
auxiliar de fisioterapia
auxiliar de reabilitação
secretária de unidade de internação
auxiliar de nutrição e dietética
visitadora sanitária
oficial de farmácia
laboratorista de análises clínicas
auxiliar técnico de radiologia
auxiliar técnico de banco de sangue

O exame dessa listagem, em especial a comparação das habilitações para ténicos com as de auxiliares técnicos, mostra que seus elaboradores fizeram uma confusão básica: entre os cursos escolares e as ocupações constantes dos planos de classificações de cargos das empresas ou das entidades. Ora, não tem o menor sentido o oferecimento de cursos tão específicos para habilitar auxiliares técnicos em "secretaria de unidade de internação", "auxiliar de inspeção de alimentos", "auxiliar técnico de eletricidade", e outros. O curso deveria ater-se à especialidade técnica, cabendo ao empregador classificar o trabalhador conforme a hierarquia profissional da empresa ou entidade, de modo que ele ocupasse um cargo de auxiliar ou de técnico pleno ou supervisor. No entanto, o próprio Parecer n.45/72 sugere que a oferta de cursos profissionalizantes começasse pelas habilitações para auxiliar técnico, justamente o que não tem cabimento, numa possível composição entre a ambição do objetivo da lei e as condições existentes.

O currículo mínimo da habilitação de técnico em eletrotécnica, que tomei como exemplo, teria 2.900 horas de atividades escolares. As matérias de educação geral, expressas no núcleo comum, totalizariam 1.140 horas, com o seguinte desdobramento: língua portuguesa e literatura nacional; língua estrangeira; educação artística; geografia; história; educação moral e cívica; organização social e política do Brasil; matemática; ciências. As matérias de formação especial para essa habilitação exigiriam 1.530 horas, com a seguinte composição: redação e expressão; estudos regionais; organização e normas; desenho; eletricidade; mecânica; máquinas e instalações; programas de saúde. A educação física, com 270 horas, completaria o currículo. Cada uma dessas matérias seria desdobrada em disciplinas, conforme a habilitação e o sistema estadual de educação.

Como algumas das disciplinas profissionalizantes eram comuns a várias habilitações, o parecer trouxe anexado matrizes que permitiam melhor visualização. Apresento a seguir a matriz relativa ao conjunto de "habilitações afins": mecânica, eletromecânica, eletrotécnica, eletrônica, telecomunicações e instrumentação.

Cursos Matérias	Mecânica	Eletrotécnica	Eletrônica	Telecomunicações	Eletromecânica	Instrumentação
eletricidade	x	x	x	x	x	x
desenho	x	x	x	x	x	x
organização e normas	x	x	x	x	x	x
mecânica	x	x	x			x
eletrônica				x	x	x
produção mecânica	x	x				
máquinas e instalações elétricas		x	x			
análise de circuitos				x	x	
telecomunicações					x	
instrumentação						x

Num trabalho dotado de refinada crítica, publicado em 1982, realizado por encomenda do Inep/MEC, Carlos Roberto Jamil Cury, Maria Inez Bedran, Maria Umbelina Salgado e Sandra Azzi relacionaram as razões encontradas por várias pesquisas para explicar a precariedade da profissionalização na escola de 2º grau, em razão da reforma de 1971. São elas:

(a) a profissionalização se restringiu, praticamente, às escolas públicas e privadas que já eram profissionalizantes antes da promulgação da lei;
(b) as redes estaduais ainda possuíam escolas com ensino exclusivamente propedêutico;
(c) a preferência era pela implantação de habilitações de baixo custo, geralmente ligadas às atividades terciárias (sobretudo magistério, contabilidade e secretariado), sem qualquer consonância com as necessidades do mercado de trabalho ou com as aptidões manifestas pelos alunos;
(d) a oferta de habilitação profissional pela escola de 2º grau não diminuiu a demanda de candidatos aos concursos vestibulares;
(e) o crescimento do ensino de 2º grau vem ocorrendo mais acentuadamente nos cursos que privilegiam a formação geral;
(f) a maioria dos alunos do ensino de 2º grau não têm interesse em adquirir uma profissão, sendo que a grande motivação é a continuidade dos estudos em grau superior;
(g) a maioria dos egressos de cursos técnicos profissionalizantes não exerce atividades de técnicos de nível médio. (*A profissionalização do ensino na Lei nº 5.692/71*, p.44)

De fato, a elaboração da reforma do ensino de 2º grau não levou em conta a realidade objetiva de carência de recursos humanos e materiais das escolas, especialmente a das escolas públicas. A não ser algumas concessões a essa realidade (implantação gradativa e alguma permissibilidade na titulação dos professores), não se levou em consideração o fato de que grande número de escolas tinham prédios adaptados, sem dispor sequer de instalações adequadas às disciplinas de educação geral, à recreação dos alunos, bibliotecas e laboratórios passíveis de utilização prática. Mesmo nos municípios das capitais, era comum encontrar-se professores do ensino de 2º grau sem titulação e/ou formação específicas.

Essa carência de recursos obrigou os administradores educacionais a improvisar cursos profissionais visando procedimentos semelhantes aos das escolas privadas, as quais escolhiam aqueles cursos que não desviavam os alunos de seus objetivos imediatos, nem aumentavam muito as despesas.

A solução que alguns administradores educacionais aventaram para conseguir aumentar os orçamentos disponíveis foi a cobrança de uma taxa compulsória para a caixa escolar, uma maneira de introduzir, disfarçadamente, a cobrança de anuidades. Como o ensino de 2º grau não estava previsto na Constituição federal, nem nas estaduais, como gratuito, a medida parecia legítima. Esse não era, entretanto, o pensamento dos estudantes das escolas públicas de 2º grau, que se manifestaram contrários ao fim da gratuidade do ensino nos lugares em que a cobrança de anuidades começou a ser feita, qualquer que fosse o nome ou o pretexto.

Uma das conseqüências imediatas da incompetência das administrações estaduais na implantação da reforma foi a sobrecarga das escolas técnicas industriais da rede federal.

O fato de essas escolas terem sido usadas como paradigmas do ensino profissionalizante custou caro a várias delas. Paradigmas de difícil reprodução pelos colégios, tanto públicos quanto privados, elas foram procuradas para estabelecer convênios com esses colégios, pelos quais deveriam fornecer a parte especial do currículo das habilitações próprias do setor industrial. Com isso, a clientela dessas escolas industriais cresceu muito, pois, além dos seus alunos, passaram a atender, também, os de colégios públicos e privados. Esses convênios foram legitimados pelo próprio texto da lei, que recomendava a cooperação entre as escolas e a montagem de centros interescolares. Em contrapartida, em alguns casos, os alunos das escolas técnicas passaram a freqüentar aulas das disciplinas de cultura geral nos colégios públicos. Onde isso ocorreu, provocou profundo desagrado entre os professores das escolas industriais: os das disciplinas da parte geral viam sua importância progressivamente diminuída; os das disciplinas da parte especial viam sua carga horária aumentada. Ademais, alunos de escolas técnicas foram utilizados, improvisadamente, como professores da parte especial do currículo, em certos estados, acarretando novos problemas pedagógicos e disciplinares.

Não bastasse isso, quando o Governo Federal manifestou a disposição de transferir para os sistemas estaduais as escolas técnicas industriais da sua rede, provocou insatisfações adicionais pela perda de prestígio que a medida poderia acarretar, além da previsível redução dos orçamentos. Professores e diretores dessas escolas temiam, também, que sua subordinação aos sistemas estaduais viesse representar um retrocesso na autonomia das escolas técnicas, conseguida em 1959 com a montagem de um sistema de direção bastante flexível.

As administrações das escolas técnicas industriais também não viram com agrado a "intromissão" dos colégios públicos na formação de técnicos, tarefa na qual se julgavam as únicas competentes. Eram comuns manifestações de desagrado quanto à "desvalorização" previsível da profissão de técnico industrial à medida que os colégios começavam a diplomar (como técnicos) pessoas dotadas de qualificação muito inferior à dos concluintes das escolas técnicas propriamente ditas.

Em certos casos, esse desagrado resultou em medidas compensatórias da desvalorização antevista. O curso técnico industrial foi transformado em curso superior de curta duração pela adição ao currículo existente de disciplinas (como matemática superior) desnecessárias para o exercício profissional, mas fornecedoras do argumento indispensável à recuperação do valor acadêmico (e econômico) do diploma conferido pelo curso.

Em suma, para a administração do ensino industrial, a profissionalização universal e compulsória no ensino de 2º grau não foi, como a propaganda oficial pretendia fazer crer, uma *valorização* do ensino industrial, mas o contrário. Para muitos professores e diretores, a reforma trouxe apenas problemas.

A reforma da reforma

A profissionalização universal e compulsória no ensino de 2º grau suscitou adesões e rejeições. Para uns, o ensino de 2º grau passaria a ter uma finalidade própria, ultrapassando o papel de mero preparatório para os cursos superiores. Para outros, entretanto, a reforma contrariava seus interesses. Vejamos as rejeições mais importantes que foram feitas a essa política. Antes de tudo, é preciso dizer que não é tarefa fácil identificar essas resistências por causa das práticas autoritárias, inclusive o controle das manifestações políticas e a censura à imprensa, que desestimulavam a formulação e a disseminação de idéias contrárias às do governo.

Apesar das dificuldades que se opunham a sua expressão, os alunos não receberam passivamente a nova ordem da profissionalização universal e compulsória no ensino de 2º grau. A despeito de uma motivação difusa mas efetiva para com a aquisição de uma habilitação profissional, eles reagiram à introdução de disciplinas profissionalizantes, tendentes a diminuir a carga horária das disciplinas que lhes interessavam para os exames vestibulares. Reagiram, também, à cobrança de mais e mais caras taxas nas escolas públicas, como medida para financiar a reforma projetada.

Essas reações se expressaram pelos mais diferentes meios e pelos mais variados modos: desde o mero desinteresse pelo estudo até as charges dos jornais estudantis e as festas de formatura, em que tais problemas eram abordados. Nas eleições legislativas de 1974, a questão do pagamento do ensino de 2º grau e da profissionalização foram temas de debates em alguns estados, o que sugere terem aquelas reações alcançado um nível mais elevado de expressão, passando das manifestações individuais e de turma para o nível político propriamente dito.

No âmbito da administração educacional, houve críticas de outra natureza, que reconheciam a inviabilidade prática da profissionalização universal e compulsória no ensino de 2º grau. Eram as críticas de diretores de escolas técnicas, de administradores de sistemas de ensino industrial e especialistas em educação profissional que conheciam a realidade do trabalho e os problemas especiais que colocava a formação de trabalhadores de todos os níveis de qualificação, particularmente os profissionais de nível médio.

Vale a pena focalizar a atenção sobre as atividades de um especialista em educação profissional, Roberto Hermeto Corrêa da Costa,[6] não por ter sido o único membro da administração do ensino industrial a criticar a nova política educacional, mas pela eficácia das suas atividades para a inflexão do processo em questão.

Em 1973, ele era assessor da Comissão Especial para Execução do Plano de Melhoramentos e Expansão do Ensino Técnico e Industrial (Cepeti), do Departamento de Ensino Médio, quando teve lugar, em Fortaleza, o IV Encontro de Secretários de Educação e Cultura e Representantes de Conselhos de Educação. Convidado a fazer uma exposição, Roberto Hermeto causou escândalo entre os arautos da nova lei ao defender que se proporcionassem a todos os alunos do ensino de 2º grau os conhecimentos básicos necessários ao desempenho de um conjunto de ocupações, em vez da especialização estrita, deixando que a formação profissional se completasse no emprego ou em escola especializada. Essa proposta colocava a possibilidade de ingresso no ensino superior como uma alternativa de igual peso em relação às profissionalizantes.

Em março de 1974, Roberto Hermeto organizou o Centro Brasileiro de Construções e Equipamentos Escolares (Cebrace), no âmbito do MEC, órgão do qual foi o primeiro diretor.

As atividades do Cebrace, orientadas para a elaboração de projetos de construção de escolas e padronização de material de ensino (de 1º e 2º graus), dependiam, necessariamente, das definições de currículos, por um lado, e das disponibilidades de recursos, de outro. Se, no encontro de Fortaleza, em 1973, Roberto Hermeto chamou a atenção principalmente para a inadequação *técnica* da política educacional relativa à formação profissional, passou então a apontar a existência de novos problemas, resultantes da sua inadequação *econômica*: os custos da profissionalização universal e compulsória no ensino de 2º grau seriam dificilmente cobertos pelos orçamentos existentes.

Caso o ensino de 2º grau se limitasse, na parte especial do currículo, ao fornecimento dos conhecimentos tecnológicos básicos de certas áreas de atividade, os custos não seriam assim tão elevados, vantagem que se adicionaria à outra, já mencionada, de estar de acordo com a estrutura ocupacional existente.

---

6 No capítulo 2 ele foi mencionado como o primeiro diretor do Departamento do Senai em Minas Gerais, e diretor do Departamento Nacional dessa instituição, nos anos 60.

Num documento elaborado em 1974,[7] Roberto Hermeto apontou duas saídas para o impasse técnico-econômico da reforma. A primeira saída seria a manutenção da Lei n.5.692/71 inalterada, reinterpretando-a através de novos pareceres do CFE que aprovariam os currículos de habilitações básicas, extinguindo-se as habilitações até então em vigor, a fim de se evitarem "interpretações equívocas sobre a validade de umas ou outras". A segunda saída seria a alteração da própria lei, de modo a fazer a preparação para o ensino superior não uma alternativa secundária, mas uma possibilidade equivalente à das habilitações básicas, em áreas correspondentes às dos cursos superiores. Assim, o currículo do ensino de 2º grau comportaria habilitações básicas correspondentes a grupos ocupacionais e cursos de aprofundamento de estudos gerais nas áreas biomédicas, de ciências sociais, ciências exatas e tecnológicas, ciências humanas e filosofia, letras e outras.

Qualquer que fosse a solução escolhida, entretanto, o documento reconhecia tanto o "caráter propedêutico do ensino de 2º grau" quanto a necessidade de se manterem os cursos técnicos existentes.

As manifestações de desagrado de proprietários e diretores de escolas privadas de 2º grau surgiram imediatamente após a promulgação da Lei n.5.692, em 1971. As críticas incidiram, dominantemente, sobre o caráter "pragmatista" da profissionalização compulsória do ensino de 2º grau, tendendo a submeter os objetivos "formadores" da educação escolar a finalidades imediatistas do mercado de trabalho. Entretanto, já em 1972 apareciam nos jornais declarações de diretores de escolas privadas chamando a atenção para a elevação dos custos, dificilmente passíveis de serem cobertos pelos aumentos das anuidades. Nos dois anos seguintes, presidentes de associações de classe, como os de sindicatos de estabelecimentos particulares de ensino passaram a fazer, com freqüência crescente, declarações dizendo que a profissionalização no ensino de 2º grau estava levando os colégios privados à falência.

Não tardou que as críticas dos setores privatistas encontrassem seu "bode expiatório", atribuindo a responsabilidade dos exageros da política de profissionalização universal e compulsória ao Congresso Nacional. Diziam ter sido do Congresso a iniciativa de generalizar a profissionalização, ao contrário do que pensava o grupo de trabalho e o Conselho Federal da Educação. Entretanto, o exame acurado das exposições de motivos e do processo de tramitação do projeto de lei não deixa dúvida de que, se o Congresso generalizou a profissionalização, fez isso a pedido ou, pelo menos, com a concordância do Executivo – do MEC, em particular.

---

7 *O Ensino de 2º grau e a habilitação profissional*: sugestões em torno da interpretação da Lei n.5.692 – Documento Preliminar.

As críticas dos alunos, de administradores educacionais e dos empresários de ensino assumiram dimensão política em 1974, com a posse do general Ernesto Geisel na Presidência da República e de Ney Braga no Ministério da Educação. Esse governo enfrentou problemas sem precedentes.

Os problemas econômicos e sociais gerados pelo modelo de desenvolvimento do país, nos dez anos que se seguiram ao golpe militar de 1964, mas atenuados por uma conjuntura internacional favorável, resultaram, a partir de 1973, pela mudança dessa conjuntura, no recrudescimento da inflação que passou a ameaçar o ritmo de crescimento da economia, pedra de toque do chamado "milagre brasileiro".

Esses problemas mostravam, cada vez mais dramaticamente, a inviabilidade da continuação do modelo econômico. Problemas que iam desde a duplicação, em dois anos, da dívida externa, até a ocorrência de graves epidemias resultantes da deterioração das já precárias condições de vida (em termos de alimentação, moradia, saúde etc.) da classe trabalhadora. Com isso, apareceram sinais de possível rompimento do pacto entre empresas públicas e as multinacionais, definindo-se, então, um novo modelo econômico. Nessa transição, temia-se a possibilidade de ressurgimento de correntes militares de orientação nacionalista e anticapitalista.

Prevendo esse risco, o presidente Geisel procurou incorporar novos parceiros ao pacto político dominante, principalmente os empresários nacionais (pela redefinição do papel do Congresso no jogo político) de grupos sociais da classe média, da Igreja Católica e dos intelectuais. A eliminação das tensões geradas, mantidas e acumuladas pelos governos anteriores, a *distensão*,[8] foi, assim, o primeiro passo para o alargamento da base social do Estado.

O ministro da Educação não demorou a se aperceber do fato de que a política educacional, referente ao 2º grau, constituía uma fonte geradora de tensões que cumpria estancar. A inflexão da política educacional relativa ao 2º grau passou a desempenhar, assim, um novo papel na modificação do quadro político-econômico da nova etapa do desenvolvimento do país.

Surgiu, em conseqüência, o aviso ministerial n.924, de 20 de setembro de 1974, dirigido ao presidente do Conselho Federal de Educação, José de Vas-

---

8 A *distensão* foi entendida, antes e imediatamente depois das eleições legislativas de 1974, como detentora de uma dimensão dominantemente política. A partir de agosto de 1975, entretanto, o presidente da República ampliou o conceito: a *distensão* passou a ser entendida como não predominantemente política, mas como a "atenuação, se não a eliminação, das tensões multiformes, sempre renovadas, que tolhem o progresso e o bem-estar do povo", resultado do "desenvolvimento integral e humanístico, capaz, portanto, de combinar, orgânica e homogeneamente, todos os setores – político, social e econômico – da comunidade nacional". Os assuntos educacionais, podemos deduzir, estavam incluídos no setor social mencionado.

concelos, o mesmo que presidiu o grupo de trabalho que elaborou o ante-projeto da Lei n.5.692/71, justamente a que determinou a profissionalização universal e compulsória no ensino de 2º grau. O CFE era, na época, o principal baluarte de defesa do ensino profissionalizante.

É possível que o ministro tenha constatado a existência de técnicos do MEC capazes de fornecer os subsídios de que o CFE carecia, pelo que se pode deduzir da rapidez com que esse conselho assumiu novas posições. Assim é que três meses depois foi apresentada ao plenário do CFE a indicação 52/74, de autoria de Newton Sucupira, reconhecendo e legitimando, de modo bastante explícito, a corrente de opinião que fora enunciada por Roberto Hermeto no ano anterior.

O exame da questão foi extremamente rápido: no mês seguinte foi aprovado o Parecer n.76/75, relatado por Terezinha Saraiva, que reinterpretou, em matéria de fundo, a Lei n.5.692/71.

O parecer começou por reafirmar a justeza da tese da profissionalização do ensino de 2º grau (que "a maioria dos educadores considera absolutamente correta") na versão do "antológico" Parecer n.45/72, embora reconhecesse que o tempo decorrido desde então "mostrou a necessidade de novas normas, instruções mais diversificadas".

Essa necessidade seria decorrente da falta de recursos financeiros necessários à implantação do ensino profissionalizante, da escassez de docentes qualificados, das dificuldades criadas pela redução da carga horária da parte da educação geral, das dificuldades de cooperação das empresas, da carência de informações sobre o mercado de trabalho.

Essas dificuldades, por sua vez, teriam sido produzidas por um equívoco básico sobre a natureza do ensino profissionalizante. A interpretação da lei, do modo como estava sendo feita, levava à suposição errônea de que *toda escola* de 2º grau deveria fornecer um "ensino técnico e profissional", transformando-se todas as escolas secundárias em escolas técnicas. Se essa fosse a determinação legal, a carência de recursos humanos e materiais seria, certamente, muito grande.

O *ensino* de 2º grau (e não cada escola) é que deveria ser profissionalizante, implicando a cooperação de escolas técnicas (e não), empresas e outras instituições.[9]

O Parecer n.76/75 defendia não ser viável, nem desejável, que todas as escolas de 2º grau se transformassem em escolas técnicas. Foram as seguintes as razões apontadas para essa reorientação da política educacional:

---

9 Essa correção na interpretação da lei foi, provavelmente, uma resposta aos empresários do ensino que concentraram suas críticas à nova política educacional no fato de que ela estaria causando um grande aumento dos custos, inviabilizando as escolas particulares.

- a formação específica poderia fazer com que os estudantes levassem para as empresas certos vícios resultantes de uma formação que poderia estar distorcida em relação à atividade que iriam efetivamente exercer;
- a formação específica exige que se conheçam dados de difícil obtenção sobre as necessidades do mercado de trabalho, considerando-se que haveria cerca de mil ocupações que exigiriam escolaridade de 2º grau;
- a formação específica exige que as escolas acompanhem as transformações tecnológicas cada vez mais freqüentes, o que é muito dispendioso;
- a formação específica dificulta a adaptação a novas ocupações, havendo o perigo do excedente profissional;
- a formação específica exige a reprodução de todo o ambiente das empresas dentro de cada escola, acarretando duplicações que elevariam de muito os custos do ensino.

Mas, a inovação de maior relevo do parecer foi a própria definição de ensino profissionalizante, diferente da contida no Parecer n.45/72.

A educação profissionalizante deixou de ser entendida como "a transmissão de um conhecimento técnico limitado e pouco flexível e muito menos de atividades". Pretendia, agora, "tornar o jovem consciente do domínio que deve ter das bases científicas que orientam uma profissão e levá-lo à aplicação tecnológica dos conhecimentos meramente abstratos transmitidos até então pela escola". Assim, em vez da educação profissionalizante específica, passou-se a raciocinar em termos de uma educação profissionalizante básica, "que teria caráter geral e que se proporia a inserir o jovem no contexto do humanismo do nosso tempo, a ser concretizada eminentemente em nível de segundo grau", através de uma habilitação básica, entendida como "o preparo básico para iniciação a uma área específica de atividade, em ocupação que, em alguns casos, só se definiria após o emprego". Na escola de 2º grau, os estudantes teriam informações de problemas amplos da produção e dos serviços e, assim, cada um deles "estaria preparado para adquirir um amplo leque de incumbências dentro da empresa, segundo as necessidades desta". As ocupações para as quais seria possível e vantajosa a habilitação específica em escola poderiam ser objeto de ensino pelos cursos técnicos, mediante a conjugação de escolas com empresas, de escolas com centros interescolares e outros arranjos possíveis.

Dentro das novas concepções, a divisão, antes bem definida, entre a parte geral e a parte especial do currículo, ficou borrada pelo reconhecimento de que há disciplinas da parte de educação geral que podem ser consideradas instrumentos de habilitação, constituindo parte da formação especial.

Deste modo, na organização dos currículos, a escola de 2º grau poderá, de acordo com as várias habilitações, aumentar a carga das disciplinas de educação geral, distribuindo-as entre a parte geral e a especial ou computando-as na espe-

O ensino profissional na irradiação do industrialismo

cial, sobretudo quando grupadas por áreas. Além disto, se aceita a concepção de formar para habilitações básicas, e com enfoque sistêmico, poder-se-á compatibilizar perfeitamente as duas cargas horárias. (Parecer n.76/75)

Por exemplo, no caso da habilitação básica em agropecuária, aprovada pelo CFE dentro dos novos parâmetros do Parecer n.76/75, a parte de formação especial do currículo compreendia 1.050 horas, assegurando a predominância da formação especial sobre a educação geral. Entretanto, apenas 600 dessas horas (27% da carga horária do currículo pleno) compreendiam disciplinas que poderiam ser consideradas "disciplinas de caráter técnico" (agricultura, zootecnia, economia e administração agrícola). As demais 450 horas da formação especial seriam preenchidas e denominadas instrumentais (desenho básico, química, biologia, física e programa de orientação profissional) "que iriam permitir aos alunos embasamento técnico e também atenderão ao melhor preparo dos que visam à continuação dos estudos em grau superior".

Deste modo, a carga horária da educação geral, correspondente ao núcleo comum do ensino de 2º grau ficou reforçada, não só pela adição de tempo das disciplinas já existentes, como, também, pela introdução de outras disciplinas, também de caráter geral.

O Parecer n.76/75 dizia não pretender eliminar as 130 habilitações profissionais já aprovadas pelo Parecer n.45/72, mas agrupá-las em algumas *famílias de habilitações básicas*, como saúde, edificações, eletrônica, administração e comércio, entre outras.

O efeito da nova concepção de ensino profissionalizante foi a existência de uma segmentação do ensino de 2º grau.

Ela resultaria da atribuição ao ensino de 2º grau de duas modalidades distintas de profissionalização. A *formação profissional*, prevista pelo texto da Lei n.5.692/71 e pelo Parecer n.45/72, estaria voltada para fora, isto é, para o mercado de trabalho, movimento que tinha no economista o orientador por excelência. A outra modalidade seria a compreendida pelo termo lato de *educação para o trabalho*, novidade trazida pelo Parecer n.76/75, na qual a profissionalização estaria voltada para dentro da escola, articulando o interesse de cada aluno com o de cada estabelecimento de ensino, sob a égide do pedagogo, e resultaria da estranha combinação de educação geral com "consciência do valor do trabalho" mais a aquisição de "habilidades tecnológicas".

Como veremos em seguida, todo o processo conseqüente de mudança da legislação referente à profissionalização no ensino de 2º grau consistiu no refinamento dessa segunda modalidade.

Depois que a Lei n.5.692/71 foi reinterpretada pelo Parecer n.76/75, que mudou radicalmente o caráter universal e compulsoriamente profissional do ensino de 2º grau, não havia mais como segurar a maré montante da mudança de seu texto. Com efeito, a maioria dos membros do Conselho Federal de Educação era constituída de empresários do ensino ou seus prepostos, a quem não convinha aquela política, nem havia mais a necessidade de composição com uma orientação unificada, proveniente do Ministério da Educação, como a que prevaleceu no início da década.

São bons indicadores dessa mudança os eventos ocorridos em vários pontos do país, sobre o ensino profissionalizante, nos quais a crítica ao caráter positivo mas radical da Lei n.5.692/71 era compartilhada pelos membros do CFE os quais já defendiam abertamente a mudança da legislação, para além da sua reinterpretação via parecer.

A convergência de opiniões para a reformulação da lei resultou, então, no Parecer n.860/81, que começava afirmando ter ela suscitado, nos dez anos de sua vigência, uma unanimidade: deveria ser atualizada, não apenas por via da interpretação de seus dispositivos, mas, em alguns casos, pela alteração de sua redação.

Para o conselheiro Paulo Nathanael Pereira de Souza, relator do parecer, as razões que levaram a Câmara dos Deputados a estender o ensino profissionalizante a todos os alunos do 2º grau foram meramente conjunturais, razão pela qual instaurou-se logo uma "crise de qualidade" nesse grau de ensino.

O relator recomendou, então, a elaboração de um anteprojeto de lei, a ser enviado ao ministro da Educação, com a seguinte orientação:

a) extinção da preponderância da parte de formação especial sobre a parte de educação geral, no currículo do ensino de 2º grau, mas preservando-se a educação para o trabalho; e

b) cancelamento da exigência da habilitação profissional como requisito para a obtenção do diploma de conclusão do curso.

A aprovação do voto do relator pelo plenário do CFE, por unanimidade, deu a medida da aceitação da mudança da lei naquele órgão colegiado.

Em decorrência disso, duas medidas similares foram tomadas, pelo CFE e pelo próprio MEC: a organização de grupos de trabalho para a elaboração de propostas de mudança da Lei n.5.602/71, no que dizia respeito, principalmente, à profissionalização no 2º grau. O primeiro grupo de trabalho foi formado por conselheiros do CFE e do CEE/SP, por técnico do MEC e professora da UFMG. O segundo, exclusivamente por pessoal do próprio MEC. Os relatórios de ambos os grupos de trabalho foram examinados pelo CFE, resultando daí o Parecer n.177/82, relatado por Anna Bernardes da Silveira.

Depois de cotejar os relatórios oriundos do próprio CFE e do MEC, o parecer propôs uma terceira formulação. A habilitação profissional continuaria mantida como objetivo do ensino de 2º grau, mas poderia ser substituída pelo aprofundamento em determinadas ordens de estudos gerais. O predomínio da parte de educação geral ou da parte de educação especial ou, ainda, o equilíbrio entre elas, dependeria da natureza dos estudos oferecidos em cada estabelecimento de ensino.

Na minuta de anteprojeto de lei que acompanhava o parecer houve a substituição de um termo que definia o objetivo geral do ensino de 1º e 2º graus. Na Lei n.5.692/71, ele era definido assim: "proporcionar ao educando a formação necessária ao desenvolvimento de suas potencialidades como elemento de auto-realização, a qualificação para o trabalho e para o exercício consciente da cidadania". O termo intermediário foi mudado de *qualificação* para *preparação*, assumindo uma conotação bem mais difusa, de modo que praticamente qualquer conteúdo poderia ser associado, ainda que remotamente, à profissionalização.

Embora o parecer fosse aprovado por unanimidade pelo plenário do CFE, o conselheiro Hélcio Ulhôa Saraiva apresentou declaração de voto, em tudo contrário à proposta da relatora. Para ele, três pontos deveriam ser levados em conta na reformulação da lei: (i) não se deveria perder a idéia de que a educação no mundo atual inclui necessariamente a dimensão trabalho, ao lado das dimensões conhecimento e exercício da cidadania; (ii) as experiências bem-sucedidas de ensino profissionalizante deveriam ser estimuladas; e (iii) o retorno à dualidade do ensino brasileiro, formalmente suprimida pela Lei n.5.692/71, deveria ser evitado.

Com efeito, o dissidente mostrou que a opção de aprofundamento em estudos gerais equivalia a afirmar que a educação poderia não incluir a dimensão trabalho. Diante disso, as escolas com "vocação acadêmica" acentuariam a especialização precoce de seus alunos, conforme o curso superior por eles pretendido. Os prejuízos seriam grandes para os alunos, não só para sua formação geral, que ficaria debilitada, assim como para as possíveis mudanças de cursos superiores, em novas tentativas de exames vestibulares, mas, também no ingresso no mercado de trabalho, caso não lograssem aquele intento.

> Assim é importante que, ao desobrigar-se as escolas de uma profissionalização feita em função do mercado de trabalho, além de assegurar a presença de preparação para o trabalho como parte da educação integral, se criem condições para garantir a democratização de oportunidades, dentro do sistema escolar. Isso só se conseguirá com um curso básico para todos, acrescendo-se à carga horária mínima de 2.200 horas, o número de horas julgado necessário para a habilitação profissional que foi objeto de opção da escola. Essa carga horária pode variar de acordo com o setor – primário, secundário ou terciário – da economia, visado pela escola e com o nível do profissional – técnico ou auxiliar técnico – que se pretende formar. (*Documenta*, n·257, abr. 1982, p.18)

A culminância desse processo de *reforma da reforma* do ensino profissionalizante no 2º grau, que se desenvolvia desde 1973, foi um projeto de lei, curto mas incisivo, oriundo do MEC. Dele resultou a Lei n.7.044, de 18 de outubro de 1982, que aproveitou parte das recomendações do CFE.

O termo *qualificação* para o trabalho foi substituído por *preparação* no objetivo geral do ensino de 1º e 2º graus, conforme o parecer do CFE. Mas, em vez de representar a retomada explícita da dualidade, no 2º grau, o texto da lei foi ao mesmo tempo tímido e eufemístico. A preparação para o trabalho, como elemento de formação integral do aluno, seria obrigatória no ensino de 1º e 2º graus, e deveria constar dos planos curriculares de cada estabelecimento escolar. Ao contrário da lei original, que tornava universal e compulsória a habilitação profissional no 2º grau, o dispositivo modificado dizia: "A preparação para o trabalho, no ensino de 2º grau, *poderá ensejar* habilitação profissional, a critério do estabelecimento de ensino".

Assim, a Lei n.7.044/82 representou, de fato, o esvaziamento do ensino profissionalizante no 2º grau. No entanto, ela não descartou os pareceres elaborados pelo CFE com base na Lei n.5.692/71, que ficaram valendo integralmente. Numa surpreendente manobra político-pedagógica, o que se fez foi acrescentar a possibilidade desejada pelas instituições privadas, que atendiam aos setores de mais alta renda das camadas médias, aos administradores que constatavam, a cada dia, a impossibilidade de implantar os ditames da lei anterior.

O Parecer n.785/86 veio a expressar o caráter eufemístico dos termos da nova lei. A *preparação para o trabalho* poderia ser entendida de modo tão lato, que estaria plenamente atendida por uma escola de 2º grau, especializada na preparação para os exames vestibulares, que oferecesse aos alunos informações sobre os cursos de nível superior, promovesse visitas às empresas, palestras de professores e profissionais, assim como propiciasse a realização de testes vocacionais...

A "cefetização" das escolas técnicas[10]

Correlativamente à mudança da política educacional para o ensino de 2º grau – e mesmo antes de ela concluir sua inflexão –, verificou-se um renovado esforço governamental para se implementar uma política, já traçada pela reforma universitária de 1968, de multiplicação dos cursos de curta duração, localizados não no interior das universidades, onde os cursos longos pode-

---

10 O termo "cefetização" foi apropriado de Moraes (1994).

riam atrair para si os estudantes dos curtos, fora delas, principalmente em certas escolas técnicas federais.

Essa segregação institucional aliou-se ao combate às semelhanças entre os cursos curtos e os longos. A denominação *engenheiros de operação*, dada aos concluintes de cursos de três anos, foi banida do vocabulário. Eles passaram a ser chamados de *tecnólogos*. Os cursos deveriam ter currículos bem diferentes dos cursos longos ou plenos, de modo a desincentivar futuras tentativas de que os concluintes de uns buscassem "completar" sua formação mediante a adição de umas tantas matérias ao currículo cursado, pretendendo, assim, diplomas de cursos longos. É esse o teor do Parecer n.1.589/75 do Conselho Federal de Educação.

Com isso, alterou-se a estratégia da "defesa" do ensino superior diante do "assalto da massa" de candidatos.

Ao fim da década de 1960 e começo da de 1970, essa defesa foi tentada pela contenção da demanda, mediante o desvio dos candidatos potenciais aos cursos superiores para o mercado de trabalho, supostamente carente de técnicos de nível médio, para o que se instituiu a profissionalização universal e compulsória no ensino de 2º grau.

Com a crise do "milagre brasileiro", uma política de "distensão" se impôs, o que propiciou a manifestação, ainda que atenuada pelo autoritarismo dos governos militares, de pressões que mostravam o iminente fracasso da política de profissionalização no ensino de 2º grau.

Verificada a impossibilidade de diminuir a demanda de ensino superior pelo desvio para o mercado de trabalho de uma parcela significativa de candidatos potenciais, via ensino de 2º grau, a solução encontrada foi satisfazê-la com a oferta de cursos superiores, embora de mais baixo valor econômico e simbólico – os cursos de curta duração.

Consistentemente com essa nova estratégia, os exames vestibulares foram redefinidos: de meramente classificatórios que eram, sempre à base de questões de múltipla escolha (que chegaram a ser obrigatórias), passaram a verificar a habilitação dos candidatos – não a habilitação profissional obtida no 2º grau, mas a habilitação acadêmica para os cursos superiores. Em conseqüência, os exames vestibulares passaram a constar de duas provas, uma eliminatória e outra classificatória. A avaliação da redação em língua portuguesa tornou-se obrigatória, com a mesma finalidade, e houve uma corrida das universidades públicas para adotarem provas discursivas, apresentadas como melhores do que as "objetivas" na verificação das aptidões de cada candidato.

Para justificar essa mudança na estratégia da discriminação social via escolarização, o tema da qualidade do ensino superior, pela via da seleção dos estudantes, assumiu no início da década de 1980 o primeiro plano, de onde havia sido alijado desde o início da década anterior.

Posto esse quadro geral, vou me concentrar no oferecimento de cursos superiores pelas escolas técnicas, com ênfase nas da rede federal.

A julgar pelo levantamento realizado por Góes Filho (1976), a preocupação de promover mudanças no curso de engenharia existia desde 1962, tanto na Diretoria do Ensino Superior do MEC, quanto entre os pesquisadores da produção industrial brasileira. Parte dessa preocupação era com o caráter excessivamente longo do currículo dos cursos existentes, parte com o alto custo, parte com a dificuldade de atendimento de setores carentes de pessoal. Isso teria motivado a elaboração de propostas de se criarem cursos de engenharia com duração mais curta do que a dos "cursos plenos".

Nessa linha de preocupação, o Parecer n.60/63 do Conselho Federal de Educação, que teve Faria Góes como um de seus relatores, instituiu o curso de engenharia de operação, com três anos de duração, cujos currículos mínimos foram definidos pelo Parecer n.25/65.

No mesmo ano de 1965, foram abertos cursos de engenharia de operação na PUC/RJ, na PUC/SP na PUC/MG e no Instituto Nacional de Telecomunicações de Santa Rita do Sapucaí (MG), com um total de 3 mil alunos.

Nessa mesma ocasião, a Fundação Ford decidiu apoiar projeto da Escola Técnica Federal do Rio de Janeiro para implantar cursos desse tipo. Como se tratava de uma escola de nível médio, foi preciso estabelecer um convênio com a Escola de Engenharia da Universidade Federal do Rio de Janeiro para a indispensável cobertura institucional.

Estabelecida a base legal, a Fundação Ford doou equipamentos e forneceu assistência técnica, propiciando a vinda de professores da Universidade Estadual de Oklahoma (EUA). Em 1966, começaram a funcionar os cursos de engenharia de operação, nas especialidades mecânica e eletrônica, que, em 1969, diplomaram a primeira turma.

O Decreto-lei n.547, de 18 de abril de 1969, autorizou a organização e o funcionamento de cursos profissionais superiores de curta duração em escolas técnicas federais, dispensando a cobertura institucional de escolas de engenharia. Em seqüência, o ministro da Educação constituiu uma comissão formada por funcionários da Diretoria do Ensino Industrial, do MEC, e de representantes da Fundação Ford para propor medidas visando à implantação de cursos desse tipo em outras escolas técnicas federais. Para apoiá-las, aquela fundação ofereceu recursos financeiros para o envio de bolsistas à Universidade Estadual de Oklahoma, onde obteriam o grau de mestre em educação técnica.

Já o governo brasileiro, por sua vez, tomou um empréstimo de 8 milhões e 400 mil dólares do Banco Mundial, em 1971, para o financiamento de projetos do ensino profissional em nível de 2º grau e de engenharia de operação.

Esses recursos custearam a implantação de cursos de engenharia de operação no Rio de Janeiro, na Bahia, em Minas Gerais e no Paraná, inclusive mediante o envio de quarenta professores das respectivas escolas técnicas federais para fazerem o mestrado em educação técnica nos EUA, em 1974, após o que outros sessenta fizeram o mesmo no Brasil.

Paralelamente às iniciativas do Governo Federal, o governo paulista criou o Centro Estadual de Educação Tecnológica (depois denominado "Paula Souza") para ministrar cursos de formação de técnicos de nível médio e técnicos de nível superior, denominados tecnólogos.[11]

A Lei n.6.545/78 transformou as escolas técnicas federais do Rio de Janeiro, de Minas Gerais e do Paraná em centros federais de educação tecnológica, cujos objetivos foram especificados na regulamentação baixada pelo Decreto n.87.310/82:

a) integração do ensino técnico de 2º grau com o ensino superior;
b) oferecimento do ensino superior em continuidade ao ensino técnico de 2º grau, diferenciado do sistema universitário;
c) ênfase na formação especializada, levando em conta as tendências do mercado de trabalho e do desenvolvimento do país;
d) atuação do ensino superior exclusiva na área tecnológica;
e) formação de professores e especialistas para as disciplinas especializadas do ensino de 2º grau;
f) realização de pesquisas aplicadas e prestação de serviços; e
g) estrutura organizacional adequada à prestação de serviços.

Em 1999, eram cinco os Cefets:

Centro Federal de Educação Tecnológica da Bahia
Centro Federal de Educação Tecnológica do Maranhão
Centro Federal de Educação Tecnológica de Minas Gerais
Centro Federal de Educação Tecnológica do Paraná
Centro Federal de Educação Tecnológica do Rio de Janeiro[12]

Eram oferecidos nesse ano quinze cursos regulares de nível superior tecnológico:

Administração hoteleira
Engenharia industrial elétrica-eletrônica
Engenharia industrial elétrica-eletrotécnica
Engenharia industrial elétrica-telecomunicações
Engenharia industrial mecânica

---

11 A resistência dos conselhos federal e estaduais de engenharia em reconhecer como engenheiros os concluintes de cursos de curta duração foi mais eficaz em São Paulo, onde a demarcação curricular e simbólica chegou antes.

12 O Cefet do Rio de Janeiro manteve o nome "Celso Suckow da Fonseca", herdado da escola técnica que o antecedeu.

Tecnologia de construção civil
Tecnologia em eletrônica industrial
Tecnologia de manutenção mecânica
Tecnologia de manutenção petroquímica
Tecnologia de manutenção elétrica
Tecnologia de manutenção eletrônica
Tecnologia de processamento petroquímico
Formação de professores de ensino técnico industrial
Formação de professores de disciplinas técnicas
Especialização do ensino técnico do 2º grau

Além de cursos de pós-graduação *lato sensu* (especialização), os Cefets ofereceram os cursos de mestrado seguintes:

Engenharia elétrica
Informática industrial
Tecnologia
Engenharia de materiais
Edificação tecnológica
Manutenção integrada por computador
Gerência de obra
Gerência de manutenção
Agentes de manutenção tecnológica
Informática
Acionamento industrial

Ao fim do governo Itamar Franco, um projeto oriundo do MEC foi aprovado e sancionado (Lei n.8.948, de 8 de dezembro de 1994), instituindo o Sistema Nacional de Educação Tecnológica, que disporia até mesmo de um conselho superior distinto do CFE. Esse sistema seria integrado principalmente pelas escolas técnicas federais, alçadas todas à categoria de Cefets, embora incluísse também as instituições privadas que tivessem cursos para a formação de tecnólogos.

Mas, essa lei simplesmente "não pegou", além de ter sido atropelada pela política educacional do governo Fernando Henrique Cardoso. Na prática, ela foi substituída pelo Decreto n.2.406, de 27 de novembro de 1997, que definiu, nos termos do Decreto n.2.208/97,[13] os *centros de educação tecnológica*.

Esses centros, públicos ou privados, deverão ministrar cursos profissionais em todos os níveis: qualificação (para operários), técnicos de nível médio e superior na área tecnológica (sem referência à duração reduzida nem à pós-graduação).

---

13 No capítulo 6 esses termos serão analisados mais detidamente.

No caso de novos Cefets, o decreto apresentou as condições para sua criação a partir das escolas técnicas existentes na rede federal, inclusive as agrotécnicas. Antes de tudo, cada instituição será examinada em separado e, se aprovado pelo ministro, este proporá ao presidente um decreto criando o novo Cefet.

Pelo menos uma característica foi antecipada para os novos Cefets: eles deverão contar com um conselho técnico-profissional, constituído por dirigentes do centro e por empresários e trabalhadores do setor produtivo correspondente às suas áreas de atuação, com atribuições técnico-consultivas e de avaliação do atendimento às características e aos objetivos da instituição.[14]

A "cefetização" das escolas técnicas da rede federal constituiu, então, uma versão anacrônica e anônima das *universidades do trabalho* que foram criadas na Europa e na Hispano-América, mas não vingaram no Brasil (Telles, 1979; Pronko, 1999). Vista por uns como valorização das escolas técnicas, que ganharam o *status* de instituições de ensino superior, a "cefetização" representou, na verdade, um desvalor dessas instituições pela manutenção de sua situação apartada da universidade (sem adjetivos), quer dizer, mais uma forma pela qual se processa a reprodução ampliada da dualidade da educação brasileira.

---

14 Esse requisito converge com as condições de financiamento aos centros de educação profissional, que ministrarão cursos de qualificação e técnicos, de que vou tratar no capítulo 6.

6
O ensino profissional na virada do século

O rápido e intenso processo de crescimento industrial acionado pelo Estado, nos marcos do corporativismo, levou a uma complexificação da sociedade brasileira,[1] propiciando o surgimento de uma teia de organizações que passaram a articular e dar identidade coletiva aos agentes sociais, que moldam seu comportamento e veiculam suas demandas fora do antigo encapsulamento corporativo. São organizações que congregam empresários, moradores, técnicos, funcionários públicos, trabalhadores, grupos de gênero e de etnia etc. – interessados em diversos e contraditórios projetos.

Tratando dos movimentos que compuseram o campo popular, no período 1975-1990, Ana Maria Doimo (1995) chamou a atenção para sua situação liminar entre o Estado, o mercado e a cultura, o que os tornava profundamente oscilantes entre a defesa do estatismo e a reivindicação das vantagens do mercado. Como corolário de tal liminaridade, esses movimentos sociais de reivindicação direta tendiam a desenvolver uma sociabilidade cambiante por entre os termos de sua dupla face: a *face expressivo-disruptiva*, pela qual se manifestam valores morais ou apelos ético-políticos tendentes a deslegitimar a autoridade pública e estabelecer fronteiras intergrupos, e a *face integrativo-corporativa*, pela qual se busca conquistar maiores níveis de integração social pelo acesso a bens e serviços, não sem disputas intergrupos e a interpelação direta aos oponentes.

Em sistemas políticos fechados, os movimentos sociais tendem a manifestar condutas aguerridas contra seus antagonistas, especialmente o Estado, exa-

---

1 Sallum & Kugelmas (1993).

cerbando sua face expressivo-mobilizadora, do que resulta a reivindicação das vantagens do mercado sobre o Estado. Ao contrário, em conjunturas mais democráticas, em que o sistema político se torna mais sensível e permeável às demandas, eles não só tendem a manifestar sua face integrativo-corporativa como podem, até mesmo, apontar a possibilidade de se estabelecerem novos arranjos político-institucionais de perfil democrático, visando à formatação dos conflitos e à canalização das demandas para a "face provedora" do Estado. E aí conta, sobremaneira, a vontade política de seus diversos agenciamentos (Doimo, 1995, p.69 e 222-3).

Após a crise dos movimentos sociais, resultado de muitos fatores (redemocratização, retirada parcial e estratégica da Igreja Católica, e outros), houve quem considerasse que esses movimentos tinham sido derrotados. No entanto,

> ganharam todos aqueles que conseguiram traduzir a megatendência liberalizante do mundo contemporâneo em apelo à cidadania e em reconhecimento de que a esfera política não é um mero prolongamento da esfera privada, ou de que o sistema de decisão não é mera extensão dos movimentos sociais. (Doimo, 1995, p.224)

O próprio quadro partidário se alterou, depois que a representação parlamentar foi canalizada praticamente nos moldes corporativistas do Estado Novo, e até que esse quadro foi compulsoriamente redefinido no bipartidarismo imposto pelo regime militar, em 1965 (Ato Institucional nº 2). A frente oposicionista se dividiu num leque de partidos, alguns deles com características completamente novas, como o Partido dos Trabalhadores e o Partido da Social Democracia Brasileira – aquele partido de massa, este partido de quadros.

A sociedade brasileira, assim complexificada, já não pôde ser absorvida pelo Estado, numa modalidade de corporativismo inclusivo, tampouco sujeita à coação inerente ao corporativismo exclusivo.

Isso não quer dizer que o corporativismo tenha entrado em colapso. Mesmo com seus fundamentos solapados, ele recebeu um alento no processo de elaboração da nova constituição e em seus complementos. A Constituição de 1988 efetivou os funcionários públicos nos cargos que ocupavam e o Regime Jurídico Único instituiu vantagens inéditas para o setor. A sindicalização dos funcionários (inclusive dos docentes) e o direito de greve, que lhes eram interditados desde o Estado Novo, abriram uma nova frente de defesa militante de privilégios corporativos.

Os sindicatos de funcionários públicos (docentes inclusive e principalmente) integraram as coalizões defensivas (Almeida, 1995) diante das tentativas do Estado de proceder a um ajuste fiscal que envolvesse redução dos privilégios – no limite, a extinção do Regime Jurídico Único e da estabilidade funcional.

O corporativismo assumiu uma forma explosiva, que o nega em sua justificativa ideológica. Se, em sua concepção, o arranjo corporativista deveria levar aos interesses comuns da Nação, do corpo social não se pôde dissimular a prática reivindicatória na defesa dos interesses particulares de grupos específicos de funcionários, tanto quanto dos interesses de setores das burocracias federais, estaduais e municipais, e de grupos privados. A despeito das ideologias que justificam suas demandas,

> Todos se irmanam no empenho comum de escapar às conseqüências do ajuste do setor público. A estabilidade e a capacidade de articulação dessas coalizões foram e são variáveis. Entretanto, em todos os casos sua lógica de ação foi sempre setorial e descomprometida com uma visão mais abrangente do que possa ou deva ser a atuação do Governo Federal no domínio social. (Almeida, 1995, p.93)

Em processos simultâneos e até articulados com essas mudanças políticas, o setor produtivo também sofreu alterações profundas, que não parecem ter chegado a seu termo, pois

> um conjunto de fatores esgarça as bases de sustentação do Estado desenvolvimentista e do pacto federativo que o sustentou. Nas últimas décadas, ocorreu um efetivo processo de desconcentração produtiva, com a emergência de novas elites regionais modernas que, conectadas diretamente com o exterior, questionam o poder de regulação do Estado nacional e de sua expressão política, o Governo Federal. Pressionada pela necessidade de realizar o ajuste fiscal, de cumprir os encargos da dívida externa e pelos resultados da reforma tributária da Constituição de 1988, a União teve suas bases fiscais fortemente erodidas, ainda que tenha ocorrido um bem sucedido esforço mais recente de elevação da arrecadação. Dada a redução dos investimentos federais em infra-estrutura, estes têm sido objeto de violentas disputas inter e intra-regionais. A maior autonomia tributária viabilizada pela Constituição de 88 tem dado lugar a uma verdadeira "guerra fiscal" entre estados e municípios, na busca de captar investimentos produtivos, bem como a um processo de deslegitimação das instâncias reguladoras federais. Finalmente, as dificuldades políticas com que se defronta o Executivo Federal para coordenar um efetivo programa de reformas estruturais implicam um processo reiterado de sua deslegitimação enquanto instância política reguladora dos conflitos nacionais. (Arretche, 1996, p.53-4)

Assim, enquanto o Estado ficava mais enfraquecido no plano federal, os governos estaduais e municipais se reforçavam, tanto pela redistribuição da arrecadação fiscal quanto pelo ganho de peso político pelos governadores – afinal foi pelas eleições estaduais que o processo de "transição para a democracia" deu o passo mais decisivo nos anos 80.

O resultado das eleições presidenciais de 1994 trouxe conseqüências profundas e indeléveis para a educação brasileira.

No que diz respeito ao tema deste capítulo, o programa de governo do candidato Fernando Henrique Cardoso foi mais do que uma peça de campanha. Ele continha, em vários pontos, uma orientação geral do que veio a ser implementado. Vejamos alguns dos pontos pertinentes ao nosso tema.

O programa, denominado *Mãos à obra, Brasil*, começava com lamentos diante da pequena quantidade relativa de jovens brasileiros matriculados no ensino de 2º grau, para o qual estaria faltando uma política de aumento das matrículas. O pequeno número de alunos que procuravam o 2º grau seria prejudicial, pois "este é um nível estratégico do sistema educacional, por possibilitar a preparação para o mercado de trabalho, aumentando a qualificação dos jovens e as suas oportunidades de obter um bom emprego".

A proposta lamentava, também, não existir para o 2º grau uma fonte exclusiva de recursos, como o salário-educação para o 1º. Numa referência implícita ao relatório do Banco Mundial para o ensino secundário brasileiro, a proposta dizia que cabe fazer um remanejamento das verbas do Ministério da Educação para o ensino de 2º grau, realocando ou criando fontes adicionais de recursos, *em vez de ampliar a rede de escolas técnicas federais, que só atenderiam uma minoria insignificante da população escolar.*

No fim do capítulo sobre educação do projeto de campanha, o item "projetos de educação complementar" dizia que o Governo Federal atuaria em conjunto com estados, municípios, associações comunitárias e empresas a fim de propiciar aos jovens e adultos novas e mais amplas oportunidades de educação visando a, entre outras coisas: "Obter formação profissional e possibilidades de atualizá-la, em consonância com as exigências de qualificação impostas pela vida moderna e pelas novas demandas de mercado de trabalho, em parceria com empresas, sindicatos, Senai e Senac".

No capítulo sobre emprego, num item destinado à "qualificação da mão-de-obra", o programa dizia que força de trabalho barata e recursos naturais abundantes já não representavam vantagens comparativas no novo modelo produtivo mundial. Os padrões tecnológicos em uso exigiam que os trabalhadores dominassem conhecimentos e habilidades que lhes permitissem integrar-se a ambientes de trabalho em rápida mudança. No Brasil, uma economia dual, existiria falta de mão-de-obra qualificada, preparada para executar tarefas de maior complexidade, ao mesmo tempo em que existiam milhões de trabalhadores desempregados ou subempregados, recebendo salários muito baixos. Era justamente a falta de qualificação que impediria a incorporação desse contingente no setor moderno da economia.

Para fazer frente a essa situação, o governo FHC adotaria duas estratégias. A primeira seria em relação à educação básica, com ênfase no ensino profissionalizante. A segunda seria a reorientação das políticas de capacitação de mão-de-obra, de forma a permitir melhor adaptação dos trabalhadores às tecnologias modernas. Em virtude da heterogeneidade da força de trabalho, seriam adotados tanto métodos de capacitação em massa, destinados aos trabalhadores de baixa renda, quanto programas destinados a aperfeiçoar e desenvolver a iniciativa e a capacidade gerencial dos pequenos e médios empresários e dos trabalhadores por conta própria.

> Para garantir o êxito das medidas, a execução das ações será descentralizada, com ampla participação das comunidades. Em articulação com estados e municípios, o Governo Fernando Henrique irá mobilizar as empresas privadas, as entidades de classe, os sindicatos patronais e de trabalhadores, as comunidades, as instituições de formação profissional, as universidades e outras entidades da sociedade civil para promover amplo programa de capacitação de mão-de-obra. (*Mãos a obra, Brasil*, 1994, p.129)

Entre as ações para gerar mais empregos foi listado "um amplo programa de melhoria da educação básica e de qualificação da mão-de-obra". Especificamente destinado aos trabalhadores desempregados, o programa de seguro-desemprego deveria ser articulado com o de capacitação e formação profissional, sempre em parceria com os estados e municípios, as empresas privadas e as entidades de treinamento e formação da mão-de-obra, como o Senai, o Senac e outras entidades da sociedade civil. Para isso, os recursos do Fundo de Amparo ao Trabalhador "vão privilegiar programas de capacitação e recolocação dos trabalhadores e o financiamento dos setores com maior potencial de geração de empregos".

Para os trabalhadores em idade adulta, o programa de governo elencou quatro medidas específicas:

a) desenvolver programa de preparação básica para o trabalho, destinado aos trabalhadores com baixa escolaridade – que não tenham completado a 4ª série do 1º grau;

b) desenvolver programa de qualificação profissional destinado aos trabalhadores que tenham concluído a 4ª série do 1º grau ou com conhecimentos equivalentes, sem perfil profissional definido ou que desejam aprender uma nova ocupação, em conseqüência de mudanças na oferta de emprego;

c) desenvolver programa de aperfeiçoamento profissional destinado aos trabalhadores com formação profissional definida que necessitem de atualização ou especialização na mesma família ocupacional;

d) conceder prioridade a programas de treinamento dos trabalhadores mais atingidos pelo processo de reconversão industrial: indústria de construção naval, siderurgia, metalurgia, segmentos da indústria de bens de capital etc.

Eleito presidente da República por uma complexa coligação partidária com dominância de centro-direita, Fernando Henrique Cardoso nomeou ministro da Educação Paulo Renato Costa Sousa, ex-reitor da Unicamp e ex-secretário de Educação do Estado de São Paulo (1984-1986), justamente o encarregado da consolidação de seu plano de governo. Para o Ministério do Trabalho, nomeou Paulo Paiva, geógrafo e demógrafo, professor da UFMG com passagem pela Secretaria de Planejamento do Estado de Minas Gerais.

O resultado foi que ambos os ministérios tinham posições opostas no espectro político-ideológico do governo. Enquanto o ministro do Trabalho dialogava com os dirigentes sindicais de todas as tendências, inclusive os que faziam intensa e direta oposição à política econômica do governo, o ministro da Educação sequer reconhecia como interlocutores legítimos as associações e os sindicatos que atuavam na área. A atitude de cada um deles estava em estreita consonância com as políticas que foram elaboradas e implementadas nos respectivos ministérios.

Neste capítulo vou tratar de processos que se desenvolviam desde os anos 70 e 80, no campo do ensino profissional. Em especial, as ameças externas ao Senai e suas estratégias de enfrentamento, assim como as críticas às escolas técnicas da rede federal e a política educacional de recomposição da dualidade estrutural da educação brasileira. Será enfocada, também, a emergência de um novo protagonista no campo do ensino profissional, a Sefor, do Ministério do Trabalho, que veio a intensificar os processos que vinham se desenvolvendo desde as duas décadas anteriores, além de desencadear outros.

Senai: ameaças e enfrentamento

Em 1995 ocorreu a primeira ameaça direta ao Senai como entidade privada.

A Lei n.2.613/55 criou o Serviço Social Rural, sob regime de autarquia que, como tal, era obrigada a ter seus balanços aprovados pelo Tribunal de Contas da União. Durante a tramitação no Congresso, essa dependência do SSR ao TCU foi estendida ao Sesi, ao Sesc, ao Senai e ao Senac.

Desde então, interpretações conflitantes reconheciam ora o caráter público daquelas entidades (e sua dependência ao TCU), ora seu caráter privado (e independência em relação a esse tribunal), até que a reforma administrativa baixada pelo Decreto-lei n.200/67 resolveu essa pendência, ao menos provisoriamente, ao determinar que:

> As entidades e organizações em geral, dotadas de personalidade jurídica de direito privado, que recebam contribuições parafiscais e prestam serviços de interesse público e social, estão sujeitas à fiscalização do Estado nos termos e condições estabelecidas na legislação pertinente a cada uma.

Em 1973, o Decreto n.77.463, ao regulamentar a Lei n.6.297/76, que concedia incentivos fiscais às empresas que desenvolvessem projetos de formação profissional, determinou que as instituições gestoras das contribuições de natureza parafiscal, compulsoriamente arrecadadas para fins de formação profissional (entre elas, o Senai) elaborassem seus orçamentos anuais de acordo com as instruções baixadas pelo Ministério do Planejamento. Esses orçamentos deveriam ser encaminhados ao Ministério do Trabalho, em prazos predeterminados, para exame. Depois de reformulados, se fosse o caso, seriam encaminhados ao Ministério do Planejamento para aprovação. Aí está outra "ingerência" que a instituição considerou atentatória ao seu estatuto privado.

Passando do plano do Estado para o da sociedade, pode-se constatar o surgimento de novas ameaças ao estatuto privado do Senai.

O mesmo processo que propiciou a hegemonia dessa instituição no ensino profissional do setor industrial criou condições para que o exclusivo controle patronal fosse desafiado, o que seus dirigentes entenderam como uma ameaça a sua sobrevivência.

Em primeiro lugar vou tratar das mudanças no sistema produtivo, embora não queira dizer que elas tenham sido as mais decisivas no processo de enfrentamento das ameaças.

A automatização e a polivalência – pelo menos o anúncio delas como inevitáveis e generalizadas –, bem como outras formas de reestruturação industrial, levaram à previsão de que o número de trabalhadores empregados na indústria seria drasticamente reduzido, mesmo sem "desindustrialização" e até com crescimento da produção. Ainda que seus salários médios tendessem a crescer, previu-se que a receita do Senai, vinculada à folha de salários, seria declinante, à medida que esse processo se desenvolvesse. A qualificação profissional dos trabalhadores requeridos pela indústria (assim como sua escolarização geral prévia) seria sensivelmente superior ao do operário típico do fordismo/taylorismo, o que reduziria em muito a importância da aprendizagem industrial, razão de ser da contribuição compulsória. Não obstante, a instituição gasta com a aprendizagem a maior parte dos recursos (as avaliações variam conforme os critérios de cálculo), enquanto o número de alunos é diminuto no CAI e no CAO.[2]

Os argumentos em prol do abandono da aprendizagem, reiterados pelos dirigentes e técnicos do Senai, aludem ao fato de que as empresas demandam à instituição justamente o treinamento, não a aprendizagem (um pouco mais a qualificação). O paradoxo dessa argumentação reside no fato de que o discurso a respeito da mudança do trabalhador requerido pelas empresas preconiza a polivalência. Ora, os rápidos cursos de treinamento (algumas dezenas de horas), altamente especificados, não poderiam jamais formar para a polivalência.

---

2 No capítulo 2 foram apresentados dados a respeito dessas estimativas de custo e de número de alunos em cursos de aprendizagem de ofício.

Quanto à aprendizagem, na perspectiva da polivalência, tem sido sugerido que o requisito de educação geral passe do fundamental para o médio, embora isso pareça resultar mais do diagnóstico a respeito da deterioração da qualidade do ensino público do que propriamente da valorização da elevação do nível dos conhecimentos. Em decorrência, há quem pense que, neste caso, já se trataria da habilitação profissional, não da aprendizagem.

A terceirização, a terciarização e a informalização levam a mudanças na organização das empresas que afetariam igualmente a receita da instituição.

A terceirização consiste na transferência da produção de certos componentes a fornecedores ou, então, na transferência de serviços de apoio para empresas contratadas. Quando se trata de componentes ou serviços oferecidos por empresas não industriais (exemplo: limpeza ou processamento de dados), a contribuição compulsória relativa à força de trabalho nelas empregada passa do Senai para o Senac.[3]

Já a terciarização significa a redução absoluta ou relativa da produção industrial, simultaneamente ao crescimento da produção no setor de serviços, como no exemplo mais visível da informática ou das telecomunicações.[4] Também aqui a receita que poderia crescer é a do Senac, em detrimento de seu congênere industrial. Não bastasse isso, tem havido um processo de fragmentação do sistema Senai, com a montagem de "serviços" próprios para o setor de transporte rodoviário – o Senat –, e já se fala em algo semelhante para as telecomunicações e para a construção civil.

A informalização é outro processo que afeta a contribuição compulsória, já que apenas a folha de pagamento com os trabalhadores regularizados é que serve de base para seu cálculo. À medida que as empresas se recusam a "registrar" seus empregados, elas deixam de recolher a contribuição devida ao Senai.

A abertura da economia à concorrência internacional, mediante a drástica redução das taxas alfandegárias, levaram os empresários a reivindicarem do governo a redução do chamado "custo Brasil", isto é, do custo de produção no Brasil, especialmente dos fretes, dos juros e da força de trabalho. Entre os fatores de custo da força de trabalho cuja redução tem sido reivindicada estão as contribuições das empresas para o "Sistema S": Senai, Sesi, Senac, Sesc, Senar, Senat, Sest e Sebrae. O argumento corrente é que se as contribuições respectivas deixassem de ser pagas, o custo da força de trabalho ficaria menor e, das duas uma: aumentaria diretamente o emprego ou reduzir-se-ia o

---

3 Ou nem para o Senac, já que as empresas subcontratadas têm se caracterizado pelo emprego de trabalhadores temporários ou disfarçados de trabalhadores por conta própria – é a informalização, que será comentada adiante.

4 A rigor, a terciarização se dá, também, quando o crescimento do setor de serviços é proporcionalmente maior do que o das atividades primárias e/ou secundárias.

custo da produção, levando a um aumento da produção e do emprego. De um jeito ou de outro, a redução do "custo Brasil" implicaria a extinção ou redução da contribuição compulsória para o Senai.

Mas, o entusiasmo do empresariado para com a extinção ou a redução da contribuição compulsória destinada ao Senai e ao Sesi, que atinge 2,5% da folha de pagamento (ou superior para as empresas de mais de quinhentos empregados), não é compartilhado pelas entidades que se propõem a representá-los. Isto porque os recursos daqueles serviços são vultosos, importantes para essas entidades e os ocupantes de seus cargos, cuja projeção político-eleitoral é significativa. Afinal, o Senai e o Sesi, juntos, arrecadaram quase 2 bilhões de reais, em todo o país, em 1995. Isso explica a oposição da confederação e das federações da indústria ao projeto de mudança da legislação trabalhista apresentado pelo ministro do Trabalho Paulo Paiva. Convertido na Lei n.9.601, de 21 de janeiro de 1998, criou-se a figura do "emprego temporário", no qual haveria uma forte redução dos encargos salariais. As contribuições devidas ao Senai e ao Sesi foram reduzidas em 50%,[5] no caso dos trabalhadores empregados nesse regime. Os argumentos das entidades patronais, na oposição ao projeto, no que diz respeito à redução dessas contribuições, apelam para a importância da formação profissional para o desenvolvimento industrial.

Boatos de tentativas de estatização por parte do Governo Federal foram assinalados na década de 1980, sem confirmação. O que existiu de ameaça explícita foram dois artigos do relatório da Comissão de Ordem Social, encaminhado à Comissão de Sistematização no processo de montagem da Constituição de 1988. Diziam os tais artigos:

> A Seguridade Social será financiada compulsoriamente por toda a sociedade, de forma direta e indireta, mediante as *contribuições sociais*, bem como recursos provenientes da receita tributária da União, na forma da lei.
>
> A *folha de salários* é base exclusiva do Sistema de Seguridade Social e sobre ela *não poderá incidir outro tributo ou contribuição*. (Grifos meus)

Portanto, se esse dispositivo vingasse, todas as contribuições incidentes sobre a folha de salários seriam destinadas ao financiamento da seguridade social, terminando com a contribuição compulsória que beneficiava o Senai, bem como as demais entidades do "Sistema S".

Embora houvesse mais de uma sugestão para que as contribuições compulsórias existentes, como a do Senai e a do Salário Educação, por exemplo, passassem a incidir sobre o faturamento das empresas, a reação do "Sistema S" e de certos órgãos da imprensa foi imediata e contrária. Para a manuten-

---

5 A proposta original do governo era de reduzir em 90% a contribuição ao "Sistema S", mudada para 50% por causa das pressões em contrário.

ção do mecanismo existente de financiamento dessas entidades foi desencadeada uma campanha de âmbito nacional que recolheu 1,6 milhão de assinaturas, a mais apoiada, numericamente, de todo o processo constituinte. Por isso e por outros tipos de pressão, o mecanismo de financiamento então existente prevaleceu.

Do lado dos trabalhadores, surgiram propostas defendendo a gestão tripartite do Senai e entidades congêneres. Esta seria outra ameaça à instituição.

Fazendo-se porta-voz dessas demandas, o deputado Roberto Freire, do então Partido Comunista Brasileiro, apresentou, em 1987, emenda ao texto que se montava para a Constituição determinando a gestão tripartite das entidades do "Sistema S", que, no entanto, não foi incorporada pelo relator. No seu lugar figurou um dispositivo mais restritivo:

> É assegurada a participação dos trabalhadores e dos empregadores nos colegiados dos *órgãos públicos* em que seus interesses profissionais ou previdenciários sejam objeto de discussão e deliberação. (Art.10, grifo meu)

Depois que a Carta Magna assegurou o *status quo* do Senai e seus congêneres como *órgãos privados*, nova ameaça surgiu em artigo do projeto de Lei de Diretrizes e Bases da Educação Nacional.

O projeto de LDB da Câmara foi elaborado mediante um processo de consulta a numerosos protagonistas, desde técnicos em assuntos educacionais e pesquisadores até grupos de pressão, associações e sindicatos, de patrões e de trabalhadores. No caso em pauta, o relatório do Deputado Jorge Hage, apresentado à Comissão de Educação e Cultura da Câmara em junho de 1990, continha todo um capítulo sobre a formação técnico-profissional.

Ele ameaçava o *status* do Senai de forma incisiva. Previa a montagem de um Conselho Nacional de Formação Profissional, com a competência principal de formular e coordenar a política para o setor, assim como de deliberar sobre projetos de empresas para formação profissional, destinados à obtenção dos benefícios e estímulos fiscais concernentes. O conselho teria 19 membros nomeados pelo presidente da República, mas sua composição não deixava dúvidas quanto à orientação estatista: seis representantes de ministérios federais. A participação sindical era igualmente dividida entre patrões e trabalhadores – três de cada lado, indicados pelas respectivas "organizações de mais alto nível".

Assim, se a gestão do Senai não se alteraria, a instituição ficaria afeta a um conselho, no qual a participação estatal seria expressiva, e os empresários se igualavam aos trabalhadores em número de representantes.[6]

---

6 Não se pode dizer que a representação era tripartite, porque haveria outros membros do conselho além de representantes de trabalhadores, empresários e governo.

Além do mais, o projeto inovava com a previsão de que os governos estaduais criassem centros públicos de formação técnico-profissional,[7] financiados com uma contribuição compulsória das empresas, à semelhança da que beneficia o Senai, correspondente a 0,5% da folha de pagamento. Seria o setor público entrando diretamente na formação profissional, pela via dos sistemas estaduais de ensino.

Essa idéia foi assumida pela Central Única dos Trabalhadores, aliás, participante do Fórum Nacional em Defesa da Escola Pública na LDB. Mas, no que diz respeito à participação dos trabalhadores na gestão do Senai, a Força Sindical fez a primeira reivindicação. Seu Projeto para o Brasil (1993) dizia que

> a tarefa de planejar os destinos da formação de recursos humanos não pode dispensar a presença de seu principal partícipe – o trabalhador. Para tanto, deve ser agilizada a revisão legal necessária à participação de representantes dos trabalhadores nos conselhos diretivos de ensino profissionalizante e das escolas técnicas.

Para reforçar sua posição, a central evocou a Convenção de Genebra, da Organização Internacional do Trabalho, da qual o Brasil é signatário, mas não cumpridor, pelo menos deste dispositivo. A convenção determina a participação dos trabalhadores nos conselhos diretivos e na gestão do ensino profissional, mediante organização tripartite, com a participação do governo, dos empresários e dos trabalhadores.

Apesar de só se manifestar depois, a Central Única dos Trabalhadores foi mais longe na resolução relativa à formação profissional, aprovada no 5º Congresso Nacional da entidade, realizado em São Paulo, em maio de 1994. Além de reivindicar a criação de centros públicos de ensino profissional, à imagem do projeto de LDB da Câmara, a entidade aprovou a seguinte posição:

> Defender a formulação pública das políticas de formação profissional, com amplo espaço para a participação dos trabalhadores na definição dos rumos dessa formação e, em especial durante a fase de formação profissional, orientar os treinadores no tocante à legislação sobre segurança e medicina no trabalho. Portanto, a CUT deve reivindicar a sua participação, nos termos da resolução da OIT que prevê a gestão tripartite (trabalhadores, empresários e Estado), na gestão de fundos públicos e nas agências e programas de formação profissional de alcance municipal, estadual, nacional e internacional ... Reivindicar a participação dos trabalhadores e do poder público na elaboração e avaliação de todos os programas e políticas de formação profissional, bem como na fiscalização da aplicação

---

7 As versões originais do projeto de LDB do Deputado Otávio Elíseo não previam esses centros, pois se orientavam pela fusão entre a educação geral e a educação técnico-profissional, inspirados na politecnia.

de todo e qualquer fundo de natureza pública e dos desenvolvidos nos locais de trabalho. "Temos hoje a situação insustentável em que 1% da folha de pagamentos das empresas é administrado por instituições como o Senai. Esses recursos, que são patrimônio público, assim deveriam ser administrados" (resumo do texto aprovado no 1º Congresso dos Metalúrgicos do ABC). Nesse sentido, a CUT deve articular no Congresso Nacional uma emenda constitucional para esse fim, organizando uma ampla mobilização para sua aprovação ... Reivindicar que todos os recursos compulsórios ou na forma de incentivos destinados à formação e/ou requalificação profissional sejam considerados e administrados como fundos públicos, com a participação dos trabalhadores. Constituição de conselhos tripartites (trabalhadores, governo e empresários) para a gestão de agências de formação profissional (Senai, Senac, Sesi, Senar), ou de outras iniciativas complementares ao ensino regular de âmbito municipal, estadual, nacional e regional, visando rigoroso controle fiscal e formalização de processos sistemáticos de avaliação dos serviços prestados.

Ou seja: além de reivindicar gerir o Senai participando (em igualdade de representação com o governo e o empresariado) dos conselhos da instituição, a CUT pretende que os recursos oriundos da contribuição compulsória possam ser direcionados para outras entidades.

Não bastasse essas, havia também ameaças dentro da própria instituição.

O processo de crescimento da rede do Senai acabou gerando um quadro técnico-administrativo que não estava necessariamente alinhado com os industriais, em termos ideológicos, como os pioneiros dos anos 40 e 50. Além dos engenheiros dos primórdios da organização, imbuídos do taylorismo, do fordismo e do fayolismo, o Senai incorporou economistas, sociólogos, administradores, psicólogos e pedagogos, que têm uma formação menos enquadrada nesses parâmetros e possuem uma imagem da instituição como prestadora de um serviço público, portanto, dessintonizada com sua gestão privada. Ainda mais, esse segmento burocrático, também sindicalizado, passou a direcionar suas lealdades ideológicas para a valorização do ensino público, destinatário exclusivo dos recursos públicos. A contribuição compulsória, por sua vez, passou a ser entendida como um recurso público gerido (e até apropriado) por grupos privados, no caso, os industriais. Em conseqüência, houve quem defendesse a passagem do Senai do setor privado para o setor público, eliminando-se de vez a ambigüidade prevalecente desde sua criação. Houve, também, quem defendesse sua permanência no setor privado (dito: da Sociedade Civil), mas que sua gestão passasse a ser dos trabalhadores, exclusivamente, ou em associação com os industriais e o governo.

O Sindicato dos Empregados em Entidades Culturais, Recreativas, de Assistência Social, de Orientação e Formação Profissional do Rio de Janeiro (Senalba/ Rio), que congrega os funcionários da instituição, teve um importante papel na difusão da idéia da gestão tripartite do Senai e entidades congêneres. Já em 1981, na I Conferência das Classes Trabalhadoras (Conclat), foi apresentada uma moção pelo representante do Senalba/Rio no seguinte teor:

> Também procede a crítica objetiva da insustentável posição jurídica das entidades Senai, Senac, Sesi e Sesc, sem entrar no julgamento da ação, mais ou menos profícua, que desenvolvem. Alimentadas tais entidades por recursos que formam o custo social das empresas, vale dizer, dinheiro retirado da massa salarial e compulsoriamente arrecadado pelo Estado, em forma de contribuição parafiscal, são tais entidades, de maneira praticamente discricionária, dirigidas pelas entidades representativas dos empregadores. Preconiza-se a revisão de tal anomalia – em que recursos de grande monta se encontram em jogo – de modo a que se alinhem tais entidades conforme os respectivos objetivos nos sistemas nacionais de formação profissional e de prestação de serviços sociais para os trabalhadores, com planejamento e direção de base tripartite.

Essa reorientação do tipo ético-político tem sido reforçada por outra, do tipo técnico-administrativo, resultado da adoção pelo Senai do Método da Gestão pela Qualidade Total. Essa técnica leva a pensar os serviços que presta – o *negócio* – em função dos seus clientes, que deveriam estar envolvidos com a gestão da própria instituição.

É o fantasma da gestão tripartite circulando dentro do próprio Senai, alimentado por energias provindas de fontes inimagináveis, mas circulando clandestinamente, em razão dos temores das reações que suscita.

Diante das ameaças que se delineiam, provindas de dentro e de fora da instituição, a direção do Senai tem desenvolvido estratégias de enfrentamento, que, no entanto, não integram um plano coerente. Ao contrário, admite contradições flagrantes, como veremos em seguida. A estrutura federativa do Senai, que possibilita diversos arranjos de poder, propicia a diversidade de orientação num mesmo nível da instituição, como, também, e principalmente, entre os diversos níveis.

A ação mais ambiciosa desenvolvida como estratégia de enfrentamento das ameaças originou-se da própria direção nacional do Senai.

Tudo começou com a demanda ao Departamento Nacional, proveniente dos departamentos regionais, de que se repensasse os cursos de aprendizagem – CAI e CAO. Esses cursos absorviam a maior parte dos recursos e os resultados eram muito questionados. Sua duração poderia ser menor e os conteúdos também. As pesquisas com egressos mostravam que um número pequeno deles atuavam nas especialidades para as quais foram qualificados, além de utilizarem apenas uma pequena parte do que haviam aprendido.

Essa demanda foi articulada com uma das diretrizes e linhas de ação do Senai, 1993-1997 (a de nº 2), que consistia em "Participar do processo de desenvolvimento social por meio de assistência a entidades e órgãos públicos que atuem no campo da ação social e do mercado informal".

Partindo daquela demanda e desta diretriz, o Departamento Nacional resolveu ampliar o questionamento para outros temas. Surgiu, assim, o Projeto Estratégico (depois, Ação Estratégica) Nacional nº 1: "Reestruturação do(s) Modelo(s) de Formação Profissional no Senai", que se materializou num texto,[8] distribuído a todas as instâncias da instituição, de modo que os departamentos regionais, os centros de tecnologia e até mesmo os centros de formação profissional (ou escolas) pudessem discutir as questões propostas.

O projeto visava, assim, mobilizar os funcionários técnico-administrativos, os docentes e os dirigentes do Senai a discutirem os pressupostos e as perspectivas da instituição fora dos canais hierárquicos que a caracterizam. A discussão começou em fins de 1994 e prosseguiu até meados de 1995, quando o coordenador do projeto já não ocupava o posto que detinha ao início.[9]

A apresentação do Documento Consulta, assinada pelo Diretor-Geral do Departamento Nacional, Alexandre Figueira Rodrigues, deixa clara a intenção de promover uma reorientação geral na instituição, sintonizando-a com os novos tempos do país:

> O Brasil atravessa um profundo período de transição. Há cerca de 10 anos (meados de 80) o país iniciou um período de radicais mudanças no modelo, até então vigente desde meados de 1930, de desenvolvimento econômico. A superação daquele modelo impulsiona e, ao mesmo tempo, tem impulsionado (*sic*) mudanças estruturais na organização do trabalho e forma de gerência do processo produtivo. A democracia passa a ocupar um espaço vital, central como valor universal sobre o qual a sociedade brasileira deve ser reconstruída. Todo este contexto gera a necessidade de novas dinâmicas na relação capital-trabalho, cujo objetivo principal passa a ser a busca da produtividade empresarial, confrontada com o fenômeno da internacionalização do mercado de produto e até de trabalho, impulsionados pelo avanço das concentrações de pólos econômicos regionais internacionalizados. Conseqüentemente, a relação do Senai com o setor produtivo deve ser repensada e aprofundada e, por isso, o modelo de formação profissional começa a dar sinais de esgotamento em vários de seus fundamentos. O Senai, no contexto do planejamento estratégico, e, a partir de um consenso entre todos os Departamentos Regionais, que chegou à unanimidade, elegeu o

---

8 *Reestruturação do(s) Modelos de Formação Profissional no Senai – Documento Consulta*, Rio de Janeiro, Senai/Departamento Nacional/Assessoria de Planejamento, agosto de 1994.
9 Nassin Mehedff, chefe da Assessoria de Planejamento e coordenador do projeto, assumiu em 1995 a Secretaria Nacional de Formação e Desenvolvimento Profissional do Ministério do Trabalho. Nesta qualidade, foi indicado pelo ministério como seu representante no Conselho Nacional do Senai.

projeto de Reestruturação do(s) Modelo(s) de Formação Profissional como absolutamente prioritário. O Documento Consulta que neste momento o Departamento Nacional passa ao sistema, resume uma proposta de trabalho, cujo objetivo fundamental é conduzir a reflexão sobre a adequação ou adoção de novas formas de trabalho na instituição. O esforço central é de descortinar para o próprio Senai, como um todo, sua própria história e, a partir daí, construir, sistematicamente, novas bases de sustentação da essência do trabalho do Senai que é a educação profissional. Hoje, mais do que nunca, é necessário garantir a relação do trabalho educativo do Senai com a necessidade de formação do trabalhador produtivo, polivalente, mas, antes de tudo, Cidadão. Seria muito fácil que um grupo de técnicos do Departamento Nacional se reunisse e descrevesse as bases do(s) novo(s) modelo(s) de Formação Profissional. No entanto, acreditamos que apesar de mais trabalhoso, mas seguramente mais eficiente, é o trabalho participativo que garanta que o Senai reflita junto, em todo o país, em torno de questão tão fundamental. O esforço deste documento, escrito participativamente, é pensar, prospectivamente, bem à frente, abrindo caminhos e identificando novos temas que o Senai não pode abandonar, mesmo que ainda possam parecer polêmicos. A sociedade caminha, o país busca novos consensos sobre sua realidade e é crucial que o Senai participe deste debate, com propostas concretas e duradouras.

Como se vê, o signatário estava prevendo polêmica e resistências à temática do documento, assim como ao processo participativo, suscitado numa instituição em que a presença de empresários na direção superior, e de engenheiros na direção intermediária, fazia canônicas a verticalidade das decisões e a separação radical entre concepção e execução, típicas do fayolismo, do fordismo e do taylorismo.

Dentre as 31 questões apresentadas no Documento Consulta, havia algumas que não poderiam deixar de despertar as mais vivas polêmicas. Vejamos alguns exemplos:

> Em relação à redefinição dos campos de atuação da instituição, posicione-se quanto a essas afirmativas. Quais devem ser consideradas? Justifique.
>
> a) o Senai só deve atender a empresas industriais contribuintes;
>
> b) o Senai só deve atender a empresas industriais, contribuintes e não contribuintes;
>
> c) o Senai deve buscar o desenvolvimento industrial e tecnológico da região onde atua;
>
> d) o Senai deve buscar o desenvolvimento econômico e social da região onde atua, abarcando os segmentos formal e informal da economia;
>
> e) O Senai deve atuar no campo social assistindo a uma clientela marginalizada excluída.
>
> Que ações o Senai está desenvolvendo para superar a prática que separa a função de concepção realizada pelos técnicos das funções de execução, realizadas pelos docentes?

Como você vê a integração do Senai à política educacional do País? Como deveriam relacionar-se os sistemas de formação profissional e o educacional?

Como o Senai poderia envolver os trabalhadores na concepção e planejamento da formação profissional? Que tipo de contribuição os trabalhadores poderiam dar no processo de sua própria formação?

Uma súmula dos resultados da consulta,[10] a partir das opiniões manifestadas por cerca de 8 mil pessoas, de 27 departamentos regionais e do Departamento Nacional, mostra a existência tanto de tendências convergentes com as dos dirigentes quanto a de outras um pouco divergentes. Infelizmente, a súmula não é suficientemente explícita a respeito das divergências. Vejamos alguns pontos.

A gestão do Senai foi considerada carente de mudanças, por causa das modificações que se processam na "ambiência externa", refletidas com maior ênfase na diversificação de demandas, na redução da receita proveniente da contribuição compulsória, na maior exigência dos "clientes" e no surgimento de novos "concorrentes". Uma das mudanças apontadas como necessárias foi a criação de conselhos e colegiados, em todos os níveis, inclusive nas unidades operacionais. As propostas de composição desses órgãos foram muito variadas, mas entre seus membros foram mencionados os docentes, os técnicos, o pessoal da administração, assim como representação externa: empresas, sindicatos dos trabalhadores, instituições de ensino, associações de moradores e órgãos governamentais.

No que concerne ao financiamento da instituição, foi enfatizada a necessidade de se obterem novas fontes de receita, inclusive a cobrança dos cursos, tanto das empresas quanto dos alunos. No limite, defendia-se a auto-sustentação total da instituição, abrindo mão da contribuição compulsória.

A prioridade na definição dos destinatários do Senai foi conferida às empresas industriais, mas o atendimento a outras empresas foi indicado como possível fonte de receitas adicionais.

Embora houvesse quem defendesse a atuação do Senai no atendimento ao setor informal da economia, especialmente como meio de ampliar a receita, houve "ressalvas quanto a uma atuação no campo social, pois este é entendido como uma área de incumbência do poder público".

Ademais, foi notada uma tendência dos consultados a preferirem trabalhar com alunos de escolaridade mais elevada. Neste sentido, foi defendida a elevação da escolaridade mínima para ingresso nos cursos oferecidos pela instituição – todo o 1º grau, mesmo para os cursos rápidos.

---

10 *Premissas e diretrizes operacionais da educação para o trabalho*, Rio de Janeiro, Senai/CIET, 1996.

O primeiro momento lógico (mas não cronológico)[11] do processo de consolidação institucional foi a redefinição da instituição, segundo os parâmetros do Controle da Qualidade Total: sua missão, seu negócio, suas opções e coordenadas estratégicas, sua postura estratégica, seus modos de competição.

A *missão* foi aprovada em novembro de 1995, não deixando dúvidas sobre qual era a orientação a ser dada à instituição, que apresento após uma recomposição dos termos para facilitar o entendimento de meios e fins:

FIM: Contribuir para o fortalecimento da indústria e
o desenvolvimento pleno e sustentável do país;

MEIOS: promovendo a educação para o trabalho e a cidadania,
a assistência técnica e tecnológica,
a produção e disseminação de informação e
a adequação, geração e difusão de tecnologia.

Avançando o processo de consolidação institucional, foi aprovado pelo Conselho Nacional, em julho de 1996, o Plano Estratégico do Sistema Senai, 1996-2010, assinado pelo diretor-geral, Alexandre Figueira Rodrigues, o mesmo que, dois anos antes, havia firmado o Documento Consulta, tendente à recomposição institucional.

O *negócio central* do Senai é a educação para o trabalho (já não a formação profissional, menos ainda a aprendizagem). São *negócios complementares* a assistência técnica e as consultorias (assistência tecnológica, informação, desenvolvimento de processos e produtos), com a advertência de que uma e outras deverão estar "sempre intimamente ligadas à educação para o trabalho, como forma de mantê-la atualizada e dinâmica, e para propiciar a plena utilização dos recursos técnicos e tecnológicos disponíveis".

O *cliente* do Senai não aparece claramente nomeado, mas o texto não deixa dúvida de que se trata da indústria, representada pelas federações e pela confederação patronais. O "campo da ação social e do mercado informal", objeto de uma das diretrizes para o período 1993-1997, foi ostensivamente abandonado.

O *modo de competição* é a liderança de custos[12] e, a longo prazo, a diferenciação nos negócios.

---

11 Essa referência faz-se necessária porque houve medidas tomadas na direção apontada antes mesmo que a *missão* tivesse sido redefinida ou mesmo que o Plano Estratégico fosse aprovado. Por exemplo, a busca de receitas alternativas, as mudanças dos diretores dos departamentos regionais e outras.

12 No item "visão de futuro", assinado pelo diretor-geral, diz-se que, a médio prazo, um desafio estratégico do Senai será o de flexibilizar as relações de trabalho entre a instituição e seus funcionários, levando à negociação de salários flexíveis, vínculos variáveis e parcerias mediante terceirização. Mais do que razões de ordem administrativa e financeira, medidas

As *coordenadas estratégicas* são, a curto prazo, a orientação para o mercado, a reestruturação competitiva, a atuação em parcerias[13] e a profissionalização da gestão. A longo prazo, a integração, a auto-sustentação e a competitividade do Sistema Senai.

Dentre os objetivos de curto e médio prazo, destacam-se os seguintes:

- implementar e consolidar a rede de centros de tecnologia, que assume lugar de relevo na instituição, deslocando para o segundo plano os centros de formação profissional;
- fortalecer a "marca Senai" como o braço educacional e tecnológico do Sistema CNI;
- compartilhar recursos entre as instituições do Sistema CNI (inclusive mediante integração de pessoal), visando desenvolver atividades de atendimento a clientes comuns;
- transformar os centros de formação profissional em centros-modelo de educação profissional;
- transformar-se em referencial de excelência nacional (posição que já ocupa) e internacional, a ponto de exportar serviços para o mercado externo, inclusive mediante a inserção de produtos e serviços do Senai nos "pacotes" de empresas brasileiras em negócios de exportação.

No que diz respeito ao objetivo de longo prazo de auto-sustentação, ele deve ser alcançado pela combinação, a curto prazo, da contribuição compulsória com outras fontes de receita, especialmente a cobrança na prestação de serviços. A cobrança dos cursos está aí incluída. A implementação de um sistema de franquias da marca Senai foi estabelecida como um objetivo de longo prazo.

A estratégia de recomposição institucional não fez sentir seus efeitos, pelo menos até o momento. Talvez já se possa concluir que ela não produziu os objetivos almejados por seus idealizadores. Enquanto isso, a estratégia de consolidação mostrou sua força, antes mesmo que o Plano Estratégico do Sistema Senai, 1996-2010, fosse aprovado pelo Conselho Nacional.

A alta direção do Senai, seja no plano federal seja no estadual, tem desenvolvido, mais do que nunca, uma intensa atividade de demonstração da excelência da instituição, dos serviços prestados ao desenvolvimento do país e do prestígio alcançado junto à opinião pública. O objetivo visado é a manutenção da contribuição compulsória a curto prazo e, se isto não for possí-

---

desse tipo podem visar ou, pelo menos, ter como conseqüências eliminar o caráter divergente do segmento técnico, cuja lealdade não tem se mostrado sempre afinada com o controle patronal.

13 São indicadas parcerias com organismos governamentais e não governamentais para captação de recursos financeiros e metodologias.

vel, que ela seja substituída por outra forma de contribuição, incidente, por exemplo, sobre o faturamento das empresas industriais.

Uma "presença" institucional bastante valorizada pela direção do Senai é a participação de seus diretores ou de técnicos identificados com a instituição nos conselhos de educação. Para isso, tem sido suscitada a indicação de nomes com essas características. No atual Conselho Nacional de Educação, cujos membros foram nomeados em fevereiro de 1996, o Diretor Regional de São Paulo ocupou um lugar na Câmara de Ensino Básico.[14]

A fim de assegurar a identificação das diversas instâncias do Senai com os objetivos empresariais, os diretores dos departamentos regionais foram substituídos posteriormente, priorizando-se, para ocupar os cargos, empresários no lugar de antigos funcionários da instituição. Com isso, procura-se garantir que a direção da instituição mantenha o caráter político e não burocrático, no sentido que Max Weber dá a esses termos. É o fim da administração do Senai pelos quadros formados segundo as diretrizes da dupla Faria Góes – Roberto Mange.

No mesmo sentido, a confederação e as federações de indústria estão promovendo a integração financeira e administrativa com os órgãos a elas vinculados, de modo que será cada vez mais difícil separar as atividades de umas e outras, no caso em que houver extinção da contribuição compulsória de alguma delas.[15] No caso do Senai, a orientação geral é a transferência de toda a atividade de educação geral, em todos os cursos, para o Sesi, priorizando-o sobre a própria escola pública.

No tocante à busca da auto-sustentação, o Departamento Regional do Rio Grande do Sul antecipou-se. Os centros de formação profissional foram aí concebidos como *unidades de negócio*, cujo diretor passou a ter grande margem de manobra, tanto na venda de cursos e produtos, quanto na cobrança da contribuição compulsória, enquanto estiver em vigor. O sentido é inequívoco, como determina o *Manual das Unidades de Negócio*, de outubro de 1994:

> A busca de recursos financeiros que viabilizem as atividades-fins da instituição leva a que se desenvolva a arrecadação e cobrança de forma cada vez mais ágil, buscando ganhos financeiros e ampliar a receita. A implantação do Sistema

---

14 Foi ele, Fábio Haidar, o relator do parecer do CNE sobre a reforma do ensino profissional decorrente do Decreto n.2.208/97, cujo conteúdo endossa e reitera a orientação do MEC.

15 No entanto, tem havido uma contestação dessa prática pelos tribunais de contas da União, a quem o Senai, como as demais entidades do "Sistema S", tem de prestar contas, efeito da ambigüidade original entre as esferas pública e privada. Interpretando a natureza do Senai como instituição pública, alguns juízes têm multado diretores regionais por não promoverem licitações para a contratação de serviços. Estes, por sua vez, recusam-se a adotar essa prática, alegando seu caráter privado. Ademais, as fusões entre as entidades, inclusive os prédios e as administrações, e o regime de "caixa única" têm sido apontados pelos juízes como prática ilegais.

Uniforme para Cobrança de Produtos e Serviços apoiará e subsidiará as unidades na identificação e apropriação de seus custos operacionais. Está prevista no sistema uma margem no preço que o diretor de cada unidade poderá negociar com o cliente. Também como "gestor de seu negócio", o diretor terá possibilidade de conceder descontos e isenções, desde que esta ação possa reverter em benefício da unidade operacional.

Mais do que ficar à espera das solicitações das empresas, cada unidade operacional – *unidade de negócio* – deverá elaborar e implementar programas de treinamento em áreas específicas. "Os cursos devem ser autofinanciados, com objetivo de atender, de forma mais ágil, aos anseios da comunidade industrial."

Nesse tipo de *negócio* não há lugar para os cursos de aprendizagem. Eles continurão a ser oferecidos enquanto a contribuição compulsória estiver em vigor, mas sua extinção não causará nenhum transtorno. Ao contrário, entendem os reformadores gaúchos que já não há lugar na indústria da virada do século para o operário qualificado segundo os padrões da longa e custosa aprendizagem.

Não pensemos, contudo, que o Senai é uma instituição homogênea, nem que exista uma homologia entre o Sul/Sudeste avançado e reformador e o Norte/Nordeste atrasado e conservador. Na instituição em foco, nada mais enganador. O Departamento Regional da Bahia e, talvez, o de Pernambuco tendem a concordar com o do Rio Grande do Sul, o do Paraná e o de Santa Catarina, assim como, de uma certa maneira, o do Rio de Janeiro. Enquanto isso, o de São Paulo, compreendendo metade de todo o movimento do Senai, reluta em aderir de todo a essa posição. Para os paulistas, que sempre chamaram suas unidades operacionais de escolas e não de centros de formação profissional, a aprendizagem ainda tem um importante lugar no quadro da educação profissional, afinando-se com a maioria dos departamentos do Nordeste, para os quais o fim da contribuição compulsória e o financiamento à base de cursos autofinanciados levaria simplesmente à inviabilização de suas atividades.

De todo modo, está em marcha um processo de mudança com várias velocidades, em que a hegemonia parece estar com os reformadores, orientados pelo mercado, ou melhor, *pela idéia hegemônica do que seja o mercado*. Mas, o efeito inercial do aparato da confederação e das federações, assim como do próprio Senai, tendente a manter o *status quo*, não é nada desprezível. A trajetória efetiva vai depender, portanto, da resultante de duas forças principais, ambas internas à instituição: a defesa da contribuição compulsória, reduzindo-se ao mínimo a aprendizagem, mesmo que isso deixe a instituição exposta às centrais sindicais, que pretendem obter a parceria do Estado para exercerem o controle social do Senai; e o abandono da contribuição compulsória, partindo-se para a busca de recursos no mercado e nas parcerias com órgãos públicos em projetos específicos, eliminando a aprendizagem dos cursos oferecidos e enfatizando a assistência técnica e as consultorias.

O jogo dessas forças não elimina a interveniência externa à instituição, seja no âmbito do mercado, seja no campo político. Ao contrário, leva-a em conta, no mínimo; e sofrerá seus efeitos, no máximo.

MTB/Sefor: nova disputa hegemônica

Situado em segundo plano nos grandes projetos de educação profissional do país desde a criação do Senai, em 1942,[16] o Ministério do Trabalho passou a ocupar o primeiro plano em 1996, após a criação da Secretaria Nacional de Formação e Desenvolvimento Profissional (Sefor). A secretaria foi dirigida por Nassin Mehedff, que combinava experiências de trabalho anterior no Senac e no Senai e em universidades federais, na área de educação; e pela secretária adjunta Elenice Monteiro Leite (esta no período 1995-1998), autora de importante tese de doutorado sobre a qualificação profissional no Brasil, proveniente do Senai/SP. Com os antecedentes de seus dirigentes, a Sefor chamou a si a coordenação de toda a oferta de educação profissional do país.

O Plano Nacional de Qualificação do Trabalhador (Planfor) almejava propiciar, gradativamente, a oferta de educação profissional[17] permanente para qualificar ou requalificar, a cada ano, pelo menos 20% da População Economicamente Ativa. Considerando que a PEA brasileira é da ordem de 71 milhões de pessoas, ocupadas e desocupadas, tanto no mercado formal quanto no informal, isso implicava ofertar algum tipo de educação profissional a quase 15 milhões de pessoas, anualmente. A meta geral era a de garantir, dentre outras ações do governo, competitividade ao setor produtivo e desenvolvimento com justiça social.

Isso seria conseguido mediante:

a) formação e atualização profissional em contextos de mudança e modernização tecnológica;

b) aumento da probabilidade de obtenção de trabalho e de geração ou elevação de renda, reduzindo os níveis de desemprego e subemprego;

c) aumento da probabilidade de permanência no mercado de trabalho, reduzindo os riscos de demissão e as taxas de rotatividade; e

d) elevação da produtividade, da competitividade e da renda.

---

16 Vale lembrar que o Pipmo (I), que foi mencionado na introdução, esteve afeto ao Ministério da Educação.

17 A despeito de o nome da secretaria ser de "formação profissional" e de o plano ser de "qualificação profissional", a Sefor optou pelo conceito de "educação profissional", que será comentado mais adiante.

Para tanto, seria necessária a construção e a consolidação de um novo enfoque conceitual e medotológico de educação profissional. Em conseqüência, os objetivos de médio e longo prazo foram elencados assim:

a) a educação profissional deveria complementar e não ser alternativa nem substitutiva à educação básica (fundamental e média);

b) a educação profissional deveria estar focalizada na geração de trabalho e renda, sem a ilusão de que qualificação, em si, possa gerar emprego;

c) a educação profissional deveria estar orientada pela efetiva demanda do setor produtivo (reunindo interesses e necessidades de trabalhadores, empresários, comunidades), e não pela "oferta de cursos disponíveis na praça";

d) a educação profissional deveria ser capaz de absorver a diversidade da PEA, levando em conta variáveis como sexo, idade, raça/cor, escolaridade, deixando de funcionar como reforço da desigualdade;

e) a educação profissional deveria ser entendida como direito do trabalhador, fundamental para um novo patamar de relações capital-trabalho, fundado na negociação e não em benesses do Estado ou da empresa;

f) a educação profissional deveria ser instrumento para elevar a produtividade e a qualidade do trabalho, melhorar a empregabilidade do trabalhador, construir a cidadania e melhorar as condições de vida da população – o que implicaria em superar o viés assistencialista (enfrentamento da pobreza) ou contencionista (alternativa à marginalidade social) historicamente associado à profissionalização.[18]

Para o alcance dessas metas, a Sefor pretendia, inicialmente, obter a adesão preferencial do "Sistema S", especialmente do Senai e do Senac, que, no entanto, recusaram-na em razão da definição prévia de suas *missões*, que não priorizavam os mesmos destinatários. Diante disso, a secretaria optou por induzir as secretarias estaduais e municipais de trabalho a organizarem planos de qualificação, para os quais receberiam recursos, planos esses que deveriam ser homologados pelas respectivas comissões de trabalho/emprego, de composição tripartite e paritária. Os projetos resultantes desses planos foram implementados com recursos do Fundo de Amparo ao Trabalhador (FAT),[19] mas executados de forma terceirizada, mediante licitações (ou sem

---

18 *PLANFOR, Balanço 1995-1998, perspectivas 1999-2002*, Brasília, MTB/Sefor, julho de 1998.

19 O FAT foi constituído, principalmente, com recursos gerados pelas contribuições sociais devidas pelas empresas e pelos empregadores governamentais, calculados sobre a massa salarial – o PIS e o Pasep. Ele é gerido por um Conselho de Desenvolvimento composto por nove membros indicados por suas entidades: três representantes dos trabalhadores (CUT, CGT e Força Sindical); três representantes dos empresários (CNI, CNC e CNIF); e três representantes do Governo Federal (MTB, MPAS e BNDES). O Codefat reservou uma parte dos recursos destinados ao Planfor para programas de qualificação que contemplassem, especificamente, os setores econômicos ou as ocupações em expansão, com maior potencial de geração de trabalho e renda; e grupos vulneráveis da População Economicamente Ativa,

essa exigência, nos casos previstos na Lei n.8.666/93). Além dos planos estaduais, foram feitas parcerias com organizações não governamentais, sindicatos de trabalhadores, fundações, universidades e outras entidades, com o mesmo propósito.[20] Cada uma dessas entidades participava dos projetos com algum tipo de contrapartida, de caráter financeiro ou não.

A Sefor contou com a possibilidade de montar uma rede com cerca de 20 mil entidades que atuam na educação profissional, em todo o país, compreendendo instituições de todos os tipos.[21]

Como os textos do Senai, os da Sefor mostram uma nítida compreensão de que as mudanças no setor produtivo tendem a ocupar um número decrescente de trabalhadores, que precisarão ter mais e melhor educação geral, além de habilidades que não eram requeridas anteriormente, como o trabalho em equipe e a polivalência. Mas, o posicionamento é bem diferente. Enquanto o Senai definiu a indústria e o mercado como seu padrão de ajustamento, a Sefor orientou-se justamente pelos excluídos, tanto os que não conseguem entrar nesse mercado constringente, quanto os que foram dele afastados.

Entre as instituições existentes ou por existir, que a Sefor se propôs a apoiar, estavam os *centros públicos de educação profissional*, não se sabe se por inspiração direta do projeto de LDB da Câmara (aliás, rejeitado pelo MEC, que preferiu o do Senado) ou se por inspiração da CUT, que participava de seu "grupo de diálogo".[22]

Se a imagem que a central sindical tinha desses centros era difusa mas substantiva, a da secretaria era específica mas adjetiva. Ou seja, a CUT pretendia que fossem criadas novas instituições, denominadas centros públicos de ensino profissional, ao passo que a Sefor qualificou com esse termo instituições existentes ou a serem criadas, dotadas de características não claramente definidas. Em primeira aproximação, os centros pareciam se encaixar na redefinição da rede federal de ensino técnico, como na passagem abaixo, extraída da relação de projetos prioritários da secretaria:

---

em processo de construção e/ou reconstrução de suas condições de empregabilidade, sujeitas a maior seletividade e desigualdade no mercado de trabalho.

20 Entre as parceiras nacionais encontravam-se a CUT e a Fundação Roberto Marinho, a Agência Espacial Brasileira e a Fundação Palmares.

21 Até o fim de 1998 já haviam sido cadastradas 14 mil dessas entidades.

22 Faziam parte desse grupo, pela ordem em que aparecem no texto: Ministério da Educação, Central Única dos Trabalhadores, Força Sindical, Central Geral dos Trabalhadores, Confederação Nacional da Indústria, Confederação Nacional da Agricultura, Confederação Nacional do Comércio, Confederação Nacional dos Transportes, Serviço Nacional de Aprendizagem Comercial, Serviço Nacional de Aprendizagem Industrial, Serviço Nacional de Aprendizagem Rural, Associação Brasileira de Organizações não Governamentais, Fundação Educacional do Distrito Federal (*Programa Nacional de Centros Públicos de Educação Profissional*, Brasília, MTB/Sefor, outubro de 1995).

Centros públicos de educação profissional – Concretizando a integração Ministério da Educação e do Desporto e Ministério do Trabalho ... e constituindo bases para a implementação da política global de educação e trabalho, antevê-se a ampliação e diversificação do atendimento da rede federal de ensino técnico, especialmente das escolas industriais e agrotécnicas, como possíveis centros de excelência e irradiação de programas, produtos e serviços no campo da educação profissional.[23]

Por outro lado, sugeria-se que esses centros constituíssem uma categoria genérica, que abrangeria diversos tipos de instituições. Assim é que na "operacionalização" o programa previa que os centros desenvolvessem atividades que incluíssem as previstas pelo MEC para as escolas técnicas "flexibilizadas" e incluíssem outras, destinadas a trabalhadores em qualquer grau de escolaridade, para desempregados e inseridos no mercado informal, especialmente em condições de trabalho precário: educação acadêmica e técnica de curta, média e longa duração; programas de qualificação e requalificação em bases contínuas e modulares; extensão cultural e tecnológica; assessorias e serviços (laboratórios, oficinas, fazendas); serviço de orientação, acompanhamento e avaliação; serviço de intermediação, geração de renda, orientação trabalhista e seguro desemprego.

O objetivo geral do programa dizia que as instituições que poderiam se candidatar a receber os recursos disponíveis seriam bem diversas:

Reestruturar a atual rede de ensino técnico, federal, estadual, municipal – pública e *privada*[24] – para oferecer a faixas mais amplas da população, cursos de educação profissional de curta, média e longa duração.

Um elemento que indica que esses centros não seriam apenas formados pela rede federal estava numa das metas para 1996: "apoiar técnica e financeiramente a implantação do programa de Centros Públicos de Educação Profissional em pelo menos três estados". O que fica corroborado pela inclusão, na lista dos candidatos a receberem financiamento da Sefor, de projetos do Distrito Federal (Centros Públicos de Educação Profissional da Fundação Educacional), de São Paulo (escolas técnicas estaduais) e do Piauí (Centro de Treinamento da Secretaria do Trabalho).

Considerando ter sido um erro de revisão a inclusão de entidades privadas no objetivo geral do programa, busquei identificar as características dos Centros Públicos de Educação Profissional idealizados pela Sefor. Encontrei

---

23 Idem.
24 Grifo meu. Não entendi como o segmento privado do ensino técnico poderia estar compreendido num centro público de educação profissional.

apenas duas características: caráter público e gerenciamento tripartite. A primeira não esclarecia o significado desse termo, se sinônimo de estatal ou marcado da ambigüidade das universidades comunitárias. Já a segunda característica, a da gestão tripartite, é implicitamente entendida como o rebatimento da composição do Codefat na direção de cada centro.

A promoção dos centros públicos de educação profissional não teve seguimento, embora os reconhecidos como tais tenham permanecido recebendo os incentivos pactuados. Enquanto isso, entravam em cena na política educacional, por iniciativa do MEC, os *centros de educação profissional* (sem o qualificativo *público*), com orientação privatizante tanto na gestão quanto no financiamento, como veremos no próximo item, para os quais foram designados 250 milhões de dólares do FAT, para compor a contrapartida brasileira de um empréstimo internacional de meio milhão.

A Sefor insistiu, desde o início, no "avanço conceitual" em matéria de educação profissional, de modo que sua atuação ultrapassasse o mero incremento quantitativo. Enquanto "a histórica orientação da formação profissional" estaria baseada na oferta de cursos disponíveis no mercado, a educação profissional deveria ser, no entender da secretaria, "orientada pela efetiva demanda do setor produtivo, reunindo interesses e necessidades de trabalhadores, empresários, comunidades".[25] Além do mais, a educação profissional deveria ser pensada em bases contínuas e complementares à educação básica, "que é direito de todo cidadão e dever do Estado", nunca substitutiva a ela. Ao invés de visar a um adestramento para o desempenho de ocupações específicas, a educação profissional deveria contemplar o desenvolvimento do trabalhador, integrando as habilidades básicas, as específicas e/ou as de gestão.[26] Finalmente, uma característica atribuída à educação profissional se-

---

25 O sentido disso é que a Sefor levou a que os projetos das secretarias estaduais do trabalho e dos parceiros visassem ao aproveitamento das oportunidades de trabalho e de geração de renda. Neste sentido, parte dos projetos estava associada a mecanismos de crédito popular, também com recursos do FAT, que financiou a criação de pequenos negócios, no setor informal ou não.

26 A Resolução n.194/98 do Codefat define essas habilidades da seguinte maneira: as *habilidades básicas* compreendem competências e conhecimentos gerais, essenciais para o mercado de trabalho e para a construção da cidadania, como comunicação verbal e escrita, leitura e compreensão de textos, raciocínio, saúde e segurança no trabalho, preservação ambiental, direitos humanos, informação e orientação profissional e outros eventuais requisitos para as demais habilidades; as *habilidades específicas* compreendem competências e conhecimentos relativos a processos, métodos, técnicas, normas, regulamentações, materiais, equipamentos e outros conteúdos específicos das ocupações; e as *habilidades de gestão* compreendem competências e conhecimentos relativos a atividades de gestão, autogestão, melhoria da qualidade e da produtividade de micro e pequenos estabelecimentos, do trabalho autônomo ou do próprio trabalhador individual, no processo produtivo. Neste sentido, certos projetos associaram a qualificação profissional a cursos de alfabetização ou ao ensino supletivo de 1º e 2º graus.

ria a de "superar o viés branco, masculino, urbano-industrial" presente na oferta tradicional de formação profissional. Em conseqüência, deveria ser garantida preferência a projetos que beneficiassem pessoas social e economicamente mais vulneráveis, levando em conta sua especial situação de pobreza, baixa escolaridade, raça/cor, sexo, necessidades especiais[27] e outros fatores de discriminação do mercado de trabalho.

Não dispondo o Ministério do Trabalho de uma rede própria de instituições que pudessem ministrar a educação profissional, o Planfor operou mediante a capacidade existente em diversos tipos de instituições:

a) universidades, especialmente seus órgãos de extensão;
b) escolas técnicas federais, estaduais e municipais;
c) fundações e organizações empresariais, especialmente as do "Sistema S";[28]
d) sindicatos e organizações de trabalhadores;
e) escolas profissionais privadas que atuavam fora do ensino regulamentado (ditas livres);
f) entidades comunitárias e outras organizações não governamentais, laicas ou confessionais.

As secretarias municipais e estaduais de trabalho, até então pastas de pouco prestígio político, por não terem poder de decisão nem orçamento significativo, tampouco dispunham de pessoal dotado de competência técnica na identificação das demandas de qualificação profissional em sua área de atuação, nem da elaboração dos planos concernentes. A indução da Sefor começou a mudar esse quadro. As secretarias passaram a poder dispor de recursos, na medida de sua capacidade de elaboração de planos e da realização das licitações. A qualificação de seu pessoal tende a aumentar, tanto pela importância política resultante dos planos e dos orçamentos agora significativos quanto, também, do desenvolvimento pela Sefor de um arrojado projeto nacional de qualificação dos técnicos das secretarias e respectivas comissões tripartites de emprego/trabalho.[29] O resultado dessas mudanças foi a ascensão das secretarias de trabalho na hierarquia política de estados e municípios.

As escolas técnicas federais e as agências do "Sistema S", apesar de interlocutores da Sefor e executores de projetos do Planfor, constituíam ato-

---

27 Notadamente as deficiências auditivas, visuais e mentais leves.
28 Além das entidades voltadas diretamente para a formação profissional – Senai, Senac, Senat e Senar – o "Sistema S" inclui as entidades respectivas de assistência social, assim como o Sebrae, o Serviço Brasileiro de Apoio às Micro e Pequenas Empresas.
29 As comissões tripartites mostraram-se especialmente capazes de integrar os planos de qualificação com outros planos de governo. É possível que isso se deva ao fato de a representação governamental incluir, além da Secretaria do Trabalho, a Secretaria da Educação e a do Planejamento, isto é, pastas diretamente envolvidas com a questão da qualificação, o que não acontece no plano federal.

res no campo da educação/formação profissional cuja hegemonia foi explícita e formalmente desafiada pela secretaria, como se depreende do trecho abaixo:

> O Planfor opera no sentido da reconstrução ou redefinição da institucionalidade hegemônica da educação profissional no Brasil, mobilizando e consolidando uma rede de agências formadoras, fortalecendo novos atores, qualificando equipes profissionais que garantam a gestão, execução, avaliação dos programas. O resultado imediato aparece na própria rede de execução do Planfor, que mobilizou 500 entidades em 1996, 830 em 1997 e 1.300 em 1998. Destaca-se, nesse conjunto, a presença da universidade pública e privada (incluindo fundações e institutos), de centrais e sindicatos de trabalhadores e ONGs, trazendo a competência e a perspectiva de novos atores para um campo que, historicamente, é tido como "reserva de mercado" de entidades tradicionais de formação profissional (Sistema S, escolas técnicas).[30]

As escolas técnicas e o "Sistema S" teriam uma distorção em seu modo de atuar baseado em um paradigma de trabalho e qualificação em crise[31] e estruturado pela oferta de cursos, com crescente dificuldade de resposta a demandas do setor produtivo e da sociedade.

Como mostrei no capítulo 3, o Senai venceu a disputa hegemônica dos anos 40 e 50, que levou praticamente à extinção do 1º ciclo do ensino industrial, em proveito de suas escolas de aprendizagem. Meio século depois, a iniciativa de nova disputa hegemônica já não lhe pertencia. A disposição inicial da Sefor nessa disputa pode ser avaliada pela proposição de um de seus primeiros documentos de trabalho, no qual a secretaria se refere, especificamente, à legislação trabalhista e sindical: "Em uma palavra, trata-se de superar a ideologia e instituições nascidas do neofascismo e do autoritarismo, 'passando a limpo a Era Vargas'".[32] Estaria o Senai, como todo o "Sistema S", também produto dessa era – como mostrei no capítulo 1, resultado direto da intervenção de Vargas nas disputas do campo educacional – compreendido nessa definição dos oponentes?

Essa tentativa de mobilização de uma nova rede de educação profissional resultou numa peculiar distribuição dos recursos do Planfor, considerando o quadro político-ideológico do Governo Federal, desde a posse de Fernando Henrique Cardoso na Presidência da República, em janeiro de 1995.

---

30 *Avaliação gerencial 1995-1998 – balanço de um projeto para o desenvolvimento sustentado*, MTB/Sefor, Brasília, março de 1999.

31 Esse paradigma em crise foi caracterizado como: formação única, terminal, para empregos estáveis, no setor industrial urbano, com predominância do trabalho assalariado masculino.

32 *Educação Profissional – um projeto para o desenvolvimento sustentado*, Brasília, Ministério do Trabalho/Sefor, 1995.

As universidades, as fundações e os institutos públicos executaram projetos que totalizaram praticamente um quarto dos recursos do FAT destinados ao Planfor, instituições essas que foram consideradas pelo Ministério da Educação desprovidas de confiabilidade como parceiras na elaboração das políticas educacionais, não só as voltadas para o ensino superior, como, também, para o fundamental e o médio. Como mostrei no item anterior, o Decreto n.2.208/97, cujo texto foi preparado pelo MEC, não resultou de discussão alguma com os pesquisadores das universidades públicas, nem mesmo das que estão afetas ao próprio ministério.

Tabela 6.1 – Planfor – 1997-1998: Distribuição dos recursos do FAT segundo grupos de entidades executoras dos Planos Estaduais de Qualificação e Parcerias

Entidades	1997	1998
Universidades/fundações/institutos públicos	21%	25%
Centrais/sindicatos de trabalhadores	20%	24%
Universidades/fundações/institutos privados	18%	15%
Sistema S	17%	18%
ONGs	12%	12%
Escolas técnicas públicas	6%	1%
Escolas técnicas privadas	5%	2%
Outras entidades (empresariais, internacionais)	1%	3%
Total	100%	100%
Total de recursos do FAT investidos (em R$ milhões)	348,2	408,8

O Planfor considera-se um dos programas mais avaliados de todo o Governo Federal, seja por órgãos internos (como o Ipea), seja por entidades externas ao governo. Destaquei duas avaliações:

(i) Projeto conduzido pela Fundação Interuniversitária de Estudos e Pesquisa sobre o Trabalho (Unitrabalho), que, além de avaliar os planos estaduais de qualificação, propôs uma metodologia geral de avaliação, incluindo parâmetros, critérios, indicadores e procedimentos considerados adequados às políticas sociais.[33]

(ii) O Forum Permanente das Relações Universidade-Empresa (Uniemp) analisou 51 projetos específicos, integrantes de 16 planos estaduais de qualificação, ouvindo os parceiros envolvidos e discutindo os resultados em colóquios regionais, que culminaram num seminário nacional.

---

33 O projeto realizado pela Unitrabalho, em 1996-1997, teve seguimento por outro realizado pela Universidade Federal de São Carlos.

Assim, pelo lado da Unitrabalho e pelo lado da Uniemp as universidades, notadamente as universidades públicas, sobre as quais não recai dúvida alguma quanto a sua independência, atuaram na avaliação de um projeto governamental de educação, condição que só foi facultada pelo Ministério da Educação aos grupos que soletravam sua cartilha. Em resumo, a Sefor se gaba de ter envolvido em projetos de avaliação externa e em outros projetos especiais dos planos estaduais de qualificação cerca de 300 mestres e doutores em áreas como educação, ciências sociais, economia e psicologia.

O MTB estimou que todas as instituições de formação profissional do país[34] atingiam cerca de 5 milhões de pessoas em 1995. A avaliação do Planfor estimou em 7 milhões de pessoas o número de atingidas, em 1998, pelas agências "tradicionais" mais as ativadas pelo plano, ou seja, o equivalente a 10% da PEA – metade da meta gradativa estabelecida. Para isso, o volume de recursos do FAT alocados no plano subiu de 28 milhões de reais, em 1995, para 409 milhões de reais, em 1998. Nesse período foi empregado um total de 1 bilhão de reais repassados às secretarias estaduais de trabalho (que, por sua vez, transferiram esses recursos às agências executoras dos projetos específicos) e às entidades parceiras, que atingiram, diretamente, 5,7 milhões de pessoas.

Os relatórios da Sefor apresentam dados que indicam serem os projetos do Planfor de custo (menos de 200 reais por treinando) mais baixo do que os do "Sistema S", além do que foi observada uma tendência à queda, o que seria resultado do aumento da capacidade de negociação das secretarias estaduais de trabalho com as entidades que se credenciavam a executar os projetos específicos.

A duração média dos programas de qualificação foi de 102 horas por treinando, no biênio 1996-1997, valor esse próximo ao que os sindicatos europeus reivindicam para seus associados, ou seja, 5% das horas trabalhadas por ano destinadas a programas de formação continuada.[35]

O contingente de treinandos atingido pelo Planfor era constituído de desempregados, trabalhadores do mercado formal e informal, micro e pequenos empresários, micro e pequenos produtores do mercado urbano e rural, jovens à procura de emprego, jovens em situação de risco social, mulheres chefes de família, portadores de deficiência.

---

34 Abrangia o "Sistema S" as escolas técnicas públicas e privadas, o ensino profissional "livre", as ONGs, os sindicatos, as fundações e as universidades.

35 A redução para 87 horas, em 1998, foi justificada pelo relatório do Planfor como refletindo a ênfase em cursos voltados para as habilidades gerenciais, em geral com duração média mais curta. Mesmo assim, o relatório não deixou escapar a oportunidade de uma comparação com os cursos rápidos do "Sistema S", que têm, no geral, 40 horas.

Tabela 6.2 – Planfor – PEQs/Parcerias – 1996-1998: Principais programas de qualificação

em mil treinandos

Focalização dos programas	1996	1997	1998	1996-1998
1. Grupos vulneráveis				
Beneficiários do seguro desemprego	207,0	220,0	191,7	618,7
Trabalhadores em risco de desemprego	105,0	183,9	134,8	423,7
servidores públicos	1,2	24,5	74,8	100,5
bancários, portuários, metalúrgicos				
Pequenos/microempreendedores				
(PROGER, PRONAF)	53,8	129,6	135,9	319,3
Adolescentes e jovens em risco social/conscritos	45,9	102,3	144,3	292,5
Portadores de necessidades especiais	15,9	24,7	21,5	62,1
Detentos e egressos do sistema penal	3,7	8,1	5,4	17,2
Subtotal	432,5	693,1	708,4	1.834,0
2. Setores/ocupações em expansão				
Assentamentos e comunidades rurais	133,1	344,9	402,7	880,7
Serviços pessoais, culturais, sociais/informática	42,4	346,1	420,7	809,2
Turismo	60,5	86,7	94,3	241,5
Artesanato e desenvolvimento comunitário	39,8	81,8	99,3	220,9
Indústria da construção	31,0	88,7	59,2	178,9
Serviços de saúde (enfermagem, agentes)	6,0	77,6	68,5	152,1
Pesca	21,6	27,3	25,2	74,1
Subtotal	334,4	1.053,1	1.169,9	2.557,4
3. Outras prioridades locais/emergenciais	431,2	255,2	442,5	1.128,9
Total	1.198,1	2.001,4	2.320,8	5.520,3

Respondendo a críticas surgidas ao início da implementação do Planfor, a Avaliação Gerencial do período 1995-1998 contém o seguinte axioma, aliás contradito recorrentemente pela propaganda governamental e empresarial:

> Escolaridade e educação profissional, por si, não criam empregos. Mas agregam valor à produção e potencializam a criação e o aproveitamento de oportunidades de trabalho, constituindo, ademais, a base de relações de trabalho modernas, fundadas na negociação.

O modo de operar do Planfor sugere, à primeira vista, tratar-se de um programa similar ao Pipmo(I) dos anos 60 e 70. Mas, a observação dos dados da Tabela 6.2, assim como o exposto acima, permite a constatação de que ambos diferem em diversos aspectos.

O Pipmo(I)[36] atuou sobretudo mediante a canalização de recursos para as entidades que constituíam o núcleo denso do campo da formação profissional, isto é, as escolas técnicas, o Senai e o Senac, principalmente. Além do mais, tinha um viés industrialista, o que explica sua primeira denominação, que tinha a ver com a incorporação de trabalhadores num parque fabril que expandia o emprego.

Já o Planfor nasceu e se desenvolveu numa conjuntura totalmente diferente, quando o parque industrial brasileiro passou a reduzir expressivamente a força de trabalho nele empregada, por causa dos seguintes fatores, que se reforçavam mutuamente: a súbita abertura do mercado interno para empresas estrangeiras, cujos produtos, mais baratos, levaram à desativação de numerosas empresas brasileiras, de que é exemplo dramático a produção de tecidos; a incorporação de novas tecnologias de processos e de produtos pelas empresas sobreviventes, de modo a enfrentarem a concorrência internacional, tecnologias essas poupadoras de força de trabalho; e as privatizações de empresas estatais nos setores de transporte (inclusive estradas de ferro, justamente onde teve início a aprendizagem sistemática no Brasil), energia, telecomunicações, siderurgia e outros, cujos novos proprietários desenvolveram formas selvagens de "racionalização" no uso dos recursos humanos.

A segunda diferença do Planfor, quando comparado ao Pipmo(I), é a tentativa daquele de combater a hegemonia das instituições "tradicionais", justamente as que este último valorizava para a execução de seus projetos.

Uma das conseqüências do contexto em que o Planfor atuou é, portanto, a pequena importância do setor industrial em sua pauta de atividades, a não ser enquanto fornecedora de desempregados em busca de condições que lhes permitissem encontrar ocupação em outras áreas, o que em geral acontece nos serviços. Ademais, os dados da Tabela 6.2 indicam a importância dos serviços e das atividades rurais, sendo estas últimas associadas a uma importante característica da economia da força de trabalho brasileira quando comparada às de outros países: a possibilidade de retorno ao campo, onde a capacidade de geração de emprego tem sido incomparavelmente superior à de setores industriais que têm merecido os mais generosos subsídios governamentais, como, por exemplo, a indústria automobilística.

Para os objetivos deste texto, a atividade da Sefor e a execução do Planfor não se justificam pela ausência, ou seja, pela não atuação no setor industrial. Elas se justificam, isto sim, pela ação política relacionada tanto ao "Sistema S",

---

36 O Programa Intensivo de Preparação de Mão-de-Obra Industrial, criado em 1963, ganhou amplitude de atuação para fora do setor industrial, sendo extinto em 1982.

notadamente o Senai, quanto às escolas técnicas, em especial as da rede federal, como protagonistas de uma luta hegemônica.

No próximo item, vou tecer considerações a respeito deste ponto e dos que foram levantados nos dois itens precedentes.

MEC/Semtec: a recomposição da dualidade

Desde a promulgação da Constituição de 1988 (e até mesmo antes), a discussão em torno do ensino médio e da educação profissional ocupou um lugar importante nos conflitos que atravessaram o campo educacional. Só para mencionar um exemplo, enquanto uns pretendiam que o Brasil fosse o primeiro país capitalista a adotar a politecnia como princípio educativo no ensino médio e queriam ver os germens dessa pedagogia nas escolas técnicas existentes, outros cerravam fileiras na defesa dos sistemas de aprendizagem controlados pelo patronato, rejeitando o controle estatal e/ou a participação dos sindicatos de trabalhadores em sua gestão.

O ensino médio permaneceu fora da saraivada de antecipações legais da LDB que o Governo Federal desfechou desde 1995, tornando-se objeto de uma proposta de reforma curricular apenas em 1997. O mesmo não aconteceu com a educação profissional, que foi alvo de um projeto de lei (1.603/96) bastante detalhado. Promulgada a LDB, em dezembro de 1996, esse projeto foi retirado, pois a interpretação do ministério era a de que suas principais diretrizes estavam contempladas no curto capítulo III da lei, sendo suficiente a normatização via Decreto presidencial.

Na justificativa da reforma da educação profissional, sobressaem dois argumentos principais: as escolas técnicas, especialmente as da rede federal, operam a custos muito elevados, injustificados para os efeitos correspondentes; e seus efeitos são mais propedêuticos do que propriamente profissionais, o que não se justifica numa situação de escassez de recursos para a educação, em especial para o ensino médio.

Nessa análise, vou deixar em segundo plano o argumento dos custos para me concentrar no da trajetória dos alunos das escolas técnicas, ou seja: grande parte deles vai para o ensino superior, evidenciando o grave problema na seleção de candidatos que desejem ser técnicos.

Infelizmente, não foi localizada nenhuma pesquisa recente que mostrasse a proporção de egressos do ensino técnico que se dirigem para o ensino superior. Poucas escolas técnicas possuem dados a respeito, mesmo assim obtidos com os alunos atualmente matriculados, a respeito, portanto, de sua motivação para o prosseguimento dos estudos.

Para o exame dessa questão, vou focalizar as opiniões de dois influentes assessores do ministro da Educação no período 1995-1998: Cláudio de Moura Castro[37] e João Batista Oliveira.[38]

No que diz respeito ao tema deste livro, Castro e Oliveira formaram uma parceria que tem exercido significativa influência nas políticas educacionais em nível federal e estadual. Vejamos as idéias a respeito de nosso tema contidas em um artigo de cada um desses consultores.

Para Castro, o ensino secundário brasileiro teria dois grandes problemas a resolver. O primeiro seria acabar com a pretensão de oferecer cursos de caráter ao mesmo tempo propedêutico e profissional aos mesmos alunos, na mesma escola, como determinou a Lei n.5.692/71 para todo o ensino de 2º grau. Eles não fariam bem uma coisa nem outra. As escolas técnicas, especialmente as da rede federal, teriam até conseguido preparar bem os alunos para o vestibular, mas os técnicos formados não encontravam emprego, porque as grandes empresas, de origem norte-americana, não previam essa categoria profissional em seus quadros, ou, então, porque os técnicos permaneciam pouco tempo no emprego, reorientando-se para cursos universitários. Por isso, as escolas técnicas encontravam-se em crise:

> A equivalência acadêmica é, possivelmente, o dilema mais sério desse curso. Sem ela, o curso perderia os seus atrativos para uma grande maioria de alunos. Com ela, o curso transforma-se em propedêutico para a universidade. (Castro, 1974, p.396)

O economista não tinha dúvida de que o "sistema inglês" era o mais adequado para o Brasil, ou seja, ensino acadêmico para uns e ensino profissional para outros, os que, oriundos da classe operária, não tivessem se contaminado com os valores das classes médias e alta, que desconsideram as "ocupações manuais".[39]

---

37 Funcionário do IPEA (Ministério do Planejamento) e professor do Iesae/FGV, Castro ocupou o cargo de diretor-geral da Capes, após o que assumiu um posto na Organização Internacional do Trabalho, em Genebra, de onde se transferiu para o Banco Mundial e, posteriormente, para o Banco Interamericano de Desenvolvimento, ambos em Washington. Neste último cargo, acumulou a assessoria a seu ex-colega de BID Paulo Renato Souza, no Ministério da Educação do Brasil, em ambos os períodos do presidente Fernando Henrique Cardoso.

38 João Batista Araújo e Oliveira, outro funcionário internacional de origem brasileira, que também havia integrado os quadros técnicos do Banco Mundial, do BID e da OIT, e, como Castro, de formação doutoral norte-americana. Oliveira ocupou a secretaria-geral do Ministério da Educação por menos de um ano, após o que vem se dedicando à consultoria a governos estaduais e administrações municipais, assim como a organismos empresariais em questões de educação, especialmente como presidente da JM Associados e diretor do Instituto Brasil Século XXI.

39 É interessante a desenvoltura com que os economistas – amadores na análise sociológica da educação – interpretam, em apoio a suas propostas de política educacional, a estrutura do

Antes de prosseguir no exame das opiniões de Castro e Oliveira, vou fazer uma pequena digressão para analisar o conteúdo do relatório do Banco Mundial de novembro de 1989 a respeito do ensino de 2º grau no Brasil.[40] Em seguida, apresentarei a resposta preparada por técnicos governamentais brasileiros a esse relatório. Essa digressão se justifica menos por razões de ordem cronológica do que pelas convergências de diagnósticos e divergências de terapêuticas.

O texto do Banco Mundial relativo ao ensino de 2º grau apresentou ao governo brasileiro cinco recomendações. Uma delas tratava da "melhoria da eqüidade". A iniqüidade resultaria dos gastos reduzidos com as escolas estaduais e municipais de 2º grau e os altos gastos com os poucos alunos, em geral de boa situação financeira, das escolas técnicas da rede federal. Os alunos destas escolas poderiam pagar por seus estudos em escolas privadas ou nas próprias escolas técnicas. Essa situação iníqua não foi atribuída ao processo seletivo empregado nas escolas técnicas. O relatório reconheceu que os alunos de mais alto nível de renda estavam nessas escolas não por serem mais ricos, mas por terem tido condições de fazer um 1º grau que lhes propiciou melhor preparo. E a iniqüidade se completaria com as diferenças de custos (isto é: despesa média por aluno) entre as escolas técnicas da rede federal e as demais. Enquanto a despesa média por aluno nas escolas estaduais era de 250 dólares por ano, nas escolas técnicas federais era de 1.700 dólares. Pelos cálculos dos técnicos do banco, cerca de 20% de todas as despesas públicas com o ensino de 2º grau era destinada às escolas técnicas da rede federal, que só tinham 2% do total da matrícula.

Para atingir a eqüidade, o relatório propôs três ações imediatas voltadas para as escolas técnicas federais: (i) a introdução do sistema de "custo compartilhado", quer dizer, a cobrança de anuidades, mediante o sistema de em-

---

ensino de outros países. Em 1968, Roberto Campos comparou o ensino médio nos EUA e na República Federal da Alemanha, concluindo que o número muito maior de estudantes americanos no ensino superior, quando comparado aos alemães ocidentais, resultava do fato de que, neste último país, o ensino era dominantemente profissional. Daí sua sugestão para que se ampliasse o ensino profissional no Brasil, como forma de diminuir a pressão da demanda sobre as universidades públicas. Com efeito, não foi difícil mostrar que a imagem do "ensino alemão" destoava completamente da estrutura educacional vigente na RFA, isto é, tratava-se de uma elaboração para mero efeito de justificação de uma proposta política imediata (Cunha, 1976).

40 O Banco Mundial elaborou três principais relatórios gerais sobre a situação do ensino no Brasil: em 1986 sobre o ensino de 1º grau; em 1989 sobre o ensino de 2º grau; e em 1991, sobre o ensino superior. Cada um deles menciona os nomes de pessoas que colaboraram, de algum modo, com o relatório, fosse no fornecimento de informações, fosse na discussão das formulações. No relatório referente ao ensino de 2º grau está o de Alberto de Mello e Souza, colaborador de Cláudio de Moura Castro no livro *Mão-de-obra industrial no Brasil*.

préstimos do tipo crédito educativo e/ou mediante a cobrança de taxas conforme as possibilidades de cada aluno; (ii) atrair mais estudantes de baixo nível de renda para essas escolas; e (iii) expandir as matrículas mais rapidamente do que a construção de novas escolas, para reduzir o custo unitário. A longo prazo, as escolas técnicas federais deveriam concentrar seus currículos nas ciências básicas e na matemática, reduzindo, em conseqüência, a ênfase profissional e tecnológica.[41] Com essas medidas, o relatório esperava a redução significativa das diferenças de custo (repetindo: despesa média) entre as escolas técnicas e as demais escolas públicas de 2º grau e, em conseqüência, a redução da iniqüidade, sem perda da qualidade do ensino.

A resposta do governo brasileiro demorou bastante. Em março de 1991 foi concluído um documento com observações sobre o relatório do Banco Mundial a respeito do ensino de 2º grau.[42] Produzido pelo Departamento de Assuntos Internacionais do então Ministério da Economia, Fazenda e Planejamento, através da Coordenadoria de Planejamento e Políticas dos Organismos Financeiros Internacionais, o documento contou com a participação de representantes dos ministérios da educação e do trabalho, assim como do Senai e do Senac.

Esse documento não foi publicado, circulando apenas em certas instâncias ministeriais. Os autores do documento mostraram que os técnicos do banco desconheciam o fato político fundamental de que o país tinha uma nova Constituição e, mais do que isso, o projeto de uma nova lei de diretrizes e bases da educação nacional já estava em tramitação no Congresso. No caso da LDB, o documento menciona o projeto da Câmara dos Deputados, cuja formulação seria muito mais avançada do que a do banco, prevendo, inclusive, o acesso de todos à escola básica, associando a educação geral e a educação tecnológica. Contrariamente a isso, o banco insistia na substituição do ensino técnico pela educação geral, seguida de educação profissional, nada mais do que um rápido treinamento. Para os brasileiros,

> Trata-se de afirmação sem maiores fundamentos, além de demonstrar uma visão distorcida e, pelo menos, 50 anos defasada (no Brasil e outras partes do mundo) sobre a formação profissional. Aliás, pretender estudar [sic] a dicotomia entre ensino acadêmico e ensino técnico é um enfoque equivocado, no contexto

---

41 Outras medidas foram propostas, mas comentá-las foge do escopo deste texto. Entre elas estavam o aumento da competitividade entre as escolas públicas e as privadas, a adoção de um sistema de testes de rendimento dos estudantes e a substituição do controle de anuidades pela liberdade de atuação das escolas privadas, ao mesmo tempo em que o governo deveria dedicar-se à supervisão da qualidade do ensino ministrado nessas escolas.

42 *Observações sobre o Relatório: "Brasil – Issues in Secondary Education" – Report nº 7723-BR*, Brasília, Ministério da Economia, Fazenda e Planejamento, março de 1991.

da sociedade tecnológica em que vivemos, em função de suas rápidas transformações. O que se deve buscar, e onde se deveria concentrar o debate, é sobre como repassar, através do currículo, uma cultura tecnológica, tanto no ensino chamado acadêmico, como no ensino técnico. Trata-se de superar esta dicotomia, evitando cuidadosamente propostas que possam resultar nessa segmentação. Independentemente da opção quanto à profissionalização, importa assegurar o acesso ao conhecimento elaborado e universal, incluindo aquele necessário à compreensão das relações de trabalho e de participação social que os alunos vivenciam ou irão vivenciar na prática.

O documento brasileiro não aceitou a afirmação de que se estaria investindo recursos demasiados para as escolas técnicas federais, assim como julgou leviano o argumento de que nelas estudariam alunos de mais alta renda. Se o custo das boas escolas é alto, não seria o caso de se acabar com elas, mas, sim, de otimizar seus custos. E completou: "Uma escola elitista não é necessariamente uma escola para a elite".

Em conclusão, o documento sugeriu que o relatório do Banco Mundial fosse revisto. Talvez por causa disso, ele não foi divulgado, permanecendo confidencial, o que não impediu que fosse assumido como válido pelos assessores do candidato Fernando Henrique Cardoso, nas eleições presidenciais de 1994 e pelo quadros técnicos de seu governo (Cunha, 1995).

Retomemos as opiniões dos consultores do MEC.

O nº 2 da série *Textos para Discussão*, do Inep (abril de 1997), trouxe um texto de Castro, denominado "O secundário: esquecido em um desvão do ensino?", que deve ter circulado entre os dirigentes do MEC bem antes disso.[43] A proposição que orienta a pergunta-título do artigo é a da necessidade de se estabelecerem distintas soluções no ensino médio para alunos diferentes em termos de origem social e de motivação profissional. A tendência brasileira seria a de pretender estabelecer uma solução única – a profissionalização universal e compulsória da Lei n.5.692/71. Esta teria incorporado uma caricatura da *comprehensive high-school* norte-americana, modelo vendido (sic) pela Usaid e pelo Banco Mundial, modelo esse que, segundo Castro, fracassou em todas as partes, inclusive no Brasil. O que se deveria ter copiado da escola norte-americana (e não se fez) é o caráter optativo de seus cursos profissionais.

---

43 Oliveira (1995) inclui em sua bibliografia referência a título homônimo, do mesmo autor, editado pelo BID, em Washington, em 1996. A disparidade cronológica talvez se deva ao atraso na publicação da revista com o artigo de Oliveira, até porque ele cita outro autor, com referência incompleta, com data também de 1996. O texto de Castro diz ter se beneficiado de um "longo diálogo" com Oliveira, assim como de suas sugestões a uma versão anterior, que deve ter sido a editada em Washington, em 1966. Castro diz, também, que há "quase total coincidência" nas posições defendidas por ambos.

O autor partiu do pressuposto de que é impossível juntar no mesmo currículo o ensino "acadêmico" com o profissional, sobretudo nas ocupações industriais. O *ethos* do currículo "acadêmico" mata a profissionalização porque não pode conviver com "a graxa e a serragem". No entanto, as ocupações "de escritório", além de não conflitarem com o *ethos* "acadêmico" podem se aproximar dele sem perda para nenhum dos lados.

Mas, a solução que Castro defendeu como a mais apropriada é a que estaria sendo muito aceita na Europa: rejeitar o ensino de 2º grau meramente propedêutico tanto quanto "a velha opção profissionalizante" em proveito de cursos secundários aplicados ou mais voltados para certas áreas, como as comerciais, as artísticas, as biológicas e as industriais. A idéia não seria a de profissionalizar, mas, sim, "vestir" os mesmos conteúdos acadêmicos (ciências, matemática, comunicação escrita) com "roupagens" daquelas áreas. Exemplificando: aprende-se matemática aplicada nos negócios; física, estudando máquinas e ferramentas; ler e escrever, redigindo relatórios e lendo manuais de computador. Mesmo reconhecendo que alguns dos Cefets brasileiros já faziam isso, o autor defendeu que o mesmo objetivo poderia ser atingido com igual êxito "sem a parte profissionalizante". O objetivo seria a mesma formação geral, só mudariam as "roupas" aplicadas.[44]

A grande tarefa seria livrar o ensino médio da finalidade única de preparação para o vestibular, mantendo-se, no entanto, "acadêmico" e com a finalidade prática de preparar o aluno a viver no mundo atual, eliminando o enciclopedismo do currículo e trazendo-o para mais perto do mundo real.

Para Castro, deveria ser enterrada "de uma vez por todas" a idéia de uma escola que, ao mesmo tempo, profissionalize e prepare para o vestibular. Se essa idéia já foi enterrada com a dissolução da Lei n.5.692/71, ela permaneceria viva nas escolas técnicas industriais. É, pois, para elas que o autor dedicou a maior parte de sua reflexão, com o intuito de promover um "divórcio amigável" entre o ensino "acadêmico" e o profissional.

As escolas técnicas industriais teriam se transformado em "caminhos privilegiados para o vestibular", desde os anos 60, e nada foi feito para eliminar esse "problema". Problema, porque não faz sentido ministrar um ensino caríssimo "a quem nada mais quer do que passar no vestibular de Direito. Mesmo para os que vão para Engenharia, não parece ser um bom uso dos dinheiros

---

44 Castro se mostrou favorável, também, à adoção no currículo do ensino médio brasileiro de uma disciplina denominada Tecnologia, que estaria sendo experimentada nas escolas de certos estados dos EUA. Ela seria uma mistura de ciência, tecnologia, economia e uso de ferramentas manuais. O autor mencionou, também, a "proximidade" entre os cursos técnicos (desprovidos das disciplinas de cultura geral) e a situação vigente nas escolas do sistema norte-americano, que oferecem cursos noturnos profissionalizantes para quem já concluiu a educação geral no período diurno.

públicos que ocupem uma vaga que poderia ser melhor aproveitada por alguém que vai diretamente para uma ocupação técnica" (Castro, 1997, p.18).

A solução radical de estancar a "sangria" provocada pelo vestibular seria a eliminação pura e simples da parte geral "acadêmica" do currículo das escolas técnicas. Como alguns Cefets já modificaram o caráter do seu currículo "acadêmico", no sentido defendido pelo autor, essa eliminação seria prejudicial para eles. Castro preferiu, então, a maneira mais imediata e mais fácil de separar o certificado "acadêmico" do certificado profissional. As escolas técnicas deveriam ser encorajadas a eliminar a parte geral do currículo, mas não seriam obrigadas a isso. À separação dos certificados, corresponderia a separação entre os dois currículos. Aliás, solução desse tipo já estaria em prática no Brasil, em certas escolas técnicas federais e no Senai, que oferecem a parte propriamente profissional de um curso técnico para quem já concluiu o 2º grau – é o chamado curso técnico especial ou pós-médio.[45]

Com a matrícula separada na parte profissional do curso técnico, Castro esperava que o número de alunos pudesse ser, aí, multiplicado por nove se as oficinas e laboratórios fossem empregados em três turnos, independentemente da sincronia com as disciplinas de caráter geral. Para isso, a gestão dos estabelecimentos de ensino precisaria ser radicalmente alterada. Seus diretores deveriam adotar a figura do "vendedor agressivo de serviços de alta qualidade", aproximando-se das empresas, de modo a ajustar os cursos às necessidades atuais do mercado de trabalho. Tanto quanto possível, os cursos técnicos seriam ministrados "sob medida", conforme as necessidades das empresas locais.

Embora a preocupação com o aumento da produtividade no uso das instalações das escolas técnicas esteja presente em todo o texto, Castro não se mostrou partidário da modularização dos currículos dos cursos por elas oferecidos. Diz que, *infelizmente*, as possibilidades de modularizar o currículo de um curso técnico são muito reduzidas. Ademais, essa solução acaba por levar à tentação de alongar muito o curso, na direção da engenharia convencional, como teria acontecido com os tecnólogos. Já para as ocupações de escritório, o autor mostrou-se entusiasta da modularização. O objetivo do ensino médio "acadêmico" seria criar um sistema de créditos, permitindo o aproveitamento de disciplinas ou módulos cursados em diferentes instituições para a obtenção de certificados profissionais em carreiras "compatíveis"

---

45 O que o autor não diz é que os candidatos a esses cursos fizeram, em geral, cursos de 2º grau de baixa qualidade e/ou já se esqueceram há muito do que aprenderam, razão pela qual as escolas técnicas e o Senai são obrigados a ministrar as disciplinas básicas de caráter geral, de modo a recuperar o esquecido e/ou o jamais aprendido. Resultado: retorna-se ao curso técnico que junta o currículo de formação geral (embora reduzido ou intensivo) e o propriamente profissional.

O ensino profissional na irradiação do industrialismo

com a preparação para o vestibular. Exemplificou isso com sistemas operacionais e processamento de texto, a seu ver habilidades úteis tanto no mercado de trabalho quanto no ensino superior.

O autor concluiu, então, seu texto com as seguintes palavras:

> Note-se que estamos propondo o divórcio das áreas industriais e a maior integração das tecnologias de escritório no currículo geral do segundo grau. Ou seja, as políticas caminham em direções opostas, por serem ocupações de natureza diferente. (Castro, 1997, p.24)

Convergente em muitos pontos com o artigo de Castro, Oliveira escreveu um texto em que realizou um rastreamento mais amplo do que aquele, para defender, em síntese, a adoção no Brasil do modelo do *tech prep* em experiência nos EUA – os currículos "acadêmicos" aplicados.

Oliveira foi especialmente incisivo na rejeição dos currículos uniformes para todos os alunos do 2º grau, assim como das escolas profissionais, que já teriam demonstrado sua inutilidade, como as agrotécnicas,[46] os cursos de contabilidade e as escolas normais. Como os alunos do 2º grau são muito diferentes, eles precisam de diferentes currículos, que permitam à maioria a inserção no mercado de trabalho; e à minoria, o ingresso no ensino superior.[47]

Ao invés de defender a generalização de cursos profissionais no sentido estrito, Oliveira viu nos sistemas educacionais em reforma dos países da Organização de Cooperação e Desenvolvimento Econômico (OCDE),[48] a adoção de cursos que procuram ensinar disciplinas acadêmicas num contexto aplicado, ao mesmo tempo em que permitem aos alunos aprofundarem, desde cedo, seus conhecimentos e habilidades nas áreas em que possuem maior vocação ou talento, assim como habituarem-se às características e demandas do mundo do trabalho. Em vez de prepararem para ocupações específicas, esses cursos tipo *tech prep* norte-americano visam áreas ocupacionais cada vez mais amplas, embora "vocacionadas e direcionadas", o que permitiria aos alunos o desenvolvimento intelectual, o domínio da competência técnica e a busca da excelência.

---

46 O consultor mostrou desconhecer completamente (ou desconsiderar) os dados da pesquisa de Maria Laura Franco (1994) a respeito das escolas agrotécnicas, que revelou uma inserção digna de nota dos egressos dessas escolas no mercado de trabalho.

47 A experiência internacional examinada pelo autor mostra que a proporção dos alunos dos cursos preparatórios que ingressam no ensino superior raramente é superior a 30%. Os demais freqüentam cursos de caráter terminal, o que quer dizer que a maioria dos alunos saem do 2º grau diretamente para o mercado de trabalho.

48 Fundada em 1961, essa entidade reunia, originalmente, os governos dos seguintes países: Alemanha, Áustria, Bélgica, Canadá, Dinamarca, Espanha, EUA, França, Grã-Bretanha, Grécia, Holanda, Irlanda, Islândia, Itália, Luxemburgo, Noruega, Portugal, Suécia, Suíça e Turquia. Posteriormente, outros países se associaram: Austrália, Finlândia, Japão, México, Nova Zelândia e República Checa.

Nisto, a proposta de Oliveira é perfeitamente convergente com a de Castro. Elas diferem em poucos aspectos. No que interessa aos propósitos deste livro, há uma avaliação distinta, concernente às escolas técnicas industriais, em particular às da rede federal. Enquanto Castro procurou desqualificá-las como instituições de formação profissional, Oliveira reconheceu nelas "modelos bastante adequados e exitosos de funcionamento". Mas, tal como seu parceiro, acusou-as de serem excessivamente caras,[49] de atenderem à classe média "desejosa de uma educação secundária gratuita que lhe garanta acesso às universidades de melhor qualidade" (Oliveira, 1995, p.298).

No que diz respeito às escolas técnicas industriais, Oliveira propôs que elas oferecessem, além dos cursos integrados (o que Castro não admitiu), formação técnica em cursos simultâneos ou posteriores ao ensino secundário, na linha determinada pelo projeto de LDB do Senado e pelo Projeto de Lei n.1.603/96. Seus currículos deveriam ser aprimorados pela melhor integração entre a parte "acadêmica" e a parte técnica, "melhor calibração com os mercados de trabalho", assim como reorientação dos recursos. Estes deveriam "concentrar-se com maior produtividade na provisão de treinamentos técnicos e pontuais".

Vejamos, agora, em que medida as opiniões desses consultores foi incorporada pela política educacional do governo Fernando Henrique Cardoso.

A primeira manifestação prática do governo FHC na questão do ensino médio e do técnico apareceu no texto *Planejamento Político-Estratégico 1995/ 1998*, datado de maio de 1995. O item destinado ao ensino médio, que abrangeu o ensino técnico, apresentou, como uma das ações básicas, a de "redefinir a estratégia de gestão da rede federal de educação tecnológica" para:

- separar, do ponto de vista *conceitual* e *operacional*, a parte profissional da parte acadêmica;

- dar maior flexibilidade aos currículos das escolas técnicas de forma a facilitar a adaptação do ensino às mudanças no mercado de trabalho;

- promover a aproximação dos núcleos profissionalizantes das escolas técnicas com o mundo empresarial, aumentando o fluxo de serviços entre empresas e escolas;

- progressivamente, encontrar formas jurídicas apropriadas para o funcionamento autônomo e responsável das escolas técnicas e Cefets e, ao mesmo tempo, estimular parcerias para financiamento e gestão;

---

49 Segundo seus cálculos, 0,6 milhões (na realidade, 0,6 bilhões) de reais são gastos pela União, por ano, com a rede de escolas técnicas da rede federal, que matriculam 130 mil alunos, e o Colégio Pedro II, com 20 mil alunos, representando um custo médio de 4 mil reais por aluno/ano.

- estabelecer mecanismos específicos de avaliação das escolas técnicas para promover a diversificação dos cursos e a integração com o mercado de trabalho.

Calcado nessa orientação, o documento elaborado pela Secretaria de Educação Média e Tecnológica, enviado aos diretores das escolas técnicas da rede federal, em agosto de 1995 (sete meses depois de instalado o governo, portanto), anunciou a implementação de políticas voltadas para, entre outras finalidades, "a construção de um novo modelo de educação média que *desvincule o ensino acadêmico do técnico-profissionalizante*; e a introdução neste modelo de uma vertente *modulada* no ensino técnico-profissionalizante que articule qualificação profissional de curta duração e formação técnica, principalmente para o setor terciário da economia" (grifos no original).

Em março de 1996, o ministro da Educação apresentou ao presidente da República exposição de motivos justificando um anteprojeto de lei que tratava da educação profissional, reformulando, também, vários aspectos da rede federal de escolas técnicas. Enviado à Câmara dos Deputados, transformou-se no Projeto de Lei n.1.603/96.

Na exposição de motivos ao projeto de lei do ministro da Educação, de março de 1996, estava clara a idéia de que a educação profissional deveria ser uma alternativa à educação superior. Embora não se dissesse palavra alguma sobre como se daria essa alternativa, parece que ele recuperou a idéia de que os cursos técnicos fossem uma compensação para os concluintes do ensino médio que não conseguissem ingressar em um curso superior.

A aprovação pelo Congresso Nacional do projeto de LDB oriundo do Senado, seguida da sanção presidencial, foi interpretada pelo ministro como dispensadora de nova lei para a educação profissional. Conseqüentemente, o Projeto de Lei n.1.603/96 foi retirado da Câmara pelo governo. Em seu lugar, foi baixado o Decreto n.2.208, em 17 de abril de 1997, seguido da Portaria Ministerial n.646/97, que radicalizaram a separação entre o ensino médio, chamado "acadêmico" pelos consultores, e o ensino profissional, chamado mais amplamente de educação profissional pela LDB-96. Ora, a interpretação do artigo 40 desta lei permite tanto o entendimento de que a articulação entre o ensino médio e a educação profissional se faz entre dois *segmentos distintos*, quanto a compreensão de que são duas *dimensões curriculares*, num sistema não necessariamente segmentado. O Ministério da Educação preferiu o primeiro entendimento, que o dispensaria de promover a aprovação de mais um projeto de lei. Acerquemo-nos um pouco mais dos fundamentos de tal entendimento.

A LDB-96 traz uma concepção marcadamente *profissionalizante* do ensino médio, em oposição à concepção nitidamente *profissional* da educação técnica.[50] Tanto assim que, no item II das finalidades do ensino médio, a "preparação para o trabalho" aparece antes da "preparação para a cidadania". Não bastasse isso, a continuação do item refere-se exclusivamente à profissionalização do aluno: "de modo a ser [ele] capaz de se adaptar com flexibilidade a novas condições de ocupação ou aperfeiçoamento posteriores".

Depois de apresentar a finalidade do ensino médio voltada para a formação ética e a autonomia intelectual, a LDB retorna à profissionalização, agora de modo surpreendente: no item IV, o ensino médio é apresentado tendo a finalidade de propiciar "a compreensão dos fundamentos científico-tecnológicos dos processos produtivos". Acrescenta, ainda, que isso deverá ser feito "relacionando a teoria com a prática, no ensino de cada disciplina", provável fonte de equívocos didático-pedagógicos nos currículos vindouros.

No mesmo sentido, a lei determina que os conteúdos e as formas de avaliação serão organizados de tal forma que, ao final do ensino médio, o educando demonstre "domínio dos princípios científicos e tecnológicos que presidem a produção moderna".

No referente ao currículo, a seção do ensino médio diz que as diretrizes curriculares destacarão "a educação tecnológica básica", "o processo histórico de transformação da sociedade e da cultura". Sem entrar na polêmica sobre a oportunidade e mesmo sobre a possibilidade dessa proposta pedagógica, que não cabe neste texto, é preciso chamar a atenção para a dificuldade prática de tal intento, a não ser que os currículos venham a definir algo como a tal disciplina híbrida denominada Tecnologia, evocada por Castro do currículo das escolas norte-americanas.

Destinada pela LDB-96 para os alunos matriculados no ensino médio ou dele egressos, a educação profissional foi configurada pelo Decreto n.2.208/97 como um sistema paralelo. Com efeito, a articulação entre ambos foi concebida entre dois segmentos distintos. Enquanto segmento distinto do ensino médio, a educação profissional será composta de três níveis, prevalecendo a preocupação com os cursos técnicos.

O *nível básico*[51] é destinado à qualificação, requalificação e reprofissionalização de trabalhadores, independentemente de escolarização prévia, em cursos não sujeitos a regulamentação curricular. É aqui que se enquadram os cursos de aprendizagem do Senai, assim como os cursos mais breves que a

---

50 Profissional = formação de profissionais, no caso, técnicos de nível médio. Profissionalizante = educação geral que *pode* vir a ser útil para a formação de profissionais, na acepção da "reforma da reforma" do ensino de 2º grau (exemplo: Lei n.7.044/82). Confira este último significado no Capítulo 5.
51 A nomenclatura será causa de confusão, pois o nível básico da *educação* profissional é bem distinta do *ensino* básico, conforme a LDB-96.

instituição ministra, e, também, os cursos que as escolas técnicas da rede federal estão instadas a oferecer, atuando na área típica daquela instituição patronal. A propósito, as instituições de ensino profissional públicas e as privadas sem fins lucrativos, apoiadas financeiramente pelo Poder Público, deverão oferecer, obrigatoriamente, cursos profissionais de nível básico, abertos aos alunos das redes públicas e privadas de ensino básico, assim como aos trabalhadores com qualquer nível de escolaridade. É o que chamei de *senaização* das escolas técnicas federais, já que estas terão de ocupar o espaço tradicionalmente reservado aos centros de formação profissional Senai.

O *nível técnico* é destinado a proporcionar habilitação profissional aos alunos matriculados no ensino médio ou dele egressos. Os cursos técnicos terão organização curricular própria, independente do ensino médio, sendo ministrados de forma concomitante ou seqüencial a este. Assim, ficou terminantemente proibido oferecer um curso técnico integrado com o ensino médio, a não ser nas escolas agrotécnicas. A única possibilidade de integração curricular admitida entre ensino médio e ensino técnico, ainda assim, *a posteriori*, é o aproveitamento neste de até 25% do total da carga horária mínima, de disciplinas profissionalizantes cursadas naquele. Os currículos das habilitações técnicas poderão ser organizados em módulos, os quais terão caráter de terminalidade, dando direito a certificados de qualificação profissional específica. Num intervalo de cinco anos, tais módulos poderão ser aproveitados para a composição de um certificado de habilitação profissional de nível técnico, que deverá ser conferido pelo estabelecimento que ministrou o último dos módulos.

O *nível tecnológico*, o mais imprecisamente definido de todos, é destinado aos egressos do ensino médio e técnico, em cursos de nível superior na área tecnológica. Os diplomas correspondentes são de tecnólogo nas respectivas especialidades.

A portaria mencionada acima, n.646/97, destinada exclusivamente às escolas técnicas da rede federal, estabeleceu que estas poderiam oferecer no máximo a metade das vagas de 1997 para o ensino médio. Além disso, nos cinco anos seguintes, cada escola deveria aumentar em 50% o número de vagas oferecidas nos cursos técnico e médio.

A rede de escolas técnicas federais deveria se constituir em centros de referência, ficando com sua expansão limitada quanto ao número de estabelecimentos. A portaria fez referência a artigo de medida provisória[52] que deter-

---

52 Trata-se da Medida Provisória n.1.549-29, de 15 de abril de 1997, que reformulou a organização da Presidência da República e dos ministérios. Ela acrescentou parágrafos à Lei n.8.948/94, que institui o Sistema Nacional de Educação Tecnológica, que já se supunha ultrapassada pelos fatos e pela legislação posterior. A lei rediviva transformava todas as escolas técni-

minou a expansão da oferta de ensino técnico, mediante a criação de novas unidades escolares por parte da União, em parceria com os estados, os municípios, o setor produtivo ou organizações não-governamentais, que seriam responsáveis pela manutenção e gestão dos novos estabelecimentos de ensino.

Contrariamente à tendência que se desenvolvia no Brasil, desde a década de 1950, o ensino técnico foi definido no Decreto n.2.208/97 como *independente* do ensino médio. Isso significava que um aluno poderia cursar o ensino técnico ao mesmo tempo que o ensino médio ou, então, depois deste. Os cursos chamados integrados, que ofereciam num mesmo currículo a educação geral de nível médio e a educação técnico-profissional, foram literalmente proibidos.

A independência, também chamada de *desvinculação*, entre o ensino médio e o ensino técnico permitiria resolver a distorção diagnosticada entre eles, pois este último somente seria procurado pelos jovens que tiverem efetivo interesse na profissionalização, para emprego imediato.

Nesse sentido, os cursos técnicos deveriam ser organizados em módulos, cada um deles dando direito a um certificado de qualificação profissional, na suposição de que a organização modular correspondesse às profissões efetivamente existentes no mercado de trabalho.

Depois do Decreto n.2.208/97 e contrariamente à sua concepção original, o Conselho Nacional de Educação estabeleceu que o certificado de técnico somente seria outorgado aos egressos dos cursos técnicos que também tivessem concluído o ensino médio, anteriormente ou simultaneamente a este.[53] Ficou excluída, portanto, a possibilidade de que esse certificado fosse concedido a quem somente acumulasse os módulos correspondentes a uma especialidade técnica.

Para a implementação dessa reforma, o Ministério da Educação lançou o Programa de Expansão da Educação Profissional (PROEP), em parceria com o Ministério do Trabalho.

O programa visa à implementação e/ou a readequação de 200 *centros de educação profissional*,[54] distribuídos da seguinte forma: 70 na esfera federal, 60 na estadual e 70 no "segmento comunitário". Quanto ao alunado, a meta é

---

cas federais em Cefets e criava um Conselho Nacional de Educação Tecnológica, que seria paralelo ao Conselho Nacional de Educação. A medida provisória suprimiu essa transformação, mas a Lei n.9.131/95, que criou o CNE, não revogou a lei do ano anterior, nem os artigos que tratam do CNET.

53 Pelas exigências de conhecimentos prévios, determinados cursos técnicos poderiam estabelecer o ensino médio concluído como requisito de ingresso de seus alunos.

54 Parece que a meta do Proep, de duzentos centros de educação profissional, de igual número ao Protec do governo Sarney, deve-se a mera coincidência.

O ensino profissional na irradiação do industrialismo

atingir 240 mil vagas nos cursos técnicos; 600 mil concluintes de cursos profissionais básicos. Além do mais, o programa estabeleceu como meta atingir o índice de 70% de inserção de egressos dos cursos técnicos no mercado de trabalho.

Para isso, o Proep conta com 500 milhões de dólares, sendo a metade obtida por empréstimo do Banco Interamericano de Desenvolvimento, um quarto do Fundo de Amparo ao Trabalhador e um quarto do Tesouro Nacional.

Os centros de educação profissional foram definidos com as seguintes características:

a) determinação da oferta de cursos em função da demanda;
b) atualização permanente do currículo, de acordo com as características ocupacionais requeridas;
c) adoção do sistema de estágios supervisionados para estudantes nos locais de trabalho;
d) treinamento de professores por meio de estágios em empresas;
e) adoção de sistema de colocação de egressos em empregos;
f) sistema de acompanhamento de egressos;
g) integração de representantes do setor privado nas decisões;
h) integração com mercados através de convênios (parcerias) com empresas e outros empregadores, para efeito de estágios, uso de equipamentos, treinamento de professores, venda ou compra de serviços etc.;
i) integração com outras instituições de ensino profissional em relação a oferta, capacitação de professores, assistência técnica e outros;
j) adoção de sistema de contabilidade de custos;
k) geração de receita própria significativa; e
l) progressiva autonomia de gestão financeira e de recursos humanos.

O objetivo é que as escolas técnicas da rede federal se transformem em centros de educação profissional com essas características, o que é estendido para as demais escolas públicas.

Dentre os objetivos do Proep, expressos no Regulamento Operativo do contrato MEC/BID, está a mudança da organização das escolas técnicas da rede pública. Seus objetivos determinam que o aumento do número de estabelecimentos se fará pela iniciativa dos estados ou dos municípios, isoladamente ou em associação com o setor privado, ou meio de entidades privadas sem fins lucrativos, isoladamente ou em associação com o setor público. Além disso, os objetivos especificam o estímulo à adoção de "fórmulas flexíveis de contratação de pessoal", com base na legislação vigente (que inclui o trabalho temporário).

Os projetos do "segmento comunitário", inclusive os das prefeituras municipais, deverão constituir o principal veículo para a expansão da educação profissional. Especificamente, quando se trata de novas escolas, as do "segmento comunitário" deverão estar organizadas como entidades de direito privado.

No caso de uma solicitação de recursos do Proep, o plano estratégico de uma escola técnica pública deverá demonstrar, entre outras coisas, o seguinte:

a) que está sendo progressivamente estabelecido um modelo de gestão autônoma, com a participação de empresários e trabalhadores em seus conselhos de ensino e de administração;
b) que é crescente a integração com o setor produtivo através de parcerias, vendas de serviços e outras formas;
c) que existe uma capacidade de geração de recursos próprios, em função dos cursos e serviços estabelecidos, de modo que suas projeções contemplem a diminuição da dependência de recursos financeiros do orçamento público.

Assim, a idéia dos centros *públicos* de educação profissional, da Sefor/MTB, foi incorporada pelo MEC, via Semtec, e depurada de seu viés publicista.[55] Ao contrário da idéia original, a orientação privatizante fica patente na prescrição às escolas da rede federal para que incluam empresários em seus conselhos (e trabalhadores, talvez para meia compensação), que façam parcerias com empresas e outras entidades privadas, que gerem recursos vendendo cursos e outros serviços, que contratem pessoal fora das normas do serviço público, enfim, que liberem os orçamentos do governo.

Visto em perspectiva, o MEC passou a contar com um instrumento muito mais poderoso do que a lei que pretendia obter do Congresso em 1996: em vez da força coercitiva da lei, dispõe, agora, da força menos intensa do Decreto, só que somada ao apelo irresistível dos 500 milhões de dólares para o financiamento da conversão das escolas técnicas da rede pública e para a criação de novas escolas profissionais, já configuradas, de início, como instituições privadas em todos os aspectos.

O exame dos argumentos utilizados pelo relatório do Banco Mundial, pelos assessores ministeriais e pelo próprio ministro da Educação para justificar o conceito das escolas técnicas da rede federal como perdulárias é que seus alunos, além de provirem dos setores de mais alta renda, vão em massa para o ensino superior. Como não se pode proibir sua entrada, as medidas preconizadas foram várias, incluindo a cobrança de anuidades, o esvaziamento do conteúdo profissional do currículo do curso técnico até a solução vitoriosa, isto é, a separação entre esse conteúdo e a parte geral, confinada

---

55 Dentre os objetivos do Proep consta o seguinte: "Atendimento da demanda de qualificação e requalificação dos trabalhadores por intermédio da compra de cursos [sic] de entidades públicas e privadas, especialmente os financiados pelo Plano Nacional de Formação Profissional (Planfor)".

esta no curso médio. O que se pretende é que os alunos que só busquem o curso médio de alta qualidade sejam em número reduzido e, no limite, sejam suprimidos, limitando-se as escolas técnicas a oferecerem o ensino técnico no sentido estrito. Para elas só iriam os que concluíram o ensino médio ou o estejam fazendo, em escola pública ou privada, e que desejam, efetivamente, seguir uma profissão técnica.

É incrível como os propagandistas dos mecanismos de mercado como solução para os mais variados problemas sociais só conseguem imaginar medidas contenedoras dos fluxos dos estudantes. Por que não levar em conta, na formulação das políticas educacionais, as explicações, já disponíveis, que mostram a estreiteza dos mecanismos de mercado, determinados pelo controle monopolista dos profissionais de nível superior, via organismos do tipo CFEA/Creas, de que tratei no capítulo 3? Não é difícil ver que os engenheiros freqüentemente ocupam o lugar dos técnicos, não por causa da raridade desses profissionais, mas porque faltam postos de trabalho para engenheiros, e estes vencem aqueles na competição pelos postos de nível intermediário. E não é por outra razão que grande parte dos concluintes dos cursos técnicos industriais (justamente os mais prestigiados) acabam se candidatando a uma escola de engenharia atrás de um diploma (até mais do que de uma qualificação) que os habilite a disputar em melhores condições os cargos formalmente destinados aos técnicos. Em outras áreas, como na da saúde, a situação é ainda mais dramática.

A comparação dos custos das escolas técnicas federais com os das escolas de nível médio dos sistemas estaduais revela uma diferença tão grande que pretende – e consegue – levar à aceitação de que aquelas devem reduzir suas despesas até igualarem seus padrões de funcionamento ao destas. Não se comparam os custos das escolas técnicas federais com as escolas privadas de boa qualidade, não para fazer destas o parâmetro das políticas públicas, mas para mostrar que qualquer ensino de boa qualidade é caro, seja público seja privado (embora neste último o preço supere muito o custo – novamente o mercado mostra sua presença!). E mais, não se vê relação alguma entre o aumento da procura das escolas técnicas, que oferecem educação geral de boa qualidade, com a deterioração da educação dos sistemas estaduais, desde a promulgação da LDB-61, que definiu o formato para a participação dos empresários do ensino e seus prepostos nos conselhos de educação, participação essa que chegou até a exclusividade nos anos 70, em muitos estados. Enquanto isso, as escolas técnicas da rede federal permaneceram a salvo dessa deterioração, pelos salários pagos aos seus professores, pelas condições de trabalho que usufruíam e pelas muito especiais características de funcionamento e identidade. Se os mecanismos de mercado fossem evocados pelos ditos liberais, mas, na prática, defensores da discriminação típica do Estado Novo varguista, eles veriam ou pelo menos admitiriam a possibilidade de que, restaurada a qualidade do ensino nas escolas públicas das redes estaduais, os estudantes de mais alto nível de renda as procurariam, em busca do preparo exclusivo para cursos superiores, abrindo a possibilidade para que os alunos de fato interessados numa carreira técnica, qualquer que fosse o nível de renda de seus pais, encontrassem mais vagas disponíveis.

A imposição às escolas técnicas de oferecerem cursos profissionais básicos revela um completo desconhecimento da prática pedagógica específica prevalecente naquelas instituições e nas que vêm se dedicando com sucesso aos cursos de aprendizagem industrial e aos cursos de qualificação para adultos, a exemplo do Senai. Para os economistas que se pretendem pedagogos especializados nessa matéria, o fato de as escolas técnicas disporem de oficinas e laboratórios significa estarem elas capacitadas a ministrarem cursos profissionais de natureza tão diversa. Será que essa tarefa seria também estendida às escolas de engenharia? O que se esquece – ou não se conhece –, é que os métodos de ensino são muito diferentes, como são diferentes os agentes do ensino. Para resumir tudo numa expressão, tomada de empréstimo do Manifesto dos Pioneiros, o ensino técnico forma trabalhadores intelectuais, ao passo que os cursos de nível básico, trabalhadores manuais. Ou será que se pretende fundir os dois tipos? "Manualizar" os cursos técnicos? Não foi possível saber por que não se propôs, em contrapartida, "intelectualizar" a qualificação dos trabalhadores manuais...

Possíveis trajetórias institucionais

Vimos que o Senai foi criado por iniciativa do Estado, que impôs aos industriais a cobrança de uma contribuição incidente sobre a folha de pagamento das empresas, recolhida por intermédio da Previdência Social. Os recursos eram centralizados pelo governo e repassados a uma instituição privada, mas dirigida pelo empresariado. Nos conselhos do Senai, a presença de representantes dos ministérios do Trabalho e da Educação sempre foi pouco mais do que simbólica.

Portanto, o Senai é um fruto da intervenção do Estado na economia, seguindo os padrões típicos do patrimonialismo (Faoro) e do corporativismo (Boschi).

A rede Senai cresceu a um ritmo espetacular, modificando-se em função das ondas de mudanças do setor produtivo. Nos anos 40, iniciou suas atividades priorizando a aprendizagem industrial, para qualificar o operariado para a indústria nascente; nos anos 50, foi a vez da modalidade treinamento,

O ensino profissional na irradiação do industrialismo

correlativa à industrialização segundo os moldes da grande indústria; nos anos 90, a ênfase recaiu na polivalência. Nos anos 70, a ênfase na habilitação (técnica em nível de 2º grau) resultou mais da política educacional de profissionalização universal e compulsória do que de mudanças do setor produtivo.

Mas, o mesmo processo que propiciou esse grande crescimento e a hegemonia que o Senai exerceu no setor da formação profissional, desde fins dos anos 40, a ponto de concorrer para o esvaziamento do 1º ciclo do ensino industrial, segundo os ditames da "lei" orgânica (1942), propiciou, também, o surgimento de ameaças à instituição.

A "complexificação social" que emergiu do rápido e intenso processo de urbanização e industrialização dos anos 60-80 não podia mais ser absorvida na estrutura corporativa que até então articulava Estado e Sociedade. Protagonistas antigos e novos formularam demandas que ameaçaram o controle patronal dos recursos do Senai. Várias foram as tentativas de incluir os recursos do "Sistema S" nos orçamentos do Governo Federal, assim como de submeter suas entidades ao controle do Tribunal de Contas da União. As centrais sindicais reivindicam uma gestão tripartite, ou seja, pretendem usufruir parte do poder que os empresários detiveram, desde o início da instituição, dividindo-o também com o governo. Mais do que isso, a CUT exige que a contribuição compulsória seja tratada como fundo público, e não privado.

A estratégia que parece prevalecer no enfrentamento de tal ameaça é o afastamento da área de ambigüidade pública/privada, marca de sua origem corporativa. Assim, o Senai definiu como objetivo estratégico a busca da auto-sustentação, isto é, a possibilidade de operar no campo da educação profissional abrindo mão da contribuição compulsória. Com isso, a instituição se dispensará de oferecer a aprendizagem industrial, o curso que absorve a maior parte dos recursos, para se dedicar aos que o mercado parece demandar com maior intensidade, e pelos quais está disposto a pagar. Igualmente com a assistência técnica e as consultorias, áreas novas e promissoras para a instituição.

Com essa reorientação estratégica, o Senai parece estar fechando o flanco aberto à ameaça das centrais sindicais (inclusive dos sindicatos a que estão filiados seus próprios funcionários) de virem a participar da gestão da instituição, trazendo consigo maior participação do Estado nos conselhos. Se a contribuição compulsória deixar de ser cobrada, não haveria mais fundamento para que os trabalhadores, nem o Estado, participem dos conselhos do Senai, em igualdade de condições com os empresários.

A ambigüidade estaria eliminada. De uma instituição de estatuto equívoco, o Senai teria abandonado a base estatal de sustentação, num processo de auto-privatização.

Mas, nesse movimento de translação sócio-político-econômica, o Senai assume a posição de competidor num mercado em que já não será a única instituição fornecedera de formação profissional, em que a hegemonia que deteve está posta em questão. Para tanto, ele tem a clareza de que deve competir buscando a "liderança de custos", vantagem que seus concorrentes não poderiam alcançar.

Quem são esses concorrentes? Para responder a essa pergunta, ainda que tentativamente (já que eles não foram identificados), será preciso fazer uma breve digressão sobre as políticas do Estado, tanto as do Ministério da Educação quanto as do Ministério do Trabalho.

O MEC desenvolve uma agressiva política de mudança da estrutura da rede federal de escolas técnicas industriais e de Cefets, que consiste, basicamente, em separar pedagógica e institucionalmente o "ensino acadêmico", do "ensino técnico-profissionalizante". O "ensino acadêmico" seria realizado progressivamente fora dessa rede, que se dedicaria, exclusivamente, ao "ensino técnico-profissionalizante". Com isso, espera-se aumentar a produtividade, estreitar a vinculação com o setor produtivo, assim como "democratizar" seu funcionamento, o que seria resultado do atendimento de maior número de jovens e adultos, visando a sua imediata empregabilidade.

No que diz respeito ao seu "cardápio de ofertas", as escolas técnicas federais ampliariam em muito suas atividades. Os longos cursos técnicos de três a quatro anos de duração, juntando educação geral e educação profissional, seriam substituídos por cursos técnicos pós-médios, também chamados de especiais, na nomenclatura do Senai. Concluintes do ensino médio, de caráter geral, fariam apenas a parte profissional de cursos técnicos, de preferência em cursos noturnos. A grande novidade é a ênfase no que a Secretaria de Educação Média e Tecnológica chama de educação não-formal: formação profissional de curta duração, qualificação profissional, retreinamento de trabalhadores (inclusive reconversão), capacitação de jovens e adultos para o trabalho. Ainda como grande novidade, está a orientação para que as escolas atuem na prestação de serviços a empresas e a agências governamentais, procedimento que, espera-se, gere significativa receita extra-orçamentária.

Todos os cursos seriam montados na forma de módulos, de modo que pudesse haver flexibilidade no sistema: entradas e saídas diversas, certificação parcial e cumulativa.

Ainda que essas medidas não tenham resultado em mudança efetiva no quadro, já é possível perceber seu sentido: a *senaização* das escolas técnicas industriais e dos Cefets. A rede federal de ensino técnico-industrial foi instada a atuar na área em que o Senai vem atuando, como na qualificação profissional, no oferecimento de cursos rápidos às empresas e a destinatários que se apresentem voluntariamente, buscando gerar receitas. Os cursos técnicos deixarão de ter um caráter mais generalista (por exemplo: química), para buscar maior especialização (como no Senai; por exemplo: alimentos e bebidas, cerâmica, plásticos etc.).

Suponho estar aí o competidor principal do Senai, divisado pelo seu Plano Estratégico 1996-2010, mas não nomeado: a rede federal de ensino técnico-industrial.

As escolas dessa rede podem estar no rumo de um processo de privatização, por virem a pautar-se pelas necessidades imediatas do mercado e pela busca de recursos, seja pela venda de cursos a quem esteja disposto a pagar por eles (destinatários individuais e institucionais), seja pela candidatura às agências de fomento da educação profissional, em igualdade de condições com outros "competidores", como, por exemplo, e principalmente, o Senai.

Resta mencionar as iniciativas do Ministério do Trabalho para melhor compreender as políticas que se desenham para a educação profissional e suas possíveis conseqüências para as trajetórias nesse campo.

Como elemento impulsionador das mudanças dessas instituições, os recursos do Fundo de Amparo ao Trabalhador desempenharão um papel estratégico. Mesmo constituindo um forte apelo para o crescimento das ONGs que atuam na educação profissional, os vultosos recursos do FAT poderão viabilizar, ao mesmo tempo, a autoprivatização do Senai e a *senaização* das escolas técnicas federais e dos Cefets.

Estaremos assistindo à translação institucional do Senai, da ambigüidade público/privada para a nitidez da esfera privada, paralelamente à translação da rede federal, desde a esfera pública propriamente dita para um espaço de ambigüidade? Para esta rede, pelo menos em termos de busca de recursos no mercado, isso parece já estar se configurando.

Se tal translação realmente acontecer, será uma regressão institucional. A rede federal de ensino técnico, que começou com a "lei" orgânica de 1942, voltada principalmente para a formação de trabalhadores qualificados nos cursos básicos industriais, em nível de 1º ciclo do ensino médio, foi se deslocando para o 2º ciclo, à medida que o Senai ganhava hegemonia. O que se divisa, agora, é o movimento contrário.

O Senai abandona a qualificação profissional (aprendizagem), enfatiza os cursos rápidos (treinamento) e as habilitações, em nível de 2º grau, pretende formar o trabalhador polivalente, promete transformar seus centros de formação profissional em centros-modelo, dedicar-se à assistência técnica e às consultorias, onde se vê como competidor de Cefets e de universidades. E – o mais importante de tudo – ganhar a concorrência pela "liderança de custos".

As escolas técnicas, por sua vez, têm seu conteúdo propriamente técnico diminuído, e são instadas a ocuparem o espaço onde o Senai obteve a hegemonia no ensino industrial, para voltarem a competir com ele, agora abertamente – no mercado, fora dos marcos do corporativismo.

Se bem-sucedida essa complexa política educacional, estará cumprido o vaticínio de demolição da herança varguista na formação da força de trabalho, em proveito de um modelo no qual o Estado dedica-se à formação de políticas, à indução financeira e, talvez, à avaliação (pelo que se pode deduzir de iniciativas em outras modalidades de ensino), mas minimiza a execução direta. No limite, o que já foi um jogo de palavras poderá se transformar em expressão adequada: *o ministério não ministra educação* – a profissional, no caso –, abrindo espaço para o crescimento da atuação privada nesse campo.

Referências bibliográficas

ALCÂNTARA, A. *A entidade SENAI*. Rio de Janeiro: SENAI/DN, 1991.

ALMEIDA, M. H. T. de. Federalismo e políticas sociais. *Revista Brasileira de Ciências Sociais (São Paulo)*, n.28, jun., 1995.

AMADO, G. Ginásio Moderno. *Revista Brasileira de Estudos Pedagógicos (Rio de Janeiro)*, v.41, n.93, jan./mar. 1964.

_____. Ginásio Orientado para o Trabalho. In: CONFERÊNCIA NACIONAL DE EDUCAÇÃO, III, Rio de Janeiro, 1968. *Anais...* Rio de Janeiro, MEC/INEP, 1968.

A NOVA LDB na avaliação do Fórum Nacional em Defesa da Escola Pública. *Universidade e Sociedade (São Paulo)*, n.13, jul. 1997.

ARAPIRACA, J. O. *A USAID e a educação brasileira*. São Paulo: Cortez, 1982.

ARRETCHE, M. T. S. Mitos da descentralização: mais democracia e eficiência nas políticas públicas? *Revista Brasileira de Ciências Sociais (São Paulo)*, n.31, jun. 1996.

BARRADAS, A. *Fábrica PIPMO – uma discussão sobre política de treinamento de mão-de-obra no período 1963-82*. Rio de Janeiro, 1986. Dissertação (Mestrado em Educação) – FGV/IESAE.

BEISIEGEL, C. de R. Ação política e expansão da rede escolar. *Pesquisa e Planejamento (São Paulo)*, n.8, dez. 1964.

BOLOGNA, I. Demanda de mão-de-obra especializada no atual surto industrial brasileiro. *Educação Técnica e Industrialização (São Paulo)*, FIESP, 1964.

BOSCHI, R. R. (Org.) *Corporativismo e desigualdade – a construção do espaço público no Brasil*. Rio de Janeiro: IUPERJ/Rio Fundo, 1991.

BRANDÃO, Z. *Formação de mão-de-obra na empresa*: estudo de um caso de formação profissional básica. Rio de Janeiro, 1973. Dissertação (Mestrado em Educação) – Pontifícia Universidade Católica.

BRASIL. Ministério da Educação e Cultura/DEI. *Ensino técnico na escola de grau médio*. Rio de Janeiro, 1968.

BRASIL. Ministério da Educação e Cultura/DEM/CEPETI. *Atuação das escolas técnicas industriais*. Brasília, 1971a.

BRASIL. Ministério da Educação e Cultura. Relatório do Grupo de Trabalho instituído pelo decreto 66.600, de 20 de maio de 1970. In: *Ensino de 1º e 2º Graus*. Rio de Janeiro, 1971b.

BRASIL. Ministério da Educação/DEM. *Intercomplementaridade na área do 2º grau (centros interescolares)*. Brasília, 1973.

BRASIL. Ministério da Educação e Cultura/DEF. *Educação para o trabalho no ensino de 1º grau*. Brasília, 1976.

BRASIL. Ministério da Educação/IMEP. *A profissionalização do ensino na lei 5.692/71*. Brasília, 1982.

BRASIL. Ministério do Trabalho/SEFOR. *Educação profissional:* um projeto para o desenvolvimento sustentado. Brasília, 1995a.

BRASIL. Ministério da Educação, Planejamento Político-Estratégico 1995/1998. Brasília, 1995b.

BREJON, M. O ensino técnico e o projeto. *Revista Brasileira de Estudos Pedagógicos (Rio de Janeiro)*, v.34, n.80, out./dez. 1960.

_____. Racionalização do ensino industrial (resultados de uma pesquisa). *Boletim da FFCL da USP (São Paulo)*, n.273, 1962

_____. *Recursos humanos, ensino técnico e desenvolvimento – uma perspectiva brasileira*. São Paulo: Pioneira, 1968.

CBAI. Levantamento estatístico no decênio 1943/1952. *Boletim da CBAI*, n.5-6, maio 1953.

CARAYON, E. M. P. *A educação para o trabalho no ensino de 1º grau – em busca da sua gênese*. Rio de Janeiro, 1987. Dissertação (Mestrado em Educação) – FGV/IESAE.

CASTRO, C. de M. O secundário: esquecido em um desvão do ensino? *Textos para discussão MEC/INEP (Brasília)*, v.1, n.2, abr. 1997.

CASTRO, C. de M., ASSIS, M. P. de, OLIVEIRA, S. F. de. *Ensino Técnico – desempenho e custos*. Rio de Janeiro: IPEA/INPES, 1972.

CASTRO, C. de M., MELLO e SOUZA, A. de. *Mão-de-obra industrial no Brasil. Mobilidade, treinamento e produtividade*. Rio de Janeiro: IPEA/INPES, 1974.

COSTA, D. *Aprendizado não-cognitivo como resultado da escolaridade – um estudo comparativo da experiência do SENAI e de escolas acadêmicas convencionais*. Rio de Janeiro, 1978. Dissertação (Mestrado em Educação) – FGV/IESAE.

COSTA, R. H. C. da. *Técnicos industriais de nível médio – da escola ao trabalho*. Rio de Janeiro: TECMO, 1968.

_____. *Atuação das escolas técnicas industriais*. Rio de Janeiro: MEC/DEM/CEPETI, 1971.

COSTA, V. M. R. Origens do corporativismo brasileiro. In: BOSCHI, R. R. (Org.) *Corporativismo e desigualdade – a construção do espaço público no Brasil*. Rio de Janeiro: IUPERJ/Rio Fundo, 1991.

COUTINHO, L., FERRAZ, J. C. (Org.) *Estudo da competitividade da indústria brasileira*. Brasília: MCT, Campinas: Editora da Unicamp, Papirus, 1994.

CUNHA, C. da. *Educação e autoritarismo no Estado Novo*. São Paulo: Cortez, 1981.

CUNHA, L. A. Mercado de trabalho e profissionalização no ensino de 2º grau. In: NAGLE, J. (Org.) *Educação Brasileira – Questões da Atualidade*. São Paulo: EDART, 1975.

_____. Ensino médio: reforma da reforma? *Síntese (Rio de Janeiro)*, n.8, jul./dez. 1976a.

CUNHA, L. A. O "modelo alemão" e o ensino brasileiro. In: GARCIA, W. (Org.) *Educação brasileira contemporânea*. São Paulo: McGraw do Brasil, 1976.

_____. [1973] *Política educacional no Brasil: a profissionalização no ensino médio*. Rio de Janeiro: Eldorado, 1977.

_____. Ensino secundário e ensino industrial: análise da influência recíproca. *Síntese (Rio de Janeiro)*, n.18, jan./abr. 1980.

_____. A reforma da reforma da reforma. *Boletim de Documentação & Informação Técnica SENAI/SP (São Paulo)*, n.519, maio, 1982.

_____. A política educacional e a formação da força de trabalho industrial na era de Vargas. In: *A Revolução de 30, Seminário Internacional*. Rio de Janeiro/Brasília: Fundação Getúlio Vargas – CPDOC/Universidade de Brasília, 1983.

_____. *A universidade reformanda – o golpe de 1964 e a modernização do ensino superior*. Rio de Janeiro: Francisco Alves, 1988.

_____. *Educação, Estado e democracia no Brasil*. São Paulo: Cortez, Brasília: FLACSO, Niterói: EDUFF, 1991.

_____. *Educação Brasileira – projetos em conflito: Lula X FHC na campanha eleitoral*. São Paulo: Cortez, 1995.

_____. Ensino médio e ensino profissional: da fusão à exclusão. *Tecnologia & Cultura (Rio de Janeiro)*, ano 2, n.2, jul./dez. 1998a.

_____. Ensino médio e ensino técnico: de volta ao passado? *Educação e Filosofia (Uberlândia)*, n.24, jul./dez. 1998b.

CUNHA, L. A., GÓES, M. de. *O golpe na educação*. Rio de Janeiro: Jorge Zahar, 1985.

D'AVILA, J. L. P. *Determinantes sociológicos na redefinição do perfil de instituições de ensino técnico* – o caso da ETFES. Rio de Janeiro, 1996. Tese (Doutoramento em Educação) – Pontifícia Universidade Católica.

DEAN, W. *A industrialização de São Paulo*. São Paulo: Difusão Européia do Livro, 1971.

DIAS, J. A. (Org.) *Ensino médio e estrutura sócio-econômica*. Rio de Janeiro: MEC/INEP, 1967.

DIAS, R. (Org.) *O público e o privado na educação*: a experiência de privatização do ensino em Maringá e temas afins. Maringá (PR). Secretaria Municipal de Educação, 1995.

DINIZ, E., BOSCHI, R. O corporativismo na construção do espaço público. In: BOSCHI, R. (Org.). *Corporativismo e desigualdade – a construção do espaço público no Brasil*. Rio de Janeiro: IUPERJ/Rio Fundo, 1991.

DOIMO, A. M. *A vez e a voz do popular* – movimentos sociais e participação política no Brasil pós-70. Rio de Janeiro: ANPOCS/Relume-Dumará, 1995.

FAORO, R. *Os donos do poder*: formação do patronato político brasileiro. São Paulo: Globo, 1991 (v.1), 1995 (v.2).

FONSECA, C. S. *História do Ensino Industrial no Brasil*. Rio de Janeiro: Escola Técnica Nacional, 1961. 2v.

FONTES, L. B. *Formação profissional & produtividade do desempenho humano*. Rio de Janeiro: SENAI/Departamento Nacional, 1985.

FRANCO, M. L. P. B. O ensino de 2º grau: democratização? profissionalização? ou nem uma coisa nem outra? *Cadernos de Pesquisa (São Paulo)*, n.47, nov., 1983.

_____. *Ensino médio*: desafios e reflexões. Campinas: Papirus, 1994.

FRIGOTTO, G. *Efeitos cognitivos da escolaridade do SENAI e da escola acadêmica convencional*: uma pedagogia para cada classe social? Rio de Janeiro, 1977. Dissertação (Mestrado em Educação) – FGV/IESAE.

GEIGER, E. A tarefa do engenheiro. *IDORT*, n.108, dez., 1940.

GÓES FILHO, J. F. *Cursos superiores de duração reduzida*. Rio de Janeiro: FGV/IESAE, 1976. 2 v.

_____. *O SENAI – traços do seu passado e perspectivas emergentes*. Rio de Janeiro: FGV/IRH, 1981.

_____. COSTA, R. H. C. da. *O trabalho de engenheiros e técnicos na indústria e sua formação*. Rio de Janeiro: Fundação Getúlio Vargas, 1964.

_____. *Mão-de-obra empregada na indústria de fundição*. Rio de Janeiro: FGV/CETRHU, 1966a.

_____. Mão-de-obra industrial. Rio de Janeiro: SENAI, 1966b.

_____. *Tipologia da escola industrial brasileira*. Rio de Janeiro: FGV/CETRHU, 1969.

GOMES, A. de C. República, trabalho e cidadania. In: BOSCHI, R. (Org.) *Corporativismo e desigualdade – a construção do espaço público no Brasil*. Rio de Janeiro: IUPERJ/Rio Fundo. 1991.

GOUVEIA, A. J., HAVIGHURST, R. J. *Ensino médio e desenvolvimento*. São Paulo: Melhoramentos, 1969.

HORTA, J. S. B. *O hino, o sermão e a ordem do dia*: a educação no Brasil (1930-1945). Rio de Janeiro: Editora da UFRJ, 1994.

IDORT. Criação de uma Escola Técnica em São Paulo. *IDORT (São Paulo)*, n.111-2, mar./abr. 1941.

INSTITUTO HERBERT LEVY. *Educação fundamental e competitividade empresarial*: uma proposta para a ação do governo. São Paulo, 1991[?].

KALIL, N. L. *O SENAI e sua metodologia de ensino*. Rio de Janeiro: SENAI/DN, 1971.

KUENZER, A. O ensino médio no contexto das políticas públicas de educação no Brasil. *Revista Brasileira de Educação (São Paulo)*, n.4, jan./abr. 1997.

_____. *Ensino médio e profissional*: as políticas do Estado neoliberal. São Paulo: Cortez, 1997.

LEAL, V. N. [1948] *Coronelismo, enxada e voto*. São Paulo: Alfa-Omega, 1975.

LEITE, D. C. *Os ginásios orientados para o trabalho*: um conflito entre sua filosofia e sua clientela. Rio de Janeiro, 1972. Dissertação (Mestrado em Educação) – Pontifícia Universidade Católica.

LEITE, E. M. *O papel do SENAI no processo de formação de mão-de-obra*. São Paulo: SENAI/DR-SP, 1979.

_____. *El rescate de la calificación*. Montevideo: CINTERFOR, 1996.

LEVY, S. et al. *Análise econômica do sistema educacional de São Paulo*. São Paulo: IPE/USP/CIBPU, 1970.

LOPES, S. *Uma saga da criatividade brasileira*. Rio de Janeiro: SENAI/DN, 1982.

_____. *SENAI – 50 anos, retrato de uma instituição brasileira*. Campina Grande: s.n., 1992.

MACHADO, L. R. de S. *Educação e divisão do trabalho*: contribuição para o estudo do ensino técnico brasileiro. São Paulo: Cortez, 1982.

MANGE, R. Escolas profissionais junto às indústrias. *IDORT (São Paulo)*, n.130, out. 1942.

_____. Preparação do fator humano para a indústria. *IDORT (São Paulo)* n.156, dez. 1944.

MANOILESCU, M. *O século do corporativismo*. Rio de Janeiro: J. Olympio, 1938.

MÃOS À OBRA, Brasil (Proposta de governo Fernando Henrique Cardoso). Brasília: s. n., 1994.

MEDEIROS, M. de M. *Expansão capitalista e ensino industrial*. Rio de Janeiro: SENAI/DN/DPEA, 1987.

MICELI, P. *Além da fábrica*: o projeto industrialista em São Paulo, 1928/1948. São Paulo: SENAI-SP, 1992.

MONTOJOS, F. Sugestões para a reorganização da escola secundária. *Boletim CEBAI (Rio de Janeiro)*, v.4, n.6-7, abr. 1947.

MORAES, C. S. V. O Sistema Nacional de Educação Tecnológica e a cefetização: questões a serem resolvidas pelos educadores. *Educação e Sociedade (Campinas)*, n.49, dez. 1994.

NUNES, C. *Escola e dependência*: o ensino secundário e a manutenção da ordem. Rio de Janeiro: Achiamé, 1980a.

_____. A iniciação profissional do adolescente nas escolas técnicas secundárias na década de trinta. *Fórum Educacional*, ano IV, n.3, jul./set. 1980b.

OLIVEIRA, J. B. A. e. Repensando o ensino de segundo grau: subsídios para discussão. *Ensaio – avaliação e políticas públicas em educação (Rio de Janeiro)*, v.3, n.8, jul./set. 1995.

OLIVEIRA JUNIOR, E. L. *Ensino técnico e desenvolvimento*. Rio de Janeiro, MEC/ISEB, 1959.

ORGANIZAÇÃO INTERNACIONAL DO TRABALHO. Formação Profissional e Desenvolvimento Econômico. In: PEREIRA, L. (Org.) *Desenvolvimento, trabalho e educação*. Rio de Janeiro: Zahar Editores, 1967.

PASSARINHO, J. Educação: planejar ou fracassar. *Educação e Cultura (Rio de Janeiro)*, ano I, n.2, 1971.

PRONKO, M. A. Crônica de um fracasso: uma história dos projetos de criação de universidades do trabalho no Brasil. *Educação e Sociedade (Campinas)*, n.66, abr. 1999.

RAMOS, A. G., GARCIA, E. da S., SILVA, G. B. O problema da escola de aprendizagem industrial no Brasil. *Estudos Econômicos (Rio de Janeiro)*, ano IV, n.11-12, set./dez. 1953.

ROMERO, C. C. *A lei 6.297/75*: um incentivo à formação ou à reprodução? Rio de Janeiro, 1981. Dissertação (Mestrado em Educação) – Pontifícia Universidade Católica.

SALLUM JR., B., KUGELMAS, E. O Leviatã acorrentado. In: SOLA, L. (Org.) *Estado, mercado e democracia*: política e economia comparadas. São Paulo: Paz e Terra, 1993.

SAVIANI, D. *A nova lei de educação*: trajetória, limites e perspectivas. Campinas: Autores Associados, 1997.

SENAI/SP – UNICAMP. *De homens e máquinas:* Roberto Mange e a formação profissional. São Paulo: SENAI/SP, Campinas: Unicamp, 1991. 2v.

SENAI/SP. *O giz e a graxa:* meio século de educação para o trabalho – Projeto Memória. São Paulo, 1992.

SENAI. Departamento Nacional. *Catálogo dos cursos técnicos do SENAI*. Rio de Janeiro: 1993.

SENAI/DN/Assessoria de Planejamento. *Reestruturação do(s) modelos de formação profissional no SENAI – Documento Consulta*, Rio de Janeiro, ago., 1994.

SENAI. Departamento Nacional. *Ações e compromissos* – 1995. Rio de Janeiro, 1996.

SENAI/CIET. *Trabalho e educação profissional*: análise da produção do SENAI/CIET de 1995 a 1997. Sumário executivo. Rio de Janeiro, 1998.

SILVA, G. B. *A educação secundária*. São Paulo: Nacional, 1969.

SILVA, M. dos S. *A educação brasileira no Estado Novo*. São Paulo: Livramento, 1980.

SIMONSEN, R. *Evolução Industrial do Brasil e outros estudos.* São Paulo: Nacional/ Edusp, 1973.

SOLA, L. (Org.) *Estado, mercado e democracia*: política e economia comparados. São Paulo: Paz e Terra, 1993.

STEPAN, A. *Estado, corporativismo e autoritarismo.* Rio de Janeiro: Paz e Terra, 1980.

SUCUPIRA, N. Princípios da Educação de grau médio na Lei de Diretrizes e Bases. *Revista Brasileira de Estudos Pedagógicos (Rio de Janeiro),* v.50, n.91, jul./set. 1963.

TELLES, S. S. Um projeto populista para o ensino: a Universidade do Trabalho. *Educação e Sociedade (Campinas),* n.3, maio, 1979.

THE WORLD BANK. *Brazil – Issues in Secondary Education, Sector Memorandum,* Washington DC, nov., 1989. 2v. (Report n.7723-BR).

TOLLE, P. E. Enseñanza suplementaria y calificación para el trabajo en la nueva ley brasileña de educación. *Boletín CINTERFOR (Montevideo)* n.25, jan./fev. 1973

TRIGUEIRO, D. Educação complementar (Concepção e realização – análise da experiência e perspectivas). In: CONFERÊNCIA NACIONAL DE EDUCAÇÃO, III, Rio de Janeiro, 1968. *Anais...* Rio de Janeiro: MEC/INEP, 1968.

UTRAMIG. *Habilitação profissional no Ensino de 2º grau.* Belo Horizonte, 1971.

VARGAS, G. *A nova política do Brasil.* Rio de Janeiro: J. Olympio, 1940. v.6.

VIANNA, A. *A escola técnica e a formação do técnico industrial.* Rio de Janeiro: MEC/ DEI, 1967.

_____. *Educação Técnica.* Rio de Janeiro: MEC/DEI, 1970.

VILLELA, A. V., SUZIGAN, W. *Política do governo e crescimento da economia brasileira, 1889-1945.* Rio de Janeiro: IPEA/INPES, 1973.

ZIBAS, D. M. L. *A escola pública e a escola privada diante das propostas de modernização do ensino médio.* São Paulo, 1995. Tese (Doutoramento em Educação) – Universidade de São Paulo.

SOBRE O LIVRO

Formato: 16 x 23 cm
Mancha: 28 x 49,5 paicas
Tipologia: Gatineau 11/13
Papel: Offset 75 g/m^2 (miolo)
Cartão Supremo 250 g/m^2 (capa)
1ª edição: 2000

EQUIPE DE REALIZAÇÃO

Produção Gráfica
Edson Francisco dos Santos

Edição de Texto
Fábio Gonçalves (Assistente Editorial)
Armando Olivetti Ferreira (Preparação de Original)
Fábio Gonçalves e
Luicy Caetano de Oliveira (Revisão)

Editoração Eletrônica
Nobuca Rachi

Impressão e acabamento